Aventura Nueva: 3

Azul

A MEMBER OF THE HODDER HEADLINE GROUP

Acknowledgements
The authors would like to thank the following for their contribution to the production of this book:

Tessa and Isabel Ellis Martín, our daughters; Señores Manuel Martín and Rosa Yuste; the people of Belchite and Zaragoza who assisted in the project and all other friends and family members who gave their support; and finally the editorial team at Hodder: Tim Weiss, Katia Dallafior, Martin Davies, Debbie Clegg and all other members of the team.

The Publishers would like to thank the following for permission to reproduce copyright material:

Photo credits
© Franz-Marc Frei/Corbis, p32 (left-hand photo); © Pat Behnke/Alamy, p32 (right-hand photo); © David Stares/Alamy, p42 (photo a); © O. Alamany & E. Vicens/Corbis, p42 (photo b); © Macduff Everton/Corbis, p42 (photo c); © Reuters/Corbis, p42 (photo d); © Liam Bailey/Alamy, p59 (photo a); © Emma Lee/Life File, p59 (photo c); © oote boe/Alamy, p59 (photo d); © Taxi/Getty Images, p92; © Kevin Schafer/Corbis, p95 (top photo); © Patrick Ward/Corbis, p95 (bottom photo); © Robert Harding Picture Library Ltd/Alamy, p96 (bottom photo); © ALBERT GEA/Reuters/Corbis, p97 (top photo); © Rex 350276A, p97 (bottom photo); © British Film Institute, p123; © Stone Getty eb6560-002, p137 (right-hand photo); © Michael Juno, p144 (photo 1); © EPA/EMPICS, p144 (photos 2, 8, 9); © Photodisk, pp144 (photos 3, 5, 6), 162 (photo c); © Rex 450005W, p144 (photo 4); © Rex 411028B/Sipa Press, p144 (photo 7); © Image bank Getty 200148267-002, p157; © Carmen Redondo/Corbis, p162 (photo a); © Galen Rowell/Corbis, p162 (photo b); © Peter Wilson/Corbis, p163; © Jeff Greenberg/Life File, p172.

Every effort has been made to trace all copyright holders, but if any have been inadvertently overlooked the Publishers will be pleased to make the necessary arrangements at the first opportunity.

Although every effort has been made to ensure that website addresses are correct at time of going to press, Hodder Murray cannot be held responsible for the content of any website mentioned in this book. It is sometimes possible to find a relocated web page by typing in the address of the home page for a website in the URL window of your browser.

Orders: please contact Bookpoint Ltd, 130 Milton Park, Abingdon, Oxon OX14 4SB. Telephone: (44) 01235 827720. Fax: (44) 01235 400454. Lines are open 9.00–6.00, Monday to Saturday, with a 24-hour message answering service. Visit our website at www.hoddereducation.co.uk

First published in 2005 by
Hodder Murray, an imprint of Hodder Education,
a member of the Hodder Headline Group
338 Euston Road
London NW1 3BH

Impression number 10 9 8 7 6 5 4 3 2 1
Year 2010 2009 2008 2007 2006 2005

Cover photo © The Image Bank/Getty Images
Typeset in New Century Schoolbook 10/12pt by Pantek Arts Ltd, Maidstone, Kent
Printed in Italy

A catalogue record for this title is available from the British Library

ISBN-10: 0 340 87629 8
ISBN-13: 978 0 340 87629 9

Aventura Nueva: 3

CONTENTS

¡Bienvenidos a Aventura Nueva 3!

Welcome to **Aventura Nueva 3**, the third level of the new Spanish course that will help you to extend your knowledge of Spanish throughout Years 10 and 11 and at the same time prepare you for important examinations.

At this level, you will continue to practise using some of the language that you have already studied and will add to this some more important structures and grammar points. Alongside, the wide range of topics in the course will help you to build up your knowledge of vocabulary. As the interesting and varied tasks in each **Unidad** help you to develop your listening, reading, speaking and writing skills, so you become better prepared to pass your examination.

The third book of the series is in a slightly different format from the previous two. There are twenty **Unidades** altogether, each one on a different topic or range of topics, and each one broken down into three, sometimes four, lessons (A, B, C and D). After **Unidades** 5, 10 and 20 you get an opportunity to practise your speaking skills further through a set of role plays based on the language you have just learned and practised. In addition, **Unidades** 11 and 20 provide you with lots of revision practice in reading and writing skills. After **Unidades** 11 and 20 you will also find coursework tasks with longer texts and questions to check your understanding, followed by a related writing task, which gives you a chance to express yourself in Spanish.

Of course, grammar is a very important part of all language courses, so in this book we have given you as much help as possible to provide you with useful and easy-to-understand information. First of all, each time a new or recycled item of grammar appears in a lesson, we give you a short explanation and example of the grammar point on the same page. Then at the end of the **Unidad** you will see a page devoted to a full explanation of the same grammar points. Finally, at the end of the book, we have included a full grammar section, which includes verb forms and tenses as well as all the other grammar items covered in the course.

The other very important element is vocabulary. At the end of each **Unidad**, we have given you a list, from Spanish to English, of all the key vocabulary from the **Unidad**. This means that if you have any difficulties understanding any of the texts or other language items, all you have to do is quickly refer to this section. If, on the other hand, you need to find a word in Spanish that you know in English, simply turn to the back of the book and look the word up in the English–Spanish word list. Simple!

Remember that you also have the *Cuaderno* (Workbook), which provides you with further practice for all the lessons you do.

Enjoy learning and communicating in Spanish,

¡Buena suerte!

Symbols in Aventura Nueva:

These are the main symbols to describe what kind of task you are doing.

 **¿Qué sabes?** A starter activity to introduce you to the theme of the lesson or the section.

 Listening

 Speaking

 Writing

 Reading

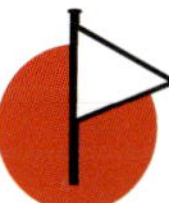 Gives you some help with grammar and reminds you to look at the Gramática section at the end of every unit.

¡Atención! / Ayuda Helps you with vocabulary or other parts of the language.

 This activity helps you to practise the language you have studied in today's lesson.

A: Introducción: ¡Hola! ¿Qué tal?

Revision:
- Talk about yourself
- Ask other people about themselves

¿Qué sabes?

¿Qué dice Pepe? Une las preguntas con las respuestas.

a ¿Dónde vives?
b ¿Qué estudias?
c ¿Cuántos años tienes?
d ¿Cuántos hermanos tienes?
e ¿Cuándo es tu cumpleaños?
f ¿Cómo te llamas?
g ¿De dónde eres?

1 Me llamo Pepe.
2 Soy español.
3 Tengo quince años.
4 Mi cumpleaños es el quince de septiembre.
5 Vivo en Málaga.
6 Tengo dos hermanos.
7 Estudio cuarto curso de secundaria.

1 Escucha y comprueba.

2 Lee la postal.

a Contesta las preguntas.

b ¿Qué significan las palabras subrayadas?

> **Ayuda**
> All question words have an accent:
> **¿Qué ...? ¿Cómo ...? ¿Dónde ...? ¿Cuándo ...? ¿Cuántos ...?**

1 ¿Cómo se llama la chica?
2 ¿Cuántos años tiene?
3 ¿De dónde es?
4 ¿De dónde es su padre?
5 ¿De dónde es su madre?
6 ¿Dónde vive?
7 ¿Cuándo es su cumpleaños?
8 ¿Cuántos hermanos tiene?
9 ¿Cómo se llama su amiga?

Hola, amigos y amigas de Aventura. Me llamo Tessa. Tengo catorce años y soy española, pero también soy inglesa, porque mi padre es inglés. Mi madre es española. Yo nací en España, pero vivo en Inglaterra, vivo en Londres. Mi cumpleaños es el diecisiete de junio.

Tengo una hermana más pequeña que yo que se llama Isabel. Tiene ocho años. Estudio cuarto curso de secundaria en un instituto.

Tengo muchos amigos y amigas en España porque voy de vacaciones a un pueblo que se llama Belchite. También tengo muchos amigos y amigas en Inglaterra. Mi mejor amiga se llama Victoria. ¿Y tú?

¡Atención!

yo nací = I was born
de vacaciones = on holiday
más pequeño/a = younger
un pueblo = a village
mejor(es) = best
Se escribe ... = It's spelt ...

¿Cómo se escribe tu (su) nombre? = How do you spell your name?
¿Cómo se escribe tu (su) apellido? = How do you spell your surname?

Uses of *tener*

to have: **Tengo una hermana.** *I have a sister.*
Instead of *to be* to give ages: **Tengo 14 años.** *I'm 14 years old.* (lit. *I have 14 years.*)

ser (to be): singular and plural

(yo) soy *I am*, **(tú) eres** *you are*, **(él / ella / usted) es** *he / she is / you (formal) are*, **(nosotros/as) somos** *we are*, **(vosotros/as) sois** *you are*, **(ellos/as / ustedes) son** *they / you (formal) are*

Present simple singular and plural of *llamarse* and *tener*

tener >	**(yo) tengo**	**llamarse >**	**(yo) me llamo**
	(tú) tienes		**(tú) te llamas**
	(él / ella / usted) tiene		**(él / ella / usted) se llama**
	(nosotros/as) tenemos		**(nosotros/as) nos llamamos**
	(vosotros/as) tenéis		**(vosotros/as) os llamáis**
	(ellos/as / ustedes) tienen		**(ellos/as / ustedes) se llaman**

Note that the subject pronouns (**yo**: *I*, **tú**: *you*, **él/ella**: *he/she*, etc.) are often left out:
Estudio en casa. *I study at home.*

3 Contesta la postal de Tessa con tu información.

Hola, Tessa. ¿Qué tal? Me llamo .... Tengo ...

4 Escucha y escribe los apellidos de estas personas.

Alfonso ______ Federico ______ Carlota ______ Carmina ______

¿Y tú? ¿Cómo se escribe tu nombre?

5 ¿Cuándo es tu cumpleaños? ¿Recuerdas los meses? Lee y di qué mes es del 1 al 12.

Ejemplo: a es el mes número 3 > a 3

a marzo **b** septiembre **c** diciembre **d** febrero **e** agosto **f** mayo **g** octubre
h enero **i** abril **j** junio **k** noviembre **l** julio

Meta

Habla con tu compañero/a. Pregunta y contesta.

Ejemplo: A ¿Cómo te llamas? B: Me llamo David.
A: ¿Cómo se escribe? B: Se escribe D-A-V-I-D.
A: ¿Cuántos años tienes? B: Tengo catorce años.
A: ¿Cuándo es tu cumpleaños? B: Mi cumpleaños es el diecisiete de junio.

Unidad 1 B: ¡Mucho gusto!

Revision:
- Give and ask for personal information
- Introduce people
- Use *usted* (formal 'you')

 **¿Qué sabes?**

Sergio va a hacerse socio de un club deportivo. ¿Qué preguntas le hace la recepcionista del club para rellenar la ficha? Decide con tu compañero/a.

Ejemplo: ¿Cuántos años tienes?

 **1 Escucha el diálogo. ¿Coinciden tus preguntas? Completa la ficha.**

STADIUM DELICIAS R –

Aprobado en J. R. de ....
Número de Registro ....

SOLICITUD SOCIO DE NÚMERO

D. .... con domicilio en calle .... número .... piso .... Natural de .... Fecha de nacimiento .... de .... de ....
Estado .... Profesión .... (indicar centro estudios, organismo o empresa donde trabaja) .... Hijo de .... profesión .... y de .... profesión .... domiciliados en ....

¡Atención!
rellenar = to fill in
la ficha = the form
peruano/a = Peruvian
socio/a = member
soltero/a = single
la fecha de nacimiento = date of birth
ingeniero/a = engineer
enfermero/a = nurse

 **2 Haz un diálogo con tu compañero/a. Completad la ficha con vuestros datos.**

Remember we use **ser** (*to be*) with names, professions and nationalities:
Soy María, soy profesora, soy española.
Note: **Soy profesor.** (**Soy ~~un~~ profesor.**)

 **3 Escucha a Tessa, Sergio y David y contesta en inglés.**

1. Where are they?
2. Who is Sergio?
3. Who is David?
4. Who doesn't know who?
5. Who introduces the other two people?

¡Atención!
el/la entrenador(a) = trainer
presentar = to introduce
casi todos los días = almost every day
hasta luego = see you later

Ayuda

Introductions (*Presentaciones*)

<u>Te</u> presento a Tessa.
I'd like <u>you</u> to meet Tessa.
(Personal pronoun **te**: informal *you*.)

Use **Le** instead of **Te** in a very formal situation:
Le presento al señor Ruíz.

<u>Éste</u> es Sergio. *<u>This</u> is Sergio.*
(Demonstrative pronoun **éste / ésta**: *this*.)

Mucho gusto / Encantado/a.
Pleased to meet you.

4 **Ahora completa el diálogo. Escucha otra vez y comprueba.**

David: Hola, Tessa.
Tessa: Hola, David. ¿Qué _____ estás?
David: Muy ______, gracias ¿y tú?
Tessa: Bien, gracias.
David: Sergio, te presento a Tessa.
Tessa, éste ____ Sergio.
Sergio: Mucho gusto, Tessa.
Tessa: ¿Qué _____, Sergio?
Sergio: Bien, ______.
David: Bueno, me voy… Adiós.
Sergio y Tessa: Hasta luego.

5 **Practica presentaciones con tus compañeros. Tú: Presenta a Estudiantes A y B.**

6 **Escucha a estas dos personas que se presentan y dicen su profesión y la dirección de sus oficinas. Completa sus tarjetas de visita.**

Tarjeta a

Pilar ________
Ingeniera – Ejecutiva

Avda _____ no. _____ 1º ___

Tel. 976_________
Zaragoza

Tarjeta b

Ricardo ________
____

C/ _______ no. ______ 2º ____

Tel. ____________
Málaga

Usted (*you* formal) is used with the third person singular of the verb:
¿Es usted la señora Gonzálvez?

Meta

Haz un diálogo similar con tu compañero/a. Usa la infomacion de las tarjetas.

Estudiante A: Señora (o señor) Gonzálvez; Estudiante B: Señor (o señora) Yuste.

A: ¿Cómo se llama (usted)? B: Me llamo …
A: ¿Cuál es su profesión? B: Mi profesión es …
A: ¿Cuál es su dirección? B: Mi dirección es …
A: ¿Cuál es su número de teléfono? B: Mi número de teléfono es …

C: Mi familia

Objectives: ■ Talk about your family

¿Qué sabes?

Escribe la palabra correspondiente de la familia. Después escucha y comprueba.

Ejemplo: 1 f

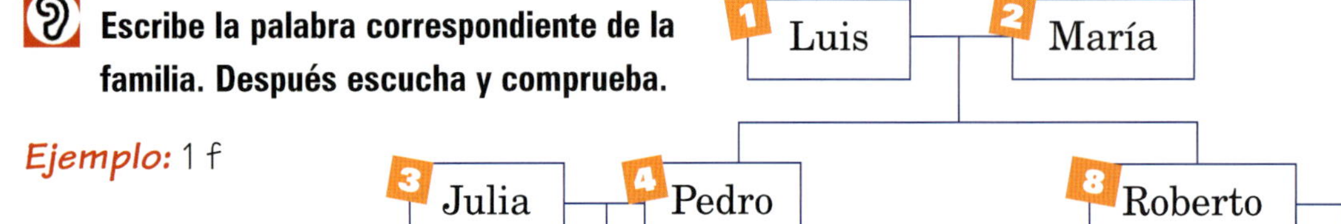

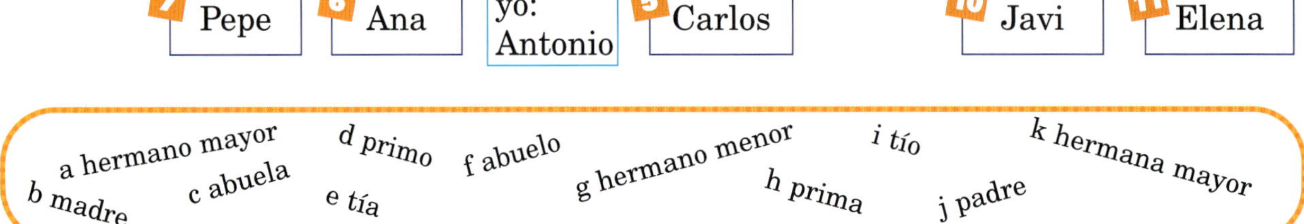

1 **Escucha a cuatro chicos y chicas que nos presentan a su familia. Indica qué familia corresponde a cada uno.**

1 Enrique 2 Luisa 3 Marisa 4 Carlos

2 **Ahora presenta a dos de las familias a tu compañero/a. Tu compañero te presenta a las otras dos.**

Ejemplo: Ésta es Luisa. Éste es su padre, se llama Toni.

Ayuda

Remember that the plural is formed by adding **s** to the end of most words: **un hermano, dos hermanos**. Also remember that if we are talking about brothers and sisters together, we use the masculine plural form: **tengo tres hermanos**. Remember also that to say 'parents' we use the plural of 'father': **los padres**.

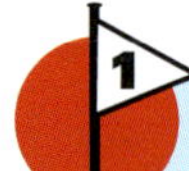

Demonstrative pronouns

éste / ésta es = ***this** is*

éstos / éstas son = ***these** are*

Possessive adjectives

mi / mis *my*; **tu / tus** *your*; **su / sus** *his / her*: **mi hermana** *my sister*; **mis padres** *my parents*, etc. Note that the adjective agrees with the object, not the owner.

We can also express possession with **de** (of): **El padre de Isabel** *Isabel's father* (lit. *the father of Isabel*).

3 ¿Recuerdas las profesiones? ¿Qué significan?

camarero peluquero dependiente médico secretario empresario mecánico profesor enfermero

a Di o escribe frases en femenino, con las personas de la familia.

Ejemplo: Mi hermana es camarera.

b Después di en qué lugar trabaja cada persona. Escucha y comprueba.

Ejemplo: El camarero trabaja en un bar o en un restaurante.

un hospital una clínica un bar / un restaurante un colegio / un instituto una empresa una tienda una peluquería un taller una oficina

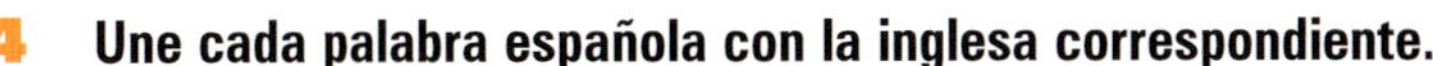

4 Une cada palabra española con la inglesa correspondiente.

1 casado/a	**5** soltero/a	**a** divorced	**e** dead
2 viudo/a	**6** jubilado/a	**b** retired	**f** separated
3 divorciado/a	**7** separado/a	**c** married	**g** widow(er)
4 muerto/a		**d** single	

5 Escucha y lee lo que dice Marisol. Después escucha a Antonio, Pilar y Fernando y completa un texto similar para cada uno/a.

> **Me llamo** Marisol, **soy de** Barcelona; **tengo** veinticuatro años. Mi cumpleaños **es** el 28 de mayo. **Estoy** soltera, pero tengo novio. **Soy** peluquera y **trabajo en** una peluquería en el centro de Barcelona. **En mi familia somos dos:** mi madre y yo, soy hija única. Mi madre está divorciada.

6 Escribe un texto similar sobre ti y tu familia.

7 Ahora practica la 3ª persona: *él* / *ella*. Habla y/o escribe sobre una de las personas de la Actividad 5.

Ejemplo: La persona 1 **se llama** Marisol, **es** de Barcelona…

***ser* / *estar* (to be)**

ser + profession:
soy estudiante *I'm a student*
eres secretario *you are a secretary*
es profesora *she is a teacher*

estar + state: **estoy casado** *I'm married*
estás soltero *you are single*
está divorciada *she is divorced*

Meta

Presenta a tu familia o / y una familia famosa a tus compañeros/as.

¿Cuántas personas hay en tu familia? ¿Cómo se llaman? ¿Qué relación tienen contigo? (ej. María es mi hermana mayor.) ¿De dónde son? ¿Cuántos años tienen? ¿Cuándo es su cumpleaños? ¿Cuál es su profesión? ¿Dónde trabajan? ¿Cuál es su estado civil? (ej. soltero/a)

D: Mi álbum de fotos

Objectives:
- Describe people and animals
- Talk about nationalities

¿Qué sabes?

Describe a Juana y a Daniel. ¿Cómo son? Usa las palabras del cuadro.

Es: rubio/a bajo/a delgado/a gordo/a mediano/a moreno/a alto/a

Tiene (una estatura mediana)

Tiene el pelo: rubio / moreno / castaño oscuro / castaño claro / negro / rizado / liso / corto / largo / con melena

Tiene ojos: azules / marrones oscuros / marrones claros / verdes / negros

Lleva: gafas / gafas de sol / lentes de contacto

1 Escucha y comprueba tu descripción con la de ellos.

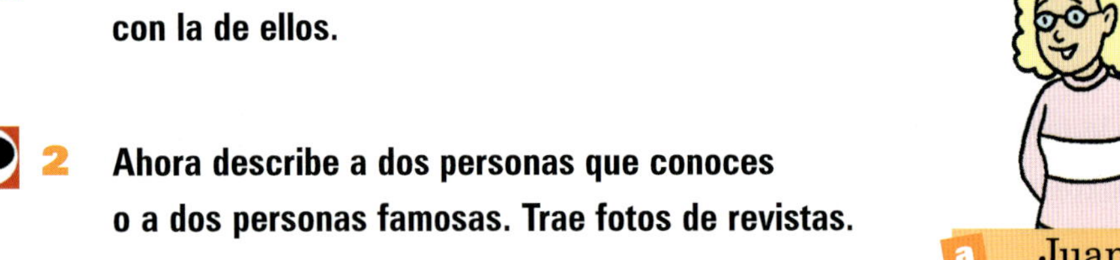

2 Ahora describe a dos personas que conoces o a dos personas famosas. Trae fotos de revistas.

3 Lee los emails de Juana y Daniel y di quiénes son estas personas.

Ejemplo: 1: es el padre de Juana.

a

En mi familia hay cuatro personas, mis padres, mi hermano y yo. Mi padre lleva gafas y tiene cincuenta años, es alto y moreno. Mi madre es ama de casa, es rubia y es de estatura media. Mi hermana tiene catorce años y es baja y rubia también. Tengo un perro grande y negro. Hasta pronto: Juana

b

Mi familia está formada por cuatro personas, mi tía, su hijo, mi abuelo y yo. Mi tía es alta y delgada, es muy guapa. Tiene el pelo largo y rizado y es muy morena, tiene los ojos negros. Mi primo es moreno también, y tiene los ojos verdes, es bajo porque es muy pequeño, sólo tiene cinco años. Mi abuelo es alto y un poco gordo, tiene el pelo blanco y tiene bigote blanco también. Tengo un gato pequeño y blanco. Daniel

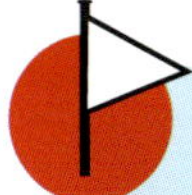

Adjectives usually come after the noun and agree with it in number and gender:
un chico bajo (*m*); **una chica baja** (*f*); **unos chicos bajos** (*mpl*); **unas chicas bajas** (*fpl*).

If the adjective ends in **-e** or a consonant it doesn't change:
un coche verde / una bicicleta verde, un coche gris / una bicicleta gris.

The only exception is nationalities ending in a consonant, which add **-a**:
un chico inglés / una chica inglesa; un hombre español / una mujer española.

 **4** **¿Recuerdas los nombres de los animales? Escribe diez.**

 **5** **Escribe un email similar a los de la Actividad 3 sobre tu familia o una familia famosa; incluye a los animales.**

 **6** **Manolo habla de una foto de los amigos de las vacaciones. Escribe la nacionalidad y el nombre de cada uno en las flechas correspondientes. Después describe tú la foto.**

 **Meta**

a **Trae fotos de tu familia, de tus amigos y de tus animales. Descríbelos a tus compañeros/as.**

b **Si quieres puedes traer fotos de revistas o periódicos con personas famosas y describirlas.**

Unidad 1 GRAMÁTICA

1 Present tense of verbs

See page 174

Regular verbs	-ar estudiar	-er comer	-ir vivir	irregular verbs ser	ir
yo	estudio	como	vivo	soy	voy
tú	estudias	comes	vives	eres	vas
él/ella/Vd	estudia	come	vive	es	va
nosotros/as	estudiamos	comemos	vivimos	somos	vamos
vosotros/as	estudiáis	coméis	vivís	sois	vais
ellos/ellas/Vds	estudian	comen	viven	son	van

2 *Ser / estar* (to be)

See pages 175–176

Use **ser** to say who we are and to talk about jobs, nationality, or description:
Soy María. *I'm María.* **¿Eres profesora?** *Are you a teacher?*
Es española. *She's Spanish.* **Son altos.** *They're tall.*
Notice that the noun (a profession, for example) follows the verb without the article **un/una**:
Soy profesor. (**Soy ~~un~~ profesor.**)

Estar is used to talk about whether we are married, single, divorced, etc.
Estoy casado. *I'm married.* **Está divorciada.** *She is divorced.*

3 Question words (interrogative pronouns)

See page 181

Notice they all have an accent: **Qué** *What*; **Cómo** *How*; **Dónde** *Where*; **Cuándo** *When*; **Cuántos** (masculine plural) / **Cuántas** (feminine plural) *How many*.

¿Qué haces? *What are you doing*? **¿Dónde vives?** *Where do you live*? **¿Cuántas* hermanas tienes?** *How many sisters do you have*? ***Cuántas** agrees with **hermanas** (feminine plural).

4 Demonstrative pronouns: *éste / ésta / éstos / éstas*

See page 181

They are used to present or introduce things or people. Each form agrees with the noun.
Éste es mi padre. *This is my father.* **Éstas son mis hermanas.** *These are my sisters.*

5 Possessive adjectives

See pages 178–179

singular: **mi** *my* **tu** *your* **su** *his / her* plural: **mis** *my* **tus** *your* **sus** *his / her*
mi padre *my father*; but **tus hermanas** *your sisters*, **sus tíos** *his / her aunts and uncles.*

We use **de** to express possession or family relationship: **el padre de Isabel** *Isabel's father* (lit. *the father of Isabel*); **el coche de mi amigo** *my friend's car*.

6 Adjectives

See page 178

Adjectives in Spanish agree with the noun they describe.

un chico bajo	*a short boy*	**una chica baja**	*a short girl*
dos chicos bajos	*two short boys*	**dos chicas bajas**	*two short girls*

Adjectives that end in a consonant or in **-e** do not change in the singular form:

un coche gris	*a grey car*	**un coche verde**	*a green car*
una bicicleta gris	*a grey bike*	**una bicicleta verde**	*a green bike*

In the plural form, adjectives ending in a consonant add **-es** and those ending in **-e** simply add **-s**:
dos coches grises; dos bicicletas verdes.

The only exception is nationalities ending in a consonant, which add **-a**:
un chico inglés / una chica inglesa; un hombre español / una mujer española.

Ejercicio

Write two questions with each of the following question words:
Qué, Cómo, Dónde, Cuándo, Cuántos, Cuántas.

Nacionalidades	Nationalities
Soy...	I'm...
colombiano/a	Columbian
español(a)	Spanish
inglés(a)	English
irlandés(a)	Irish
escocés(a)	Scottish

La familia	Family
el abuelo / la abuela	grandfather / grandmother
casado/a	married
el / la cuñado/a	brother / sister-in-law
divorciado/a	divorced
el hermanastro/a	half-brother / half-sister
el hermano/a	brother / sister
la madrastra	stepmother
la madre	mother
más pequeño/a que yo	younger than I am
mayor / menor	older / younger
(estar) muerto/a	(to be) dead
el novio / la novia	boyfriend / girlfriend
el padrastro	stepfather
el padre	father
los padres	parents
el primo / la prima	cousin
separado/a	separated
soltero/a	single
el tío / la tía	uncle / aunt
el viudo / la viuda	widower / widow

Descripciones	Descriptions
alto/a	tall
bajo/a	short
la barba	beard
el bigote	moustache
calvo	bald
delgado/a	slim / thin
una estatura mediana	medium height
gordo/a	well-built / fat
(llevar) lentes de contacto	(to wear) contact lenses
pelo castaño (claro / oscuro)	(light / dark) chestnut brown hair
pelo rizado / liso	curly / straight hair
pelo rubio / moreno	blond / dark hair
Mis ojos son marrones / azules (claros / oscuros).	My eyes are (light / dark) brown / blue.
No soy ni gorda ni delgada.	I'm neither fat nor thin.
Tengo los ojos negros.	I have dark eyes.

Profesiones	Professions
la empresa	company
el ama de casa (*f*)	housewife
el/la dependiente	shop assistant
el/la electricista	electrician
el/la empresario/a	company manager
el/la mecánico/a	mechanic
el/la médico/a	doctor
el/la peluquero/a	hairdresser

Los animales	Animals
Mi gato es negro / de color marrón.	My cat is black / brown.
Tengo un perro.	I have a dog.
un caballo	horse
un conejillo de indias	guinea pig
un conejo	rabbit
un pájaro	bird
un pez	fish
un ratón	mouse
una serpiente	snake
una tortuga	tortoise

Información personal	Personal information
hacerse (socio)	to join, become (a member)
soy bilingüe	I'm bilingual
(casi) todos los días	(almost) every day
¿Cómo se escribe tu nombre/apellido?	How do you spell your name/surname?
Se escribe …	It is spelt …

Las presentaciones	Introductions
presentar	to introduce (someone)
Éste es (Juan). / Ésta es (María).	This is (Juan). This is (María).
Éstos son mis padres.	These are my parents.
Te presento a (Juan / María).	Let me introduce you to (Juan / María).
Yo soy el señor / la señora (Yuste).	I'm Mr / Mrs (Yuste).
Mucho gusto. / Encantado/a.	Pleased to meet you.
Hasta luego.	See you later.

Unidad 2 A: Somos así

Objectives:
- Talk about your friends
- Say what you like
- Describe someone's personality

¿Qué sabes?

Escucha y lee: ¿cómo son estos chicos y chicas? Después descríbete tú.

1. Pepe: Soy tranquilo, pero también soy nervioso cuando tengo exámenes.
2. María: Soy trabajadora, pero en las vacaciones soy muy perezosa.
3. Susana: Generalmente soy seria, pero soy simpática con mis amigos.
4. Luis: Soy abierto, pero a veces soy tímido, especialmente con las chicas.

1 Escucha a Tessa que nos presenta a tres amigos. Di a quién se refieren estos datos.

Tessa

Rocío

Gonzalo

Víctor

1 Es muy paciente.
2 Tessa habla de su familia.
3 Le gusta el arte.
4 Es primo de Tessa.
5 No es español(a).
6 Tessa lo/la describe físicamente.
7 Es muy deportista.
8 Tessa habla de su personalidad.
9 Su padre tiene un trabajo importante.
10 Es estudiante en la universidad.

¡Atención!

corre mucho = she runs a lot
diplomático = diplomat
La República Dominicana = Dominican Republic

2 Lee las postales de Rocío y Víctor y complétalas con la información que tienes sobre ellos. Usa la primera persona.

Ejemplo: Tengo el pelo corto ... Hago atletismo, estudio en la universidad.

Hola, ¿qué tal?
Mi nombre es Rocío ...

Hola, ¿cómo estáis, amigos?
Yo soy Víctor...

3 a Escribe una descripción de dos de tus amigos/as.

b Después tu compañero te hace unas preguntas.

Ejemplo: ¿Cómo se llama tu amigo/a? ¿Cómo es físicamente? ¿Cómo es su personalidad? ¿Cómo es su familia?

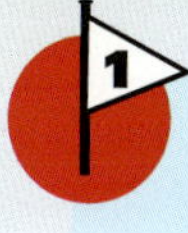

To say you or someone else likes something use **me / te / le / nos / os / les gusta(n)** followed by the thing you like. If you are talking about one thing, use the singular form, **gusta**: **Me gusta la paella.** *I like paella.*

If you are talking about more than one thing, use the plural form, **gustan**: **Le gustan los plátanos.** *He / She likes bananas.*

To say that you or someone else likes something very much use **me / te / le / nos / os / les encanta(n)**: **Nos encanta el arte.** *We love Art.* **Le encantan los deportes.** *He / She loves sports.*

4 Mira la foto de Sara y adivina (guess) sus gustos.

a Completa su ficha 'Muy personal'.

Muy personal	**a** según tú	**b** según ella
1 Bebida favorita		
2 Comida favorita		
3 Fruta preferida		
4 Color preferido		
5 Animal preferido		
6 Deporte favorito		
7 Música o baile preferidos		

b Escucha a Sara. ¿Coincide tu ficha con la ficha de Sara?

c Ahora escucha otra vez las preguntas de Sara para estudiar la diferencia entre las preguntas con *cuál* y con *qué*. Ejemplos: ¿Cuál es tu deporte favorito? ¿Qué fruta prefieres?

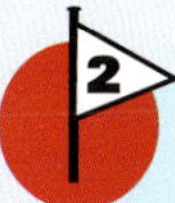

Interrogative pronouns (question words): *cuál* and *qué* (contrast)

cuál + verb: **¿Cuál es tu bebida favorita?** *What's your favourite drink?*

qué + noun: **¿Qué color prefieres?** *What colour do you prefer?*

Meta

a **Rellena tu ficha 'Muy personal', sin poner tu nombre. En grupos mezclad las fichas y cada estudiante coge una, la lee e intenta adivinar de quién es.**

b **Rellena una ficha 'Muy personal' con la información de tu compañero/a. Haz preguntas con *cuál* y *qué*.**

Ejemplo: A: ¿**Qué** animal **prefieres**? B: **Prefiero**...
A: ¿**Cuál es** tu animal **preferido**? B: Mi animal **preferido es**...

Unidad 2

B: ¡Me gusta la música!

Objectives: ■ Talk about hobbies and pastimes

¿Qué sabes?

Mira los dibujos y di a qué actividades de tiempo libre corresponden.

Ejemplo: a: la música / escuchar música

1 Escucha a Manolo y a Ana, y señala las actividades que menciona cada uno.

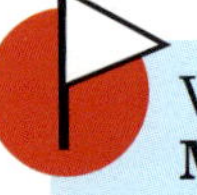

Verbs such as **gustar** can also be followed by a verb in the infinitive:
Me gusta leer *I like reading / I like to read*. Note that in Spanish we use the infinitive (**leer**), while in English we normally use the *-ing* form (*reading*).

Remember the 1st person plural of verbs:
(**Nosotros/as**) **jugamos al fútbol.** *We play football.*

To say *we* do something we use this form.

jugar: (nosotros/as) jugamos
comer: (nosotros/as) comemos
salir: (nosotros/as) salimos

The verb **ir** is irregular: **(nosotros/as) vamos al cine.**

2 Lee lo que dice Manolo y contesta las preguntas.

Me gusta mucho la música, especialmente el rock, pero me encanta también toda la buena música, música clásica, pop, toda la música americana me encanta, especialmente el rap. También me gusta jugar con el ordenador.

Mi pasatiempo favorito es escuchar música, claro. Y también me encanta estudiar Ciencias en mi tiempo libre.

Tengo mi grupo de amigos, estudiamos juntos, salimos, vamos al cine y a las discotecas, jugamos al fútbol, y comemos en las pizzerías.

1 ¿Qué música le gusta?
2 ¿Qué asignatura le gusta?
3 ¿Qué deporte le gusta?
4 ¿Qué comida le gusta?

3 **Usa los dibujos de la Actividad 1 y haz diálogos como el siguiente.**

Ejemplo: A: ¿Qué te gusta hacer en tu tiempo libre?
B: Me gusta escuchar música, me gusta mucho la música (rock). Los fines de semana mis amigos y yo escuchamos música en mi casa.

4 **Trabajad en grupo. Di lo que haces en tu tiempo libre y pregunta a tus compañeros/as.**

5 **Lee las cartas de una revista y decide a quién vas a escribir.**

CORREO DE LA AMISTAD

a) Me llamo César y soy un joven cubano de 18 años. Mido 1,75 y peso 70 kilos. Estudio diseño industrial y me gusta mucho la gimnasia y la natación. También me gusta hacer amigos. Quiero escribirme con chicas de quince a dieciocho años. Podéis venir a visitarme, os invito. César.

b) Si te gusta leer y escribir y eres un romántico, si no te gusta la hipocresía y tienes entre 15 y 19 años, escríbeme.
Te responderé. Lola

c) Hola chicas, mi nombre es Antonio y soy de Guinea Ecuatorial. Vivo en España y tengo 15 años. Quiero conocer a chicas de Sevilla, de mi edad. Si te gusta el cine, la música rock, la pintura y viajar, escríbeme o llámame. Antonio.

d) Hola, soy de Valencia y tengo 17 años. Deseo conocer a chicas románticas con el fin de hacernos amigos. Me gusta la música romántica y pasear por el campo. Jorge.

e) Hola, soy un chico de 17 años, no soy muy atractivo y soy tímido, pero soy simpático. Me gusta el baloncesto y quiero encontrar a una chica como tú, simpática y divertida. Llámame.

¿A quién escribes si...

1 quieres ir a Cuba?
2 te gusta nadar?
3 te gusta pasear?
4 te gustan los libros?
5 no eres tímida?
6 te gustan las películas?
7 tienes diecinueve años?
8 eres una chica romántica?
9 te gusta viajar?
10 no te importa el físico?

6 **a** **Contesta a una de las cartas.**

b **Escribe una carta similar a la revista dando información sobre ti. Buscas a un chico o chica español(a) para ser amigos/as.**

Meta

En grupo: busca en la clase a compañeros/as que tienen personalidad y gustos similares a los tuyos. Pregunta: ¿Cómo eres? ¿Qué pasatiempos te gustan? ¿Qué te gusta hacer en tu tiempo libre?

Unidad 2

C: Me gustan los deportes

Objectives: ■ Talk about sports and sports people

¿Qué sabes?

¿Qué deportes se juegan o se practican en estos lugares? Di o escribe frases.

Ejemplo: En una pista se juega al tenis.

Ayuda

Remember:
jugar al fútbol, al tenis, al hockey, al ping pong, al baloncesto;

practicar la natación, el patinaje, la gimnasia.

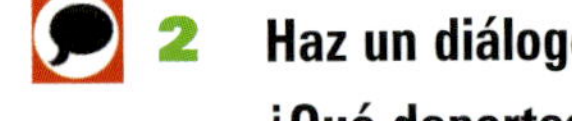

1 **Escucha. El entrenador David hace unas preguntas a Sergio: ¿qué contesta Sergio?**

1 ¿Qué deportes le gustan a Sergio?
2 ¿Cuánto ejercicio hace?
3 ¿Qué instalaciones quiere usar?

¡Atención!

el campo = field / pitch

la pista (de tenis) = (tennis) court

2 **Haz un diálogo similar. El entrenador(a) – tu compañero/a – te hace las preguntas. ¿Qué deportes te gustan? ¿Cuánto ejercicio haces?**

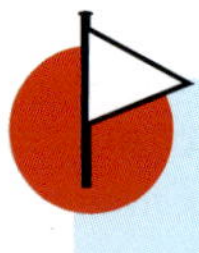

To say how long we've been doing something we use **hace** or **desde hace.**

¿Cuánto (tiempo) hace que patinas?
How long have you been skating?

Patino hace ocho años / Patino desde hace ocho años.
I have been skating for eight years.

3 **Tessa y Sergio se encuentran en el gimnasio. Escucha y completa las frases.**

1 El deporte favorito de Sergio es ________.
2 El deporte favorito de Tessa es ________.
3 Sergio juega al _______ y practica el _______.
4 Sergio no sabe jugar al ________.
5 Tessa y Sergio van a jugar al tenis el _________.

4 **Escucha otra vez y escribe en cada dibujo cuánto hace que Sergio y Tessa practican estos deportes.**

a

b

c

d

5 **Transforma las frases como en el ejemplo.**

Ejemplo: Patinar (8 años): ¿Cuánto tiempo hace que patinas? Yo patino desde hace ocho años.

1 vivir aquí (10 años)
2 estudiar español (3 años)
3 tocar la guitarra (2 años)
4 pasar las vacaciones en Mallorca (5 años)
5 ir al instituto (4 años)

  **6** **Reportaje: Una gran campeona de esquí.**

a **Marlén García es una de las mejores esquiadoras juveniles españolas. Escucha esta entrevista que hizo para la radio. Rellena su ficha personal para una revista inglesa.**

b **Read the article and complete the form in English.**

PERSONAL DETAILS

Name . . . .

Age . . . .

Nationality / Home . . . .

Hobbies . . . .

Skiing category . . . .

Studies / where? . . . .

c **Study and translate the verbs in the simple past (pretérito indefinido):** ***nací, fui, viajé, gané.***

UNA GRAN CAMPEONA DE ESQUÍ

Entrevistadora: Marlén, ¿por qué te gusta esquiar?

Marlén: Porque mis padres son esquiadores yo **nací** en las montañas. Esquío desde hace muchos años.

Entrevistadora: ¿En qué categoría estás?

Marlén: Ahora estoy en la categoría juvenil.

Entrevistadora: ¿Cuáles son los títulos más importantes?

Marlén: **Fui** campeona de Cataluña cuatro veces. Ahora esquío con el equipo nacional juvenil de esquí y **fui** campeona de España dos veces.

Entrevistadora: ¿Qué quieres hacer en el futuro?

Marlén: Quiero estar en el Equipo Nacional de Esquí, y quiero ganar campeonatos internacionales.

Entrevistadora: Viajas mucho, ¿verdad?

Marlén: Sí, viajo por todo el mundo, me encanta viajar. **Viajé** a Chile para los campeonatos internacionales. **Gané** una medalla.

PROFESSIONAL DETAILS

History . . . .

Objectives / Goals . . . .

Category . . . .

Club / Team . . . .

Titles . . . .

Journeys . . . .

Meta

Haz una encuesta en la clase con estas preguntas.

Ejemplo: A: ¿Qué deportes te gustan? B: Me gusta el tenis.
A: ¿Qué deportes practicas? B: Practico la natación.
A: ¿Cuánto ejercicio haces?
B: Hago ejercicio / juego al fútbol dos veces a la semana.
A: ¿Cuánto hace que practicas la natación? / juegas al fútbol?
B: Juego al fútbol / practico la natación (desde) hace 2 años.

1 The verb *gustar*

See page 178

We use the verb **gustar** to talk about things we like or don't like. **Gustar** literally means *to please*, so when we say **me gusta la paella** (*I like paella*) its literal meaning is *paella pleases me*. This is why **gustar** is used in the 3rd person singular.

When we like more than one thing we use the plural form:
Me gustan los plátanos. *I like bananas.* (lit. *Bananas please me.*)

To ask someone if he / she likes something, we have to change the object pronoun:
¿Te gusta la paella? *Do you like paella*? (lit. *Does paella please you*?)

To say he or she (or formal you: **usted**) likes something we use **le**.
Le gusta el arte. *He likes art*. **Le gustan los deportes.** *He likes sports.*

Another verb that works in this way is **encantar:**
Me encanta el arte. *I love art*. **Me encantan los deportes.** *I love sports*.

To say that we like *doing* something, we use **gustar** followed by the verb in the infinitive:
Me gusta leer. *I like reading.*

2 Interrogative pronouns (question words)

See page 181

¿Qué? and **¿Cuál?** both mean *What?* or *Which?* Look at the difference in the way we use them.

¿Qué bebida prefieres?	*What drink do you prefer?*
¿Cuál es tu bebida favorita?	*What is your favourite drink?*

We use **¿Qué?** when the question word is followed by a noun: **¿Qué bebida ...?**
and **¿Cuál?** when the question word is followed by a verb: **¿Cuál es ...?**

3 *hace / desde hace*

We use **hace** and **desde hace** to talk about how long we have been doing something. In the question with **hace** we also use **que**. You can include the word **tiempo** (time) or leave it out.

¿Cuánto (tiempo) hace que patinas?	*How long have you been skating?*

Notice that the verb is in the present simple form: **patinas**.

The answer can be in two forms:

Patino desde hace ocho años.	*I've been skating for eight years.*
Hace ocho años que patino.	(lit.) *It's eight years that I've been skating*.

Ejercicio

Rellena los espacios en blanco con palabras de la gramática estudiada.

A: ¿Te _______ los deportes?
B: Sí, me _________ mucho.
A: ¿Qué deportes te ______?
B: Me _________ el fútbol y el baloncesto.
A: A mí me ________ mucho patinar, ¿te________ patinar?
B: Sí, me ______ patinar, pero lo que más me _______ es esquiar.
A: ¿Cuánto ______ que esquías?
B: Esquío desde ______ tres años, ¿y tú? ¿Cuánto ______ hace que esquías?
A: _______ dos años.

Carácter	Character, personality
abierto/a	open
antipático/a	unfriendly, nasty
bueno/a	good
divertido/a	amusing, funny
impaciente	impatient
nervioso/a	nervous, excitable
paciente	patient
perezoso/a	lazy
serio/a	serious
simpático/a	friendly / nice
tímido/a	shy
trabajador(a)	hardworking
tranquilo/a	calm

Los deportes	Sports
el atletismo (hacer)	athletics (to do)
el baloncesto	basketball
el campeón / la campeona (de esquí)	the (ski) champion
los campeonatos	championships
el campo de fútbol	football ground
la pista de tenis	tennis court
correr	to run
el deporte / los deportes	sport / sports
el ejercicio	exercise
el / la entrenador(a)	trainer
el esquí	skiing
el / la esquiador(a)	skier
esquiar	to ski
estar en forma	to be fit
el futbito	indoor football
la gimnasia	gymnastics, exercise
el gimnasio	gym, gymnasium
el hockey	hockey
la instalación deportiva	sports installation / facilities
el / la instructor(a) de esquí	ski instructor
los Juegos Olímpicos (de invierno)	(winter) Olympics
jugar al fútbol	to play football
la medalla	medal
medir (¿Cuánto mides?)	to measure (How tall are you?)
la mesa de ping-pong	table-tennis table
la natación	swimming
el pasatiempo	pastime
el patinaje	skating
patinar	to skate
pesar (¿Cuánto pesas?)	to weigh (How much do you weigh?)
el ping-pong	table tennis
la piscina	swimming pool
la pista de patinaje	skating rink
el tenis	tennis
los vestuarios	dressing rooms
¿Cuál es tu deporte favorito?	What is your favourite sport?
¿Cuánto (tiempo) hace que juegas?	How long have you been playing?
¿Cuánto (tiempo) hace que patinas?	How long have you been skating?
Desde hace tres años.	For three years.
Hace cinco años que juego.	I've been playing for five years.
Hace tres meses.	Three months ago.
¿Qué deporte te gusta más?	Which sport do you like most?

Verbos	Verbs
charlar	to chat
encantar	to delight
preferir	to prefer

Nombres	Nouns
la bebida	drink
el / la diplomático/a	diplomat
el diseño industrial	industrial design
Guinea Ecuatorial	Equatorial Guinea
la lectura	reading material
la mentira	lie
la pintura	paint
el primo / la prima	(first) cousin
el puesto de autoridad	position of authority
República Dominicana	Dominican Republic

Unidad 3 A: El horario y las asignaturas

Revision: ■ Talk about school subjects and timetables

¿Qué sabes?

a Di qué significan estas asignaturas en inglés: el Diseño, el Comercio, la Informática, la Tecnología.

b Escribe los nombres de todas las asignaturas que recuerdas.

c ¿Recuerdas las horas? Di o escribe las horas que hay en los relojes. Escucha y comprueba.

1 Escucha a Manolo que nos dice su horario del lunes. Escríbelo en inglés.

Lunes:

mañana		tarde	
08.30 – 09.30	________	14.00 – 15.00	________
09.30 – 10.30	________	15.00 – 16.00	________
10.30 – 11.00	Recreo (descanso)		
11.00 – 12.00	________		
12.00 – 13.00	________		
13.00 – 14.00	Comida y actividades		

Ayuda

Remember:
son las tres
(it's 3 o'clock)
but:
a las tres
(at 3 o'clock).

2 Di el horario de un día de la semana (don't say the day) o parte del día. Tu compañero/a tiene que escribirlo en inglés y decir qué día es.

Ejemplo: A las nueve tenemos Ciencias, a las once es el recreo, a la una es la comida.

3 Escucha a Manolo y a María. Contesta las preguntas.

1 ¿Qué curso estudia cada uno?
2 ¿Qué asignaturas estudia cada uno?

Información

In Spain, secondary school starts at the age of 12 and finishes at the age of 16. It's called ESO (**Enseñanza Secundaria Obligatoria**). At 16 people can start work or training for work or continue studying **Bachillerato** (Baccalaureate) for two years and then go to University.

 **4 Habla con tu compañero/a. Usa la conversación siguiente como ejemplo.**

Ejemplo:

A: ¿Qué curso estudias?

B: Estudio cuarto curso de secundaria (el año diez).

A: ¿Y qué asignaturas estudias?

B: Estudio Matemáticas, Español…

Ayuda

el curso = el año (year)

primer curso 1st year = year 7; **segundo curso** 2nd year = year 8; **tercer curso** 3rd year = year 9; **cuarto curso** 4th year = year 10; **quinto curso** 5th year = year 11.

 **5 Escucha a María y contesta las preguntas.**

1 Qué asignaturas le gustan y por qué?
2 ¿Qué asignaturas no le gustan y por qué?
3 ¿Qué profesores menciona y qué dice de ellos?

¡Atención!

fácil = easy
difícil = difficult
interesante = interesting
aburrido/a = boring
útil = useful
inútil = useless
divertido/a = enjoyable
bueno/a = good
excelente = excellent
simpático/a = nice
antipático/a = not nice

Ayuda

Remember: you have to add the article *the* (**el, la, los, las**) when you say what subjects you like: **me gusta el Español**; BUT not when you say what you are studying: **estudio Español.** I study Spanish.

 **6 Escribe un email a tu amigo/a español(a) sobre tus asignaturas y horarios.**

 **Meta**

Ahora habla tú con tus compañeros/as.

Ejemplo:

A: ¿Qué asignatura es tu favorita?

B: Mi asignatura favorita es el español.

A: ¿Qué asignaturas te gustan más? ¿Por qué?

B: Me gustan más las ciencias porque son muy útiles.

A: ¿Qué asignaturas te gustan menos? ¿Por qué?

B: Me gustan menos las matemáticas porque son muy difíciles.

A: ¿Cómo es el profesor (de Historia)?

B: El profesor (de Historia) es bueno y simpático.

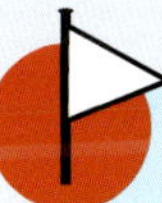

To say what school subject is your favourite you can say: **Mi asignatura favorita es la Historia.** *My favourite subject is History*. or **Me encanta la Geografía.** *I love Geography.*

If you have more than one favourite, you say: **Mis asignaturas favoritas son / Me encantan la Historia y la Geografía.** *My favourite subjects are / I love History and Geography.*

To say you don't like a subject: **No me gustan las Matemáticas.** *I don't like Maths.*
If you really hate it, you can say: **Odio la Tecnología.** *I hate Technology.*

To say what you like most or least use **más** *most* / **menos** *least*.
Me gusta más el Español. *I like Spanish most.*
Me gusta menos la Química. *I like Chemistry least.*

Unidad 3 B: Éste es mi instituto

Objectives: ■ Talk about your school, classroom and uniform

¿Qué sabes?

Une el lugar con el nombre. Escucha y comprueba.

1

2

3

4

5

6

sala de ordenadores

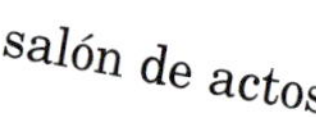

salón de actos

biblioteca

patio

sala de música

laboratorio

1 María escribe sobre su instituto.

a **Lee las palabras subrayadas: ¿sabes lo que significan?**

b **Dibuja un plano del instituto y escribe los nombres de los lugares subrayados.**

> Mi instituto es muy grande y moderno. Hay una puerta grande a la entrada. Allí está la recepción, a la derecha, y la oficina general a la izquierda. Entonces hay un pasillo y la oficina del director está al final del pasillo a la derecha. Al final del pasillo, a la izquierda, hay unas escaleras. En el primer piso está el salón de actos a la derecha, y los servicios están a la izquierda. Al lado del salón de actos está la sala de ordenadores, y enfrente está la biblioteca. Las aulas están en el segundo piso. En el tercer piso están los laboratorios de Ciencias y la sala de música. En otro edificio al lado están el comedor y el gimnasio, y detrás hay un patio muy grande y un campo de fútbol pequeño.

2 Ahora escribe tú un email similar sobre tu instituto y dibuja un plano con los nombres en español.

 **3** **Escucha a Manolo que dice cómo es su clase y qué lleva en la mochila.**

a **Contesta las preguntas en inglés.**

1 How does he describe the furniture?
2 What is there on the walls?
3 How many classrooms do they use?

b **Escribe en inglés los objetos que menciona en dos listas: cosas que hay en la clase; cosas que lleva en la mochila.**

 **4** **Juego en la clase. Con tu compañero/a haz dos listas, en un tiempo límite, de: a) cosas que hay en tu clase; b) cosas que llevas en tu mochila / cartera. Gana la pareja que tiene más objetos en sus listas.**

 **5** **¿Llevas uniforme? Lee los emails de Manolo y de su amiga Victoria, que vive en Inglaterra. Escribe en inglés las diferencias que hay en la ropa que llevan al instituto. ¿Qué opina cada uno de llevar uniforme?**

¡Atención!

los servicios = toilets
el piso = floor
los vaqueros = jeans
la sudadera = sweatshirt
la falda de cuadros = check skirt
el invierno = winter
el chaquetón = short coat
la cazadora = short casual coat
el abrigo = coat

Hola, Victoria:
En los institutos en España no llevamos uniforme. Nosotros llevamos ropa normal: vaqueros, jerseys, sudaderas y zapatillas de deporte, y en verano camisetas. En general llevamos ropa cómoda. Las chicas también prefieren los pantalones, especialmente en invierno, pero a veces llevan falda. También llevamos chaquetones o cazadoras, y algunos llevan abrigos. No me gusta el uniforme, ¡todos iguales! ¡qué aburrido! ¿no? Hasta luego, Manolo.

Hola, Manolo: Yo voy a un instituto inglés y llevamos uniforme. Los chicos llevan pantalones negros y las chicas también pantalones negros o falda de cuadros, blanca y negra, camisa blanca, chaqueta negra con el escudo del instituto, y corbata negra también. Luego, claro, los zapatos y los calcetines, o medias para las chicas que llevan falda. Es cómodo y fácil, pero un poco aburrido. ¡Además no podemos llevar maquillaje! ¡Es una lata! ¡No quiero llevar uniforme!
Hasta pronto, Victoria

 **6** **Escribe una carta sobre la ropa que llevas para el instituto.**

Meta

Habla con tu compañero/a.

¿Cómo es tu instituto? ¿Cómo es tu clase? ¿Qué cosas necesitas para el instituto?

¿Qué ropa te pones para ir al instituto o al colegio?

¿Llevas uniforme? ¿Cómo es? ¿Te gusta? ¿Por qué? ¿Por qué no?

Unidad 3 C: ¿Qué haces todos los días?

Objectives: ■ Talk about what you do every day and during the weekend

¿Qué sabes?

¿Qué hace Manolo todos los días? Une los dibujos con las frases.

Ejemplo: 1 d (me despierto)

a salgo de casa **b** me ducho **c** hago los deberes **d** me despierto **e** veo la tele **f** desayuno
g me acuesto **h** tomo el autobús **i** como **j** vuelvo a casa **k** me levanto **l** me visto

1 Escucha a Manolo y comprueba. Escribe las horas.

Ejemplo: **d** 7am (Me despierto a las 7.)

2 Lee el email de Manolo y escribe los verbos del cuadro correspondientes en los espacios en blanco. Escucha y comprueba.

Ejemplo: 1 me levanto

____(1)____ a las siete y ____(2)____ con agua muy caliente. ____(3)____ con los pantalones y una camiseta y un jersey, y ____(4)____cereales. Después ____(5)____los dientes y ____(6)____ el abrigo. ¡Ah, y ____(7)____ el pelo! ____(8)____ de casa a las ocho y ____(9)____ al instituto en autobús. ____(10)____ clases desde las ocho hasta las diez y media y entonces tengo el recreo. Después tengo más clases y a las doce y media es la comida. Normalmente ____(11)____ en el comedor del instituto. Entonces tengo clase hasta las tres.

Por la tarde ____(12)____ al fútbol hasta las cinco. Después ____(13)____ a casa, ____(14)____ los deberes, y ____(15)____ emails, ____(16)____ un libro o una revista y ____(17)____ a las once mas o menos. ¡Mi vida es muy aburrida! Y tú, que haces todos los días?

voy, me lavo, vuelvo, salgo, me acuesto, me levanto, escribo, leo, me visto, desayuno, me peino, como, me pongo, juego, hago, me ducho, tengo

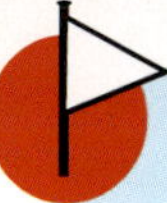

Present tense and reflexive verbs

We use the present tense to describe things we do every day. See page 10 for examples of regular verbs.

Radical changing verbs change their stem in the 1st, 2nd, 3rd person singular and 3rd person plural: **volver: (yo) vuelvo, (tú) vuelves, (él / ella / vd) vuelve, (ellos / as / vds) vuelven**. Other verbs like this are **dormir** (**duermo**) and **acostarse** (**me acuesto**).

Some verbs are irregular in the first person: **hacer: (yo) hago**, **(tú) haces**, **(él / ella / vd) hace**, **(nosotros/as) hacemos**, **(vosotros/as) hacéis**, **(ellos / as / vds) hacen. Tener** is also a radical changing verb: **(yo) tengo, (tú) tienes, (él / ella / vd) tiene, (ellos / as / vds) tienen**.

Reflexive verbs are conjugated as follows:
Levantarse *to get (oneself) up*: **(yo) me levanto** *I get (myself) up*, **(tú) te levantas** *you get (yourself) up*, **(él / ella / vd) se levanta** *he / she / you get(s) (herself / himself / yourself) up*, **(nosotros/as) nos levantamos** *we get (ourselves) up*, **(vosotros/as) os levantáis** *you get (yourselves) up*, **(ellos / as / vds) se levantan** *they / you get (themselves / yourselves) up*.

Other reflexive verbs are: **ducharse**, **despertarse**, **acostarse**.

  **3 Escribe una lista de las actividades que haces todos los días, con las horas. Después di a tu compañero/a qué haces todos los días.**

Ejemplo: Me despierto a las siete. Me levanto a las siete y cuarto.

 **4 Escribe las preguntas para los verbos de *¿Qué sabes?*.**

Ejemplo: ¿A qué hora te despiertas?
¿A qué hora comes?

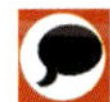 **5 Habla con tu compañero/a. Usa las preguntas de la Actividad 4.**

Ejemplo: A: ¿A qué hora te acuestas?
B: Me acuesto a las once.

 **6 Ahora escucha a Manolo. ¿Qué hace el sábado? Compara con un día normal (lunes). ¿Cuales son las diferencias? Contesta en inglés.**

el lunes	**el sábado**
gets up at 7.00	gets up at 10.00

 **7 ¿Qué hace Manolo el lunes? ¿Qué hace el sábado? Escribe frases; usa la 3ª persona.**

Ejemplo: El lunes Manolo se levanta a las siete, pero el sábado se levanta a las diez.

 **8 Escribe un email a tu amigo/a explicándole lo que haces los fines de semana.**

Meta

Habla con tu compañero de tu tiempo libre.

¿Qué haces por las tardes, después del instituto? ¿Qué haces los fines de semana (los sábados / los domingos)?

Unidad 3

D: ¿Qué estás haciendo?

Objectives: ■ Talk about about what you are doing at the moment

¿Qué sabes?

¿Qué hace Manolo? Une los dibujos con las frases (los verbos están en infinitivo).

Ejemplo: **a** 8 comer.

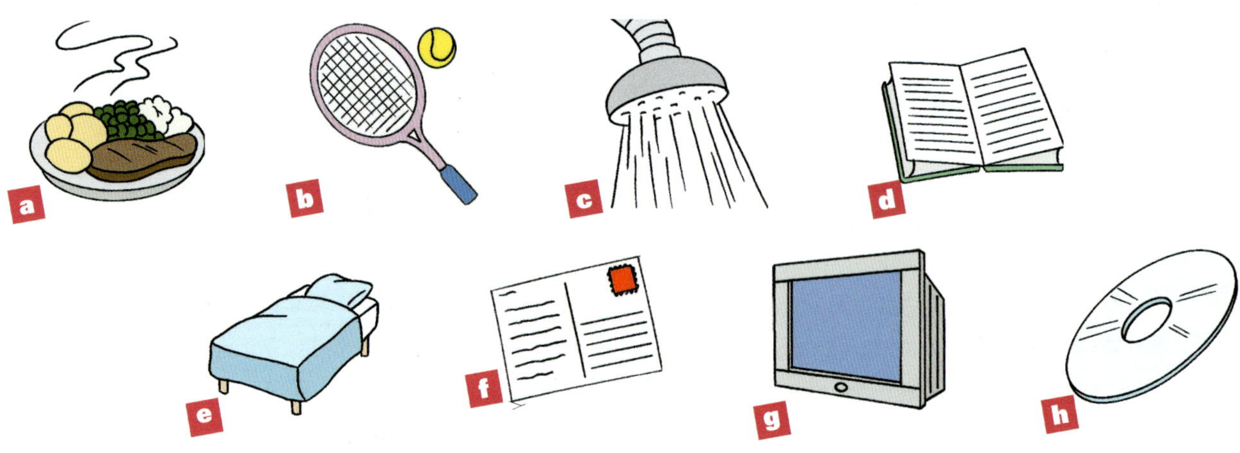

1 escribir una postal **2** hacer los deberes **3** ducharse **4** jugar al tenis
5 dormir **6** ver la tele **7** escuchar música **8** comer

1 **María llama a Manolo, pero está muy ocupado. Escucha y lee los cinco diálogos telefónicos. Une los diálogos con los dibujos correspondientes de *¿Qué sabes?*.**

Hola, ¿puedo hablar con Manolo?

1 Pues lo siento, pero está jugando al fútbol.

2 Pues no, porque está duchándose.

3 Pues no, porque está haciendo los deberes.

4 Pues, lo siento, pero está durmiendo.

5 Pues no, porque está comiendo con sus amigos.

2 **Haz conversaciones similares con tu compañero/a. Usa otras frases: *estudiar, hablar por teléfono, escribir emails, jugar al baloncesto, cenar con sus primos,* etc.**

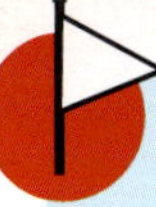

To say what you are doing at this moment you can use the present continuous: **estar** (to be) + gerund (-ing form: eating).

	-ar (cenar)	**-er (comer)**	**-ir (escribir)**
(yo) estoy (tú) estás (él /ella / usted) está (nosotros/as) estamos (vosotros/as) estáis (ellos/as / ustedes) están	+ cenando	+ comiendo	+ escribiendo

¿Qué estás haciendo? *What are you doing?* **Estamos viendo la tele.** *We're watching TV.* **María está haciendo los deberes.** *María is doing her homework.*

With reflexive verbs the pronoun usually goes after the verb: **Manolo está duchándose.** *Manolo is having a shower.* **María está peinándose.** *María is combing her hair.*

3 María fue a la montaña el fin de semana. Escucha y une las frases que dice con los dibujos correspondientes.

Ejemplo: 1 b Aquí estoy nadando en la piscina del hotel.

4 Tu compañero/a señala un dibujo y pregunta: *¿Qué está haciendo María?*

Tú contestas: *Está (leyendo una revista).*

5 Escribe frases completas.

Ejemplo: María – escribir – una postal > María está escribiendo una postal.

1 Manolo – comprar – en el supermercado
2 Ana – peinarse
3 Víctor – mirar – la Internet
4 Elisa – estudiar – Matemáticas
5 Pedro – ver – una película
6 Julio – leer – una novela
7 Pedro – bañarse – en el río

Meta

¿Qué estoy haciendo?

a **Mima una acción. Tus compañeros/as adivinan y dicen lo que estás haciendo.**

b **Trae tus fotos de las vacaciones y habla con tus compañeros/as.**

Ejemplo: A: ¿Qué estás haciendo? B: Estoy tomando el sol en la playa.

1 Stem-changing verbs in the present tense

See page 175

Some types of verbs change their form in the stem. Notice that, in all these verbs, the changes to the stem occur in the 1st, 2nd and 3rd person singular and the 3rd person plural.

	jugar (to play)	**volver** (to return)	**dormir** (to sleep)
(yo)	**juego**	**vuelvo**	**duermo**
(tú)	**juegas**	**vuelves**	**duermes**
(él/ella/Vd)	**juega**	**vuelve**	**duerme**
(nosotros/as)	**jugamos**	**volvemos**	**dormimos**
(vosotros/as)	**jugáis**	**volvéis**	**dormís**
(ellos/as / Vds)	**juegan**	**vuelven**	**duermen**

2 Irregular verbs in the present tense

See page 175

Some verbs are regular except in the 1st person singular (see **hacer**, p.25):
salir (*to leave / go out*): **salgo, sales, sale, salimos, salís, salen**

Others are irregular in the 1st person and also change the stem (see **tener**, p.25):
venir (*to come*): **vengo, vienes, viene, venimos, venís, vienen**

3 Reflexive verbs

See page 175

Many everyday verbs are reflexive: **levantarse** (*to get up*). Some of these verbs are stem-changing verbs: **despertarse: me despierto** *I wake up*; **vestirse: me visto** *I get dressed.*

	levantarse (to get up)	**despertarse** (to wake up)	**vestirse** (to get dressed)
(yo)	**me levanto**	**me despierto**	**me visto**
(tú)	**te levantas**	**te despiertas**	**te vistes**
(él/ella/Vd)	**se levanta**	**se despierta**	**se viste**
(nosotros/as)	**nos levantamos**	**nos despertamos**	**nos vestimos**
(vosotros/as)	**os levantáis**	**os despertáis**	**os vestís**
(ellos/as / Vds)	**se levantan**	**se despiertan**	**se visten**

4 *Gustar*

See page 178

To say what we like doing *most* or *least* we use the following expressions with **gustar**:
me gusta más / menos
Me gusta más el Español. *I like Spanish most.*
Me gusta menos la Química. *I like Chemistry least.*
lo que más *or* **lo que menos:**
Lo que más me gusta es nadar. *What I like most is swimming.*
Lo que menos me gusta es correr. *What I like least is running.*

5 Talking about what you are doing at the moment

See pages 27, 176

Use **estar** plus the verb stem with **-ando** (for **-ar** verbs) or **-iendo** (for **-er** and **-ir** verbs). This is the same as the *-ing* form in English.

Ejercicio

Write sentences describing what you do every day and what you are doing now. Include some reflexive verbs.

La ropa	Clothes
el abrigo	overcoat
los calcetines	socks
la camiseta	T-shirt
la cazadora	'bomber' jacket
el chaquetón	three-quarter length jacket
la corbata	tie
la falda	skirt
el jersey	sweater
las medias	tights
el pantalón	trousers
ponerse el abrigo	put on the overcoat
la sudadera	sweatshirt
los (pantalones) vaqueros	jeans
las zapatillas de deporte	sports shoes / trainers
cambiarse de ropa	to change one's clothes

Las asignaturas	School subjects
las actividades extraescolares	extra-curricular activities
las Ciencias	Science
el Comercio	Commerce, Business Studies
el curso	course / year
el Dibujo	Art / Drawing
el Diseño	Design
la Educación Física	Physical Education
la Enseñanza Secundaria	Secondary Education
ESO (Educación Secundaria Obligatoria)	Compulsory Secondary Education
la Ética	Ethics
la Física	Physics
la Geografía	Geography
la Gimnasia	Exercise / Gymnastics
la Historia	History
el horario	timetable
la Informática	Information Technology
la Lengua	Language
las Matemáticas	Maths
la Química	Chemistry
el recreo	break / recess
la Sociología	Sociology
la Tecnología	Technology

Los lugares del instituto	Places in school
el ascensor	lift, elevator
el aula (*f*)	classroom
la biblioteca	library
el comedor	dining room
el edificio	building
la entrada	entrance
la escalera	staircase
el escudo	crest, shield
el gimnasio	gym (gymnasium)
el instituto	secondary school
el laboratorio	laboratory
la oficina	office
el pasillo	corridor, passage
el patio	playground
el piso	floor
la puerta	door, gate
la recepción	reception
la sala audiovisual	audiovisual room
la sala de profesores	teachers' room / staff room
el salón de actos	assembly hall
los servicios	toilets

Verbos	Verbs
acostarse	to go to bed
bañarse	to bathe, to have a bath
despertarse	to wake up
dormir	to sleep
ducharse	to have a shower
hacer los deberes	to do homework
lavarse	to get washed
levantarse	to get up
peinarse	to comb one's hair
salir	to leave, to go out
vestirse	to get dressed
volver	to return

Adjetivos	Adjectives
aburrido/a	boring
difícil	difficult
divertido/a	enjoyable
fácil	easy
interesante	interesting
útil	useful
inútil	useless

Unidad 4 A: ¿Quieres venir a mi pueblo?

Revision:
- Describe your town or village
- Discuss the positive and negative aspects of living in a town or village

¿Qué sabes?

¿Qué son estos lugares que hay en una ciudad o en un pueblo? Escucha y comprueba.

1 Escucha el diálogo entre Jaime y una amiga que quiere visitar su pueblo.

a Contesta las preguntas.

1 ¿Dónde está el pueblo?
2 ¿Cómo vas al pueblo?
3 ¿Cómo es el pueblo?

b ¿Qué hay en el pueblo? Marca los dibujos de *¿Qué sabes?* que menciona Jaime [✓].

1 More uses of *ser* and *estar* (to be)

We use **ser** to describe things that are permanent and do not change. We use **estar** to describe where things are and also to describe things that can change.

a) **estar** + place:
Está en el sur / cerca / lejos. *It's in the south / nearby / a long way away.*
¿A cuántos kilómetros está? Está a 50 km. *How many kilometres away is it? It's 50 km away.*

b) **ser** + adjective (with a permanent quality):
es pequeño *it's small*
estar + adjective (when it can change):
está abierto *it's open* (it will close later)

2 Lee lo que escribe Jaime sobre el tiempo. Escribe en el texto la estación del año de la que habla: *primavera, verano, otoño, invierno*. Traduce lo que dice. ¿Qué tipo de clima tiene el pueblo?

1 En ____(1)____, en mi pueblo hace sol, pero hace mucho frío. No llueve mucho. A veces hace niebla. En general el tiempo es seco y frío en esta estación.
2 En ____(2)____ hace mucho calor y hace mucho sol, pero a veces hay tormentas.
3 En ____(3)____ hace viento, es un viento muy fuerte, y llueve. A veces hace frío.
4 En ____(4)____ hace buen tiempo, pero a veces hace fresco.

3 Escribe sobre el tiempo que hace en tu pueblo o ciudad en las diferentes estaciones del año.

1 En la primavera... **2** En el verano... **3** En el otoño... **4** En el invierno...

4 Describe tu pueblo o ciudad a tu compañero/a. Contesta las preguntas.

1 ¿Cómo es? **2** ¿Dónde está?

3 ¿Qué hay? (monumentos, autobuses, cines, parques, etc.) **4** ¿Qué tiempo hace?

5 Escucha a Clara y a Enrique. Viven en el mismo pueblo. ¿Qué diferencias hay entre lo que dicen sobre el pueblo? Completa el cuadro para cada uno.

	Clara	Enrique
¿Cómo es el pueblo?		
¿Cómo es la gente?		
¿Le gustaría vivir en una ciudad?		
¿Por qué?		

6 Lee la carta de Goreti sobre su ciudad Vitoria.

a Escribe en inglés la información que da sobre los puntos siguientes:

1 the population; **2** the economy; **3** the transport; **4** the climate.

b Según Goreti ¿qué es lo bueno de la ciudad? ¿Qué es lo malo de la ciudad?

Querido amigo:

Yo soy de Vitoria, una ciudad que está en el País Vasco, en el norte de España. Es pequeña y bonita, y muy tranquila. Lo malo es que no hay muchas diversiones para los jóvenes. Lo bueno es que hay muchos parques y no hay demasiado tráfico. Los autobuses son muy buenos. Es todo muy verde porque llueve mucho. El centro de la ciudad está muy cerca del campo. Desde mi balcón veo las montañas alrededor. Hay bastante industria y muchas tiendas. La gente es simpática y me gusta vivir allí, pero es demasiado tranquila y me gustaría estudiar en una ciudad más grande.

Un abrazo, Goreti.

Pronoun *lo* followed by an adjective

Lo bueno es que hay parques.
The good thing is that there are parks.
Lo malo es que llueve mucho.
The bad thing is that it rains a lot.

See page 36 for **demasiado** and **me gustaría.**

7 Elige cuatro frases de la lista para completar cada frase.

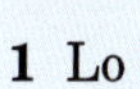

1 Lo **bueno** de mi ciudad es que ... **2** Lo **malo** de mi ciudad es que ...

a ... hay una piscina muy moderna.
b ... no hay cine o teatro.
c ... es muy sucia.
d ... hace mucho frío en invierno.
e ... mis amigos viven aquí.
f ... está lejos de la playa.
g ... hay demasiada contaminación.
h ... hay muchos parques.

8 Escribe una carta sobre tu ciudad o pueblo. Usa la de Goreti como ejemplo.

Meta

Habla con tu compañero/a. Di por qué te gusta tu ciudad o pueblo y por qué no te gusta.

Ejemplo: Me gusta porque es divertida/o. No me gusta porque hay mucho tráfico.

B: Mi barrio y mi casa

Objectives: ▪ Talk about your house or your flat and the area where you live

¿Qué sabes?

Describe las fotos de la Actividad 1.

1 **Escucha a Miguel y a Ana que describen los barrios donde viven. Escribe en el cuadro lo que les gusta (lo bueno) y lo que no les gusta (lo malo) de su barrio.**

Ana

Miguel

	Miguel	Ana
Lo bueno Lo malo		

2 **Habla de tu barrio.**

Ejemplo:

A: ¿Dónde está? B: Está cerca / lejos del centro. / Está en las afueras de la ciudad.

A: ¿Qué hay? B: Hay edificios altos / tiendas / árboles / colegios / piscinas

A: ¿Cómo es? B: Es muy tranquilo / ruidoso / bonito / feo / divertido / aburrido.

A: ¿Qué es lo bueno de tu barrio? B: Hay muchos parques / cines.

A: ¿Qué es lo malo de tu barrio? B: Hay mucho/a tráfico / contaminación / ruido.

3 **Escucha a María que habla de su piso a su amigo Manolo.**

a **Answer the questions.**

1. How long has she been living there?
2. On which floor does she live?
3. How many floors are there in total?
4. What is there underneath the building?
5. How does she describe her flat?

b **Escribe en el plano los nombres de las habitaciones y lugares del piso.**

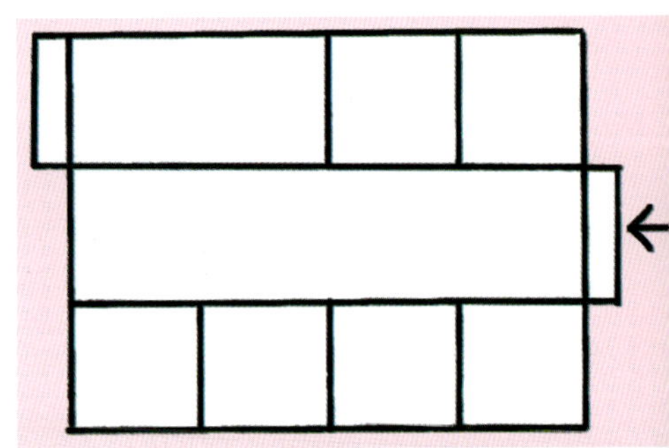

Ayuda

Prepositions and expressions of place

a la derecha *on the right*; **a la izquierda** *on the left*; **al fondo** *at the end*; **al lado de** *next to;* **entre** *between*.

Remember how to ask and explain how long we have done or been doing something:
¿Cuánto hace que vives allí?
How long have you lived there?
Hace tres años / Vivo allí (desde) hace ocho años.
For three years / I have lived there for eight years.

Ordinal numbers

primero/a first; **segundo/a** second; **tercero/a** third; **cuarto/a** fourth; **quinto/a** fifth; **sexto/a** sixth; **séptimo/a** seventh; **octavo/a** eighth.

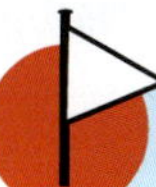

Possessives

Possessive **de**:
el dormitorio de mis padres
my parents' bedroom
(lit. *the bedroom of my parents*)
el de mi hermano *my brother's*
(lit. *the one belonging to my brother*)

4 **Ahora dibuja un plano de tu piso (o casa) y descríbelo a tu compañero/a. Tu compañero/a lo dibuja y escribe en inglés el nombre de las habitaciones. Comparad los dos planos.**

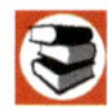

5 **Lee el email de Manolo y di si las frases de abajo son verdaderas (V) o falsas (F).**

1 El color del cuarto de Manolo es naranja.
2 El piso de Manolo tiene tres dormitorios.
3 El piso está en un piso alto.
4 La cocina del piso es pequeña.
5 El cuarto de Manolo tiene un cuarto de baño.
6 Desde la habitación de Manolo se ve la calle.

Hola. Gracias por tu email y por la foto de tu casa. Es muy bonita y tu cuarto es fenomenal, tan moderno. Me encanta el color de las paredes: ¡naranja! Me preguntas en tu carta cómo es mi piso. Pues es bastante grande. Hace catorce años que vivimos allí. Está en el centro de mi ciudad, Sevilla. Vivimos en el octavo piso.

Entras por la puerta, entonces hay un pasillo largo. Tiene la cocina, que es muy pequeña, un cuarto de baño, un salón-comedor muy grande donde comemos, y tres dormitorios, el dormitorio de mis padres, el de mi hermano y el mío. Hay otra habitación que es un estudio. Yo tengo suerte porque tengo mi propio cuarto de baño. Mi cuarto es grande y tiene un balcón que da a la calle. Manolo

6 **Escribe un email como el de Manolo sobre tu barrio y tu casa o piso.**

¡Atención!

el piso = flat, floor

Meta

Habla con tu compañero/a. Contesta las preguntas siguientes.

¿Vives en una casa o en un piso? ¿Dónde está? ¿Cómo es? ¿Cuántos dormitorios / baños tiene? ¿Dónde están? ¿Tiene jardín / terraza / piscina / garaje? ¿Cuánto tiempo hace que vives allí?

C: Mi casa y mi habitación

Objectives: ■ Talk about your house and your room

¿Qué sabes?

Juego de la memoria. Mira la casa durante un minuto. Tapa el dibujo y contesta las siguientes preguntas.

1 ¿**Cuántas** habitaciones **hay**?
2 ¿**Cuántas** sillas **hay**?
3 ¿**Cuántos** espejos **hay**?
4 ¿**Cuántas** personas **hay**?
5 ¿**Qué** muebles **hay** en el salón?
6 ¿**Qué hay** en la cocina?
7 ¿**De qué color son** las paredes del salón y de la cocina?
8 ¿**De qué color es** la toalla del baño?

 **1 Lee y escucha la descripción de la habitación de Miguel. Dibuja el plano de su habitación.**

Mi habitación es bastante grande. Entras a la habitación y enfrente está la ventana. A la derecha está la cama. Al lado de la cama hay una mesilla y encima de la mesilla hay una lámpara. A la izquierda hay una estantería y delante de la estantería hay una mesa y un ordenador y otra lámpara. Al lado dc la estantería está mi armario. Es muy grande y es blanco. En el centro de mi habitación hay un sillón negro.

 **2 Escribe una carta describiendo tu habitación. Usa la descripción de Miguel como ayuda.**

 **3 Manolo habla sobre su casa ideal. Escucha y traduce lo que dice.**

 **4 a** **Describe tu habitación a tu compañero/a. Tu compañero/a toma notas.**

b **Inventa y dibuja tu casa y tu habitación ideal y descríbela a tu compañero/a.**

 **5** **Rellena las frases siguientes con *es, está* o *hay*.**

La casa de mi abuela __(1)__ muy bonita, pero __(2)__ muy pequeña. La casa __(3)__ en las afueras de la ciudad. En la casa __(4)__ cinco habitaciones. La casa __(5)__ muy limpia. También __(6)__ un jardín. El jardín __(7)__ muy grande. En el jardín __(8)__ muchos árboles. La casa __(9)__ al lado de la playa.

 **6** **Ahora escribe una descripción de tu casa o de una casa que conoces. Usa la Actividad 5 como ayuda. Usa *es, está* y *hay*. Empieza así:**

La casa de (mi abuelo, mi amigo, mi padre, etc.) ...

 **7** **María y Manolo están en Inglaterra en un intercambio. Nos dicen cómo es su casa y su habitación. Escucha y di si las frases son verdaderas (V) o falsas (F).**

a Manolo: Yo tengo un cuarto para mí solo. La casa es pequeña, pero hay dos pisos y mi habitación está en el segundo piso. Es el cuarto del hermano de mi amigo, que está de vacaciones, y entonces es el típico cuarto juvenil con una cama individual, hay un armario, una mesa, una silla, hay también una estantería, pero no muchos libros, un ordenador, un equipo de música y las paredes llenas de pósters de música.

b María: Estoy en casa de mi amiga inglesa. Comparto la habitación con ella. Su familia vive en un piso muy pequeño, en la cuarta planta. En la habitación hay dos camas y un armario, hay una mesilla y una silla, hay también pósters de tenis en las paredes porque mi amiga juega bien al tenis. La habitación es muy pequeña, pero es muy bonita.

¡Atencion!

para mí solo = just for myself
juvenil = young/teenage
las paredes = the walls
llenas de = full of
(yo) comparto = I share
un armario = a wardrobe

1 Manolo's friend lives in a big house.
2 Manolo is staying in his friend's room.
3 There are lots of books on the shelves.
4 There are lots of music posters on the walls.
5 María shares her room with a Spanish girl.
6 Her friend lives on the fourth floor.
7 There are music posters on the walls.
8 Her friend likes sports.

 **8** **Escribe una descripción de la casa / el piso y la habitación donde estás en tu intercambio. Usa los textos de María y Manolo como modelos.**

Ejemplo:

A: Hola, ¿qué tal la casa de tu amiga?

B: Es muy bonita y la habitación es ... En la habitación hay ... Y tu casa, ¿qué tal?

 **Meta**

Llamas a tu amigo/a desde la casa de tu intercambio. Dile cómo es las casa y la habitación donde estás. Haz el diálogo con tu compañero/a.

1 Uses of *ser* and *estar*

See pages 175–176

We use **estar** when we refer to *where* something is:
¿Dónde está? *Where is it?*
Está en el sur / cerca / lejos. *It's in the south / nearby / a long way (away).*
¿A cuántos kilómetros está? *How far is it?*
Está a cien kilómetros. *It's a hundred kilometres away.*

We also use **ser** and **estar** to describe the state of something. We use **ser** for things that don't change and **estar** for things that do. Compare these:
El coche es pequeño. *The car is small.* (This doesn't change.)
La tienda está abierta. *The shop is open.* (It will close later on.)

2 Explaining what you would like to do (*gustaría*)

See page 36

To say what we would like to do, we use the verb **gustar** in the conditional tense plus another verb in the infinitive. The conditional is formed by adding **-ía** to the end of **gustar**.

¿Dónde te gustaría vivir? *Where would you like to live?*
Me gustaría vivir en un pueblo. *I'd like to live in a village.*

3 Possessive adjectives and pronouns

See pages 178–179, 180

Important: The possessive adjectives and pronouns agree with the object possessed and *not* with the owner.

1st and 2nd person plural possessive adjectives have masculine and feminine forms as well as singular and plural forms. All the others have only one singular and one plural form:

mi / tu / su / nuestro / vuestro / su coche	*my / your / his,her / our / your / their car*
mi / tu / su / nuestra / vuestra / su casa	*my / your / his,her / our / your / their house*
mis / tus / sus / nuestros / vuestros / sus coches	*my / your / his,her / our / your / their cars*
mis / tus / sus / nuestras / vuestras / sus casas	*my / your / his,her / our / your / their houses*

We can also use possessive pronouns to describe what is ours:

Masculine singular: **el mío** *mine*; **el tuyo** *yours*; **el suyo** *his, hers*; **el nuestro** *ours*; **el vuestro** *yours*; **el suyo** *theirs.*

Feminine singular: **la mía; la tuya; la suya; la nuestra; la vuestra; la suya.**

Masculine plural: **los míos; los tuyos; los suyos; los nuestros; los vuestros; los suyos.**

Feminine plural: **las mías; las tuyas; las suyas; las nuestras; las vuestras; las suyas.**

Examples: **¿Es tu casa? Sí, es la mía. ¿Éstos son los libros de Juan? Sí, son los suyos.**

4 Adjectives expressing quantity

These always agree with the noun they describe: masculine, feminine, singular and plural.

demasiado ruido *too much noise*; **demasiada contaminación** *too much pollution*; **demasiados coches** *too many cars*; **demasiadas fábricas** *too many factories.*

Ejercicio
Write about where you would like to live. Where is it? Describe it.

La zona / el barrio	The area
el aeropuerto	airport
aburrido/a	boring
el árbol	tree
el bosque	wood (trees)
el campo	countryside
el castillo	castle
el centro deportivo	sports centre
el cine	cinema
la contaminación	pollution
las diversiones	fun, things to do
divertido/a	fun
la fábrica	factory
la gente	people
la iglesia	church
el lago	lake
la montaña	mountain
el museo	museum
el parque	park
pequeño/a	small
la playa	beach
la plaza	square (town)
el puerto	harbour
el ruido	noise
ruidoso/a	noisy

La casa	The house
el apartamento	apartment
el armario	wardrobe
el balcón	balcony
el barrio	neighbourhood
la cama	bed
la cocina	kitchen
el comedor	dining room
el cuarto	room
el cuarto de baño	bathroom
da a la calle	it gives on to (faces) the street
el dormitorio	bedroom
en medio	in the middle
la estantería	shelf
la habitación	room
el jardín	garden
la lámpara	lamp
la mesilla	bedside table
el ordenador	computer
la pared	wall
el salón	lounge
el salón-comedor	lounge-dining room
la silla	chair
el sillón	armchair
la terraza	terrace
la toalla	towel

El tiempo	Weather
buen tiempo	good weather
el calor	heat
el clima	climate
la estación	season
el fresco	fresh air
hace fresco / mal tiempo / frío / viento	it's cool / bad weather / cold / windy
hay niebla	it's foggy
el invierno	winter
llover (llueve)	to rain (it rains / it's raining)
nevar (nieva)	to snow (it snows / it's snowing)
el otoño	autumn
la primavera	spring
la tormenta	storm
el verano	summer
el viento	wind

Otras palabras y expresiones	Other words and expressions
aburrido/a	bored
a veces	sometimes
bastante (hay bastante industria)	quite a lot (there's quite a lot of industry)
cerca	near
compartir	to share
demasiado	too much, too many
la diversión	fun, a good time
lejos	far away
lo bueno	the good thing
lo malo	the bad thing
propio (mi)	(my) own

Unidad 5 A: ¿Qué vas a hacer esta tarde?

Revision:
- Talk about what you are going to do this afternoon / this week
- Make plans to meet friends and go out

¿Qué sabes?

Di lo que haces normalmente por las tardes, después de clase.

1 Escucha a Manolo y a María que nos dicen lo que van a hacer esta tarde. Compara.

Ejemplo: Manolo: fútbol / cine … María: piscina / cine …

2 Escribe tu agenda de esta semana y di a tu compañero/a lo que vas a hacer cada tarde.

Ejemplo: A: ¿Qué vas a hacer el miércoles por la tarde?
B: El miércoles por la tarde voy a salir con mis amigos.

Ayuda

To express the immediate future, use **ir + a** + infinitive (going to). The singular forms are:

(Yo) Voy a salir. *I'm going to go out.* **¿(Tú) Vas a ir al cine?** *Are you going (to go) to the cinema?*
(Él) Va a comer. *He's going to eat.*

3 Escucha. Curro invita a Mari Carmen a salir. Pero Mari Carmen está muy ocupada esta semana. Escribe en la agenda los planes de Mari Carmen. ¿Cuándo pueden salir juntos?

NOVIEMBRE	
lunes 3 Clases todo el día	jueves 6 Clases todo el día
martes 4 Clases mañana 9-1	viernes 7 Clases 9-1
miércoles 5 Clases 9-1	sábado 8 ————
domingo 9	

Ayuda

To invite:
¿Te gustaría venir conmigo a la discoteca?
Would you like to come to the disco with me?
Podemos ir al cine.
We could go to the cinema.
¿Por qué no vamos al fútbol?
Why don't we go to the football?

To say no:
No puedo / No quiero / No me gusta…
I can't / I don't want to / I don't like…

To say yes:
Sí, claro / ¡Estupendo! / ¡Fenomenal! / Me gustaría mucho
Yes, of course / Great! / Fantastic! / I'd like to very much

4 Tú puedes ir al cine solamente mañana a las siete. ¿Cuál de los mensajes envías a tu amigo? Lee y elige. Después traduce los mensajes.

a

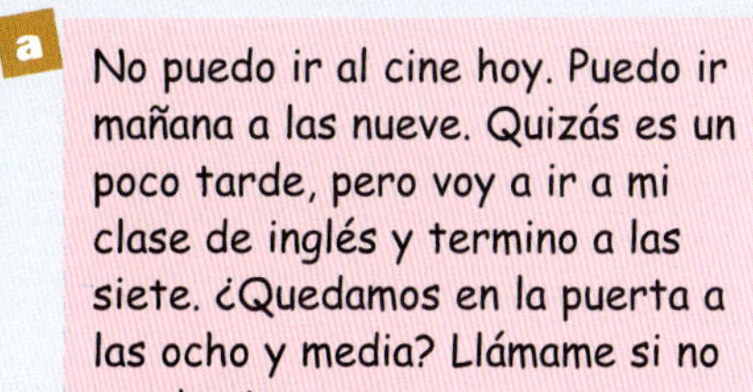

No puedo ir al cine hoy. Puedo ir mañana a las nueve. Quizás es un poco tarde, pero voy a ir a mi clase de inglés y termino a las siete. ¿Quedamos en la puerta a las ocho y media? Llámame si no puedes ir.

b

Voy a ir al médico con mi hermano esta tarde y por eso no podemos ir a la sesión de las cinco. ¿Puedes ir a la sesión de las siete? Quedamos a las siete menos cuarto en la puerta del cine si quieres. Llámame si no puedes.

c

Mañana tengo un problema a las nueve porque voy a ir a cenar a casa de mis primos. ¿Quedamos a las siete en el cine Gran Vía? Mis primos viven muy cerca y puedo ir a su casa después de la película. Mándame un email esta noche.

5 Escribe mensajes similares. Usa la información y decide algo diferente.

1 Place: the swimming pool. Time: today at 2.30pm.
Reason for change: you have an exam tomorrow; you're going to study.
Suggestion: next Saturday at 2.30pm.

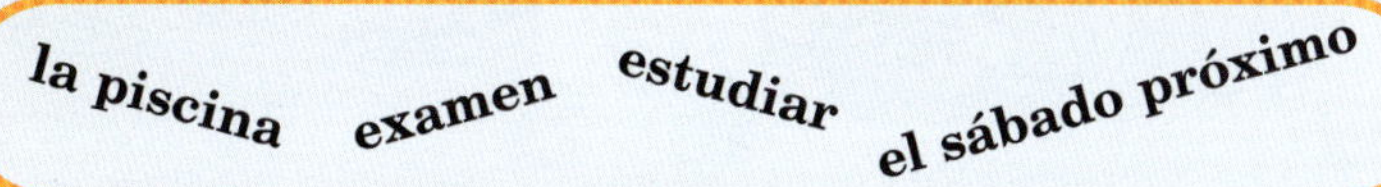

a

2 Place: Disco. Time: tomorrow evening at 9.15pm.
Reason for change: you are going to a friend's party.
Suggestion: come to the party.

la discoteca · ir a una fiesta · venir a la fiesta

b

3 Place: Football stadium. Time: this afternoon at 3.30pm.
Reason for change: No tickets left.
Suggestion: come to your house to listen to music.

al fútbol · entradas · venir · casa · escuchar música

c

Meta

Escribe varias actividades en una agenda como la de la Actividad 3 y haz un diálogo con tu compañero/a para salir. ¿Qué día coincidís? Usa las expresiones de la Actividad 4.

Ejemplos:

¿Te gustaría...? ¿Podemos...? ¿Por qué no (vamos)...? ¿Te va bien...?

No puedo / No quiero / No me gusta / Me aburre (Me aburro) / No sé...

Sí, claro / ¡Estupendo! / ¡Fenomenal! / Me gustaría mucho...

Unidad 5 B: El fin de semana

Objectives:
- Talk about what you will do next weekend.
- Understand a weather report.

 ¿Qué sabes?

 **Escribe estas frases en el futuro. Escucha y comprueba.**

Ejemplo: desayunar en una cafetería >
Voy a desayunar en una cafetería.

desayunar en una cafetería
tener clases todo el día
leer un libro
volver a casa a las cinco
cenar con la familia
ir al instituto
hacer los deberes
ver la televisión

 **1 ¿Qué van a hacer estos chicos y chicas el fin de semana? Lee los emails y une cada dibujo con el email correspondiente.**

a

b

c

d

e

f

1
Mañana a mediodía voy a comer en casa de mis abuelos y después voy a ir al cine con mi amigo. Vamos a ver una película de terror porque nos encantan las películas de terror. Después, vamos a volver a mi casa porque queremos ver un partido en la tele.

2
Voy a ir de excursión a la montaña con mis amigos. Vamos a subir hasta un lago muy bonito y allí vamos a comer. Después vamos a nadar en el lago. ¡Qué frío! ¿Verdad?

3
Yo voy a salir con mis amigos de compras y por la tarde tengo una fiesta en casa, es mi cumpleaños. Van a venir mis mejores amigos. Vamos a comer, escuchar música y bailar.

 **2 Escucha y une a cada chico o chica con un email de la Actividad 1.**

 **3 Escribe un email a tu amigo/a sobre lo que vas a hacer el domingo. Usa los dibujos y los emails de la Actividad 1 como ejemplo.**

 4 **Habla con tu compañero/a de lo que vas a hacer el fin de semana.**

Ejemplo:
A: ¿Qué vas a hacer el fin de semana?
B: Voy a estar en casa. / Voy a hacer los deberes. / Voy a ir a una fiesta. / Voy a salir con mis amigos. / Vamos a ir al cine.

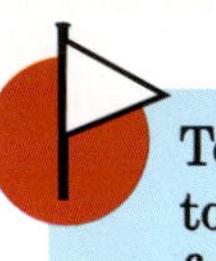

To say what more than one person plans to do in the future, use the plural of the future tense.
(Nosotros/as) Vamos a nadar.
We are going to swim.
¿(Vosotros/as) Vais a nadar?
Are you going to swim?
(Ellos/as / Ustedes) Van a nadar.
They / You are going to swim.

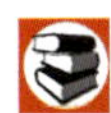 5 **¿Qué tiempo hace? Une los símbolos con sus nombres.**

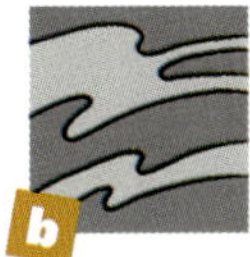

1 Sol **2** Nublado / nubes **3** Lluvia **4** Tormenta **5** Niebla **6** Viento **7** Nieve

  6 **Lee y escucha la predicción del tiempo para el fin de semana y pon el símbolo apropiado de la Actividad 5 en el lugar correspondiente del mapa.**

Ejemplo: in the North: *e*

Ayuda

Use **si** + present tense + the future:
Si llueve vamos a ir al cine.
If it rains we'll go to the cinema.

Predicción del tiempo para las próximas cuarenta y ocho horas.

1 Va a llover mucho en el norte y el noreste.
2 Va a hacer viento en el centro.
3 Va a hacer sol y calor en el sur y el suroeste.
4 Va a hacer frío en el oeste.
5 Va a hacer buen tiempo en el este.

 7 **Escucha lo que van a hacer estos chicos el fin de semana y completa las frases.**

Ejemplo: **3** Si llueve vamos a ir al cine.

1 Si hace calor …
2 Si hace frío …
3 Si llueve …
4 Si hace viento ...

 **Meta**

Habla con tu compañero/a de lo que vas a hacer el fin de semana. Empieza con las frases de la Actividad 7.

Ejemplo: Si hace frío voy a ir al cine. Si hace calor vamos a nadar.

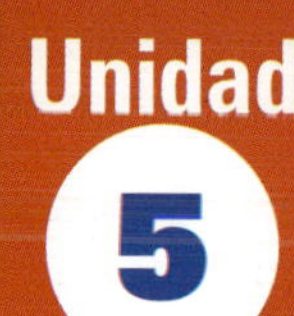

C: ¡Unas vacaciones maravillosas!

Objectives:
- Talk about your next holidays
- Talk about special holidays and celebrations

¿Qué sabes?

¿Qué vas a hacer en las vacaciones próximas? Mira las fotos de la Actividad 1. Tú vas a ir de vacaciones a uno de los lugares. Habla de lo que vas a hacer allí.

Ejemplo: Voy a ir a Lanzarote y voy a nadar en la playa.

1 **María y Manolo van a tener unas vacaciones muy especiales en Navidad. Escucha y toma notas sobre: 1 el lugar; 2 el alojamiento; 3 las actividades que van a hacer.**

a

b

c

d

2 **Habla con tus compañeros de lo que vas a hacer en las vacaciones próximas.**

Ejemplo: A: ¿Adónde vas a ir? B: Voy a ir a España.

Otras preguntas: ¿Con quién vas a ir? (Voy a ir con …) ¿Cuánto tiempo vas a estar? (Voy a estar …) ¿Dónde vas a estar? (Voy a estar en …) ¿Qué vas a hacer? (Voy a + infinitivo *ej*. Voy a nadar)

3 **Estos chicos y estas chicas escriben su opinión sobre las diferentes vacaciones, fiestas y celebraciones que tienen.**

a **Mira las fotos y di a qué texto corresponden. Lee *Información* como ayuda.**

Me encanta la Navidad porque toda la familia cenamos juntos en la Noche Buena, que es la noche del 24 de diciembre. Después de cenar, vamos a la iglesia para celebrar la Misa del Gallo a las doce. El día de Navidad, vamos a comer a casa de mis abuelos y comemos pavo. Comemos mucho turrón y cantamos villancicos. **Isabel**

Me gusta mucho la Noche Vieja que es el 31 de diciembre, porque vamos a una fiesta con mis amigos y lo pasamos muy bien. A las doce tomamos doce uvas cuando dan las doce campanadas. También me gusta mucho la fiesta de los Reyes Magos el día 6 de enero y el día 5 por la noche. El día 6 comemos el roscón que es un pastel especial. **Manolo**

Yo prefiero la Semana Santa porque es en primavera y hace buen tiempo. Hay procesiones muy bonitas, especialmente en Sevilla. En mi ciudad va mucha gente a las procesiones. A los turistas les gustan mucho también porque son muy típicas de aquí. También me encanta comer huevos de chocolate el domingo de Pascua. **Marta**

Me gustan más las vacaciones de verano porque son muy largas. En mi ciudad hace mucho calor en verano, por eso la gente toma las vacaciones en julio y agosto y va a la playa, a la montaña o a su pueblo. Voy al pueblo con mis abuelos y mis primos en el verano, y también voy a la playa con mis padres. Vamos a Marbella en el sur. **Enrique**

b Contesta las preguntas siguientes sobre los textos anteriores.

1. What is the name of the ceremony that takes place on Christmas Eve?
2. Who goes to the beach with his parents?
3. On what day do people eat a special cake?
4. Who eats fruits at midnight?

Información

La Navidad is the Christmas season. **El día de Navidad** is Christmas Day. **La Nochebuena** is Christmas Eve. **La Misa del Gallo** is Midnight Mass, which people celebrate at midnight on Christmas Eve. **El turrón** is a special kind of sweet, which comes in different flavours including chocolate and fruit and which is very popular at Christmas time. **El villancico** is the name given to Christmas songs and carols. **La Nochevieja** is New Year's Eve. **Las uvas** (grapes) are what people eat at each chime (**campanada**) of the clock at midnight on New Year's Eve, for good luck. **Los Reyes Magos** are the three kings, who bring gifts to the children. **El roscón** is the special cake eaten on 6th January; it has coins and gifts hidden inside. **La Semana Santa** is the name given to Easter week. **Las procesiones** are the religious parades that take place at Easter. **Los huevos de chocolate** are Easter eggs. **El Domingo de Pascua** is Easter Sunday.

4 Escribe un texto sobre tus vacaciones, fiestas y celebraciones favoritas.

Ejemplo: Me encanta la Navidad porque toda mi familia viene a casa y comemos turrón.

Meta

Habla con tu compañero/a de tus vacaciones, fiestas y celebraciones favoritas.

¿Qué fiestas hay en tu país (o en un país que conoces)? ¿Qué fiestas celebras con tu familia? ¿Cómo las celebráis? ¿Qué fiestas y vacaciones te gustan más?

GRAMÁTICA

1 The future tense (*ir* + *a* + infinitive)

See page 177

This way of expressing the future is formed by using the verb **ir** + **a** + the infinitive of the main verb. It is generally used to talk about things that are going to happen very soon.

(yo) voy a		*I'm going*	
(tú) vas a		*you're going*	
(él/ella/Vd) va a	**estudiar**	*he / she is / you're going*	*to study*
(nosotros/as) vamos a		*we're going*	
(vosotros/as) vais a		*you're going*	
(ellos/as / Vds) van a		*they're / you're going*	

2 Expressions with *if* and the future

These are formed in the same way as in English: **si** (if) + present simple + future:

Si llueve voy a ir al cine. *If it rains I'm going to go to the cinema.*
Si no viene no vamos a ir. *If he doesn't come we're not going to go.*

Ejercicios

1 Use the *ir* + *a* + infinitive future tense to complete this dialogue.

A: ¿Cuándo (ir) __________ vosotros a la playa?

B: Nosotros (ir) __________ en septiembre.

A: ¿Cuánto tiempo (estar) __________ allí?

B: (estar) __________ dos semanas.

A: ¿Cómo (viajar) __________?

B: (viajar) __________ en avión.

A: ¿Dónde (estar) __________?

B: (estar) __________ en un camping, pero si (llover) ______ (ir)________ a un hotel.

A: ¿Qué (hacer) __________?

B: Si (hacer) __________ buen tiempo, (hacer) __________ muchas cosas. (ir) __________ en barco, (tomar) __________ el sol, (jugar) __________ a la pelota, (nadar) __________ en la playa.

2 Finish the sentences with the activities these people are going to do.

Ejemplo: Si hace calor yo voy a ir a la playa.

1 Si hace frío María …

2 Si hace viento yo …

3 Si hace calor tú …

4 Si llueve nosotros …

5 Si hay tormenta yo …

El tiempo	Weather
el centro / este / norte / oeste / sur	the centre / east / north / west / south
hace calor	it's hot
hace frío	it's cold
hace sol	it's sunny
hace viento	it's windy
hay niebla	it's foggy
hay tormenta	it's stormy
la lluvia	rain
la niebla	fog
la nieve	snow
el noreste	northeast
el noroeste	northwest
las nubes	clouds
nublado	cloudy
el sureste	southeast
el suroeste	southwest
el tiempo	weather
variable	changeable

Las fiestas	Festivals
la cabalgata	carnival procession
las campanadas	bell chimes
la ceremonia	ceremony
el día de Navidad	Christmas Day
el Domingo de Pascua	Easter Sunday
el huevo de chocolate	chocolate egg (Easter)
el juguete	toy
la Misa del Gallo	Midnight Mass
la Nochebuena	Christmas Eve
la Nochevieja	New Year's Eve
Pascua (*f*)	Easter
pasarlo bien	to have a good time
el pastel	cake
el pavo	turkey
la procesión	procession
los Reyes Magos	the Three Kings
el roscón	traditional cake for Twelfth Night
la Semana Santa	Easter Week
el turrón	traditional Christmas sweet
las uvas	grapes
el villancico	Christmas carol/song

Tiempo libre	Free time
la agenda	diary
el alojamiento	accommodation
apetecer (no me apetece salir)	to feel like (I don't feel like going out)
bailar	to dance
después	afterwards
la entrada	entrance ticket
la fiesta	party
nadar	to swim
el partido (de fútbol)	(football) match
la película	film
próximo/a (el sábado próximo)	next (next Saturday)
quedar (quedamos)	(to arrange) to meet (we'll meet)
quizás	perhaps, maybe
la sesión	showing (time of showing a film)

Invitaciones y sugerencias Invitations and suggestions	
¿Podemos / Podríamos ir al cine?	Can we / Could we go to the cinema?
¿Por qué no vamos al fútbol?	Why don't we go to the football?
¿Te gustaría venir conmigo a la discoteca?	Would you like to come to the disco with me?
¿Te va bien…?	Is it OK for you?

Aceptar una invitación	To accept an invitation
¡estupendo!	great!
¡fenomenal!	fantastic!
me encantaría	I'd love to
me gustaría mucho	I'd like to very much
sí, claro	yes, of course

Decir que no a una invitación	Say no to an invitation
me aburre (me aburro)	it bores me (I get bored)
no me gusta…	I don't like…
no puedo	I can't
por eso	that's why
pues … no sé …	well … I don't know

CONVERSACIÓN Y PRESENTACIÓN

Oral Skills Unidades 1–5

1 Habla de ti mismo/a.

Información personal: nombre (¿cómo se escribe?), edad, cumpleaños, nacionalidad, dirección, estudios.
¿Cómo es tu carácter?
¿Qué haces en tu tiempo libre?
Tus gustos: música, deporte, color, transporte, bebida, comida.

2 Habla de tu familia.

¿Cuántas personas hay en tu familia? ¿Viven en tu casa? ¿En qué trabajan? ¿Qué estudian?
¿Cómo son? Describe a una o varias personas de tu familia físicamente. Describe su carácter.
¿Tienes animales? ¿Qué animal / animales tienes? ¿Cómo es? ¿Cómo son?
¿Qué animal te gusta? ¿Qué animales te gustan más / menos?

3 Habla de un amigo o una amiga.

Habla de tu mejor amigo/a. ¿Por qué es tu mejor amigo/a? ¿Cómo es su carácter / personalidad?
¿Cómo es físicamente? ¿Por qué te gusta tu amigo/a?
¿Qué cualidad(es) prefieres en una persona; en un(a) amigo/a; en un chico; en una chica?

4 Estudios

Dime algo de tu instituto / colegio.

¿Qué asignatura(s) te gusta(n) más? ¿Por qué?
¿Qué asignatura(s) te gusta(n) menos? ¿Por qué?
¿Qué curso / asignaturas estudias este año?
¿Qué curso / asignaturas vas a estudiar el año próximo?
¿Cuáles son tus horarios (de la mañana / de la tarde)? ¿A qué hora entras / sales?
¿A qué hora es el recreo / el descanso / la comida / la clase de español?
¿Qué haces durante el recreo / la hora de comer?

¿Por qué estudias español?
¿Cuándo empezaste a estudiar español? ¿Te gusta? ¿Por qué (sí / no)? ¿Cuántas clases tienes de español? ¿Lo practicas fuera del instituto? ¿Por qué (sí / no)?
¿Estudias otros idiomas? ¿Es útil estudiar un idioma? ¿Por qué?

Describe tu instituto: los profesores, los estudiantes, los lugares que hay y dónde están.
¿Es un instituto mixto? ¿Sólo para chicos / chicas?
¿Cómo es tu clase? ¿Llevas uniforme? ¿Cómo es?
¿Qué ropa llevas para ir al instituto / colegio?
¿Cómo vas al instituto? ¿Qué medio de transporte usas para ir al instituto? ¿Cuánto tiempo tardas?
¿Qué actividades complementarias / extra hay en el instituto? ¿Haces tú alguna? ¿Cuándo? ¿Por qué?

5 La vida diaria

¿Qué haces todos los días? ¿Qué haces los fines de semana?
¿Qué hiciste ayer / el fin de semana?
¿Adónde fuiste? ¿Qué tal lo pasaste?
¿Qué vas a hacer mañana?
¿Qué has hecho hoy / esta semana?

6 El lugar donde vives

¿Vives en un piso o en una casa? ¿Cómo es?
¿Desde hace cuánto tiempo vives allí?
¿Cómo es tu habitación? ¿Cómo es la habitación de tu hermano/a?
¿Cómo es tu habitación ideal?

Describe tu pueblo / ciudad / barrio: ¿Cómo es?
¿Dónde está? ¿Qué hay? ¿Qué se puede hacer allí? ¿Qué tiempo hace?
¿Cómo es tu barrio / casa ideal?
¿Qué sitios hay para visitar en tu región / ciudad?
¿Dónde te gustaría vivir?
¿En qué (otro) país te gustaría vivir? ¿Por qué?
¿Qué medios de transporte hay en tu ciudad / pueblo?
¿Qué tipo de transporte prefieres?

7 Tiempo libre

¿Qué haces en tu tiempo libre / por las tardes / después del instituto?
¿Qué actividades extraescolares haces?
¿Qué hiciste ayer / el fin de semana pasado / el domingo? ¿Qué tiempo hizo?
¿Qué vas a hacer esta tarde / esta noche / mañana?
¿Qué vas a hacer el fin de semana?
¿Cuántas vacaciones tienes en total en el instituto / colegio? Descríbelas.
¿Qué fiestas celebras en tu instituto / con tu familia / con tus amigos?

8 You meet a Spanish boy in your school. Ask him some questions.

Tú: Say you have no brothers and sisters and ask him how many brothers and sisters he has.

Tu amigo: Tengo dos hermanos.

Tú: Ask him if they are older or younger.

Tu amigo: Los dos son mayores.

Tú: Ask him what he is studying.

Tu amigo: Estudio cuarto de secundaria.

Tú: Ask him what he likes doing in his free time.

Tu amigo: Me gusta ir al cine.

Tú: Invite him to go to the cinema with you and your friends after school.

9 Tell your friend what you do every Sunday.

Say the following: You get up at 7.30am; go to the country at 9am; have a picnic at 1.30pm, swim in the river at 3pm; return home at 6.30pm; have dinner with family at 7pm; watch TV at 7.30pm; read a book at 9.30pm; go to bed at 11pm.

10 Your Spanish friend asks you where you live.

Tu amigo: ¿Dónde vives?

Tú: Say you live in a small village but you would like to live in a big town.

Tu amigo: ¿Por qué?

Tú: Say because there is not much to do in your village.

Tu amigo: ¿Qué hay en tu pueblo para los jóvenes?

Tú: Say there isn't much, there are shops and some bars, cafes and restaurants. There is also a small cinema. Say it's quite boring.

Tu amigo: ¿Vives en una casa o en un piso?

Tú: Say that you live in a small house but you would like to live in a big house.

11 Tell your friend what you are going to do during the weekend:

Say the following: You are going to get up at 6am on Saturday and go to the mountains with your friends. It is an excursion organised by your school. Say you are going to eat in a small village and visit the church. You are going to swim in the river and you are going to return by bus at 9pm in the evening.

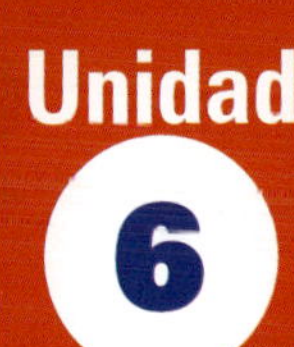

A: ¡Estoy de vacaciones!

Revision:
- Talk about your holiday activities
- Talk about school journeys and exchanges

¿Qué sabes?

Manolo está de vacaciones en un hotel de la playa con su familia. ¿Qué hace? Une los dibujos con las frases.

Ejemplo: 1 *c*

1. Como en el hotel.
2. Me acuesto muy tarde.
3. Nado en la piscina.
4. Voy a la cafetería con mi amiga.
5. Tomo el sol en la playa.
6. Veo el mar desde la terraza.
7. Veo la tele en mi cuarto.
8. Bailo en la discoteca.

1 Escucha y comprueba.

2 Lee la postal que Manolo escribe a una amiga.

a Answer the questions.

1. Where is the hotel?
2. What is the hotel like?
3. What is there in the hotel?
4. What does Manolo do every day?

b ¿Qué frase (o frases) corresponde(n) a cada dibujo de *¿Qué sabes?*?

Hola,

Estoy de vacaciones en Mallorca con mi familia y estoy en un hotel. El hotel es moderno y muy cómodo y está al lado de la playa. Desde la terraza se puede ver el mar. En el hotel hay cafetería, bar y también hay un restaurante. Hay piscina, ascensor, parking. En fin ... muy bien. La comida es excelente. En las habitaciones hay aire acondicionado, televisión y teléfono.

Todos los días nos levantamos a las nueve y media y desayunamos a las diez. A las diez y media o las once vamos a la playa. Nadamos, tomamos el sol y después volvemos al hotel y nos bañamos un rato en la piscina del hotel. Comemos en el hotel a las dos mas o menos y dormimos la siesta hasta las cinco. Después vemos la tele un rato y entonces vamos a la playa otra vez a las seis. Por la tarde, a las ocho, tomamos algo en la cafetería del hotel y salimos a cenar en un restaurante a las diez. Por las noches, mis hermanos y yo vamos a la discoteca. Nos acostamos tarde todas las noches.

Un abrazo, Manolo

3 **Ahora escucha a Manolo que habla con un amigo. Hay algunas diferencias con la postal; ¿cuáles son?**

Ayuda

Remember the differences between the 1st person plural of the **-ar**, **-er** and **-ir** verbs:

tomar (*to have, to eat*): **tom<u>amos</u>** (*we have*)
comer (*to eat, to have lunch*): **com<u>emos</u>** (*we eat*)
dormir (*to sleep*): **dorm<u>imos</u>** (*we sleep*)

4 **Josefina is an English teacher in a secondary school in Zaragoza and every year they have an exchange trip with a school in England. Listen to Josefina and complete the table.**

Place:
Families:
School:
Programme of activities:
Projects:

5 **Uno de los estudiantes de Josefina, Víctor, está en tu casa. Completa la carta a tu amigo/a español(a) contando lo que hacéis durante el intercambio. Usa los verbos del cuadro.**

vamos (× 2) tenemos pasamos jugamos (× 2) visitamos vemos cenamos hacemos (× 2) hablamos salimos

Querido amigo:

Mi amigo de Zaragoza, que se llama Víctor, está en mi casa porque ___(1)___ un intercambio con su instituto. ___(2)___ muchas cosas y lo ___(3)___ muy bien. ___(4)___ a clase en el instituto, ___(5)___ museos y monumentos, ___(6)___ de compras, ___(7)___ excursiones, ___(8)___ por las tardes de paseo, ___(9)___ al fútbol. Por las noches ___(10)___ con mis padres y después ___(11)___ la tele, ___(12)___ con el ordenador y ___(13)___ mucho.

Meta

Ahora haz un diálogo con tu compañero/a. Usa las preguntas y respuestas.

Preguntas	Respuestas
¿Adónde vas de vacaciones?	**Voy a** la playa / la montaña / el pueblo.
¿Con quién vas de vacaciones?	**Voy con** mi familia / mis amigos / mis abuelos.
¿Dónde estás?	**Estoy en** un hotel / un camping / casa de (mis abuelos/ tíos).
¿Cómo se llama el hotel / camping / pueblo?	El hotel / camping / pueblo **se llama**…
¿Dónde está?	**Está en**…
¿Cómo es?	**Es** moderno / viejo / bonito / feo / grande / pequeño / cómodo / incómodo.
¿Qué hay en el hotel / el camping / el pueblo?	**Hay** piscina / tiendas / cine / un centro deportivo / cafeterías / restaurantes…
¿Qué hacéis todos los días (tú y tu familia / tus amigos/as)?	**Nadamos en** la piscina / el mar. **Comemos en** restaurantes / la playa. **Jugamos** al tenis / a las cartas.

B: ¿Adónde fuiste de vacaciones?

Objectives:
- Talk about what you did on your holidays
- Say what the weather was like

¿Qué sabes?

Escribe los nombres de seis países.

1 **Escucha a seis chicos y chicas: ¿a qué país fueron de vacaciones? ¿Coinciden los países con los de tu lista? ¿Qué otros países dicen?**

Ejemplo: 1 Fui a España de vacaciones.

2 **Escucha y lee lo que dice Manolo.**

3 **Escucha a María, Javier y Elisa que hablan de sus vacaciones pasadas. Selecciona la información del cuadro para cada uno.**

Lugar	playa	montaña	pueblo
Medio de transporte	tren	avión	coche
Tiempo	1 semana	15 días	1 mes
Mes	julio	agosto	abril
Con quién	amigos/as	familia	abuelos
Alojamiento	apartamento	hotel	camping

4 **María escribe un email a su amiga hablándole de sus vacaciones. Complétalo con la información de la Actividad 3. Después escribe los emails de Javier y Elisa.**

Fui a… Fui en… Estuve… Fui en el mes de…
Fui con… Estuve en…

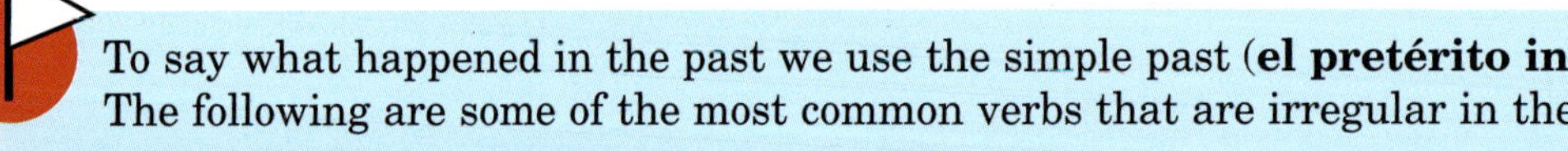

To say what happened in the past we use the simple past (**el pretérito indefinido**). The following are some of the most common verbs that are irregular in the past.

ir (*to go*): **(yo) fui** *I went,* **(tú) fuiste, (él / ella / usted) fue, (nosotros/as) fuimos, (vosotros/as) fuisteis, (ellos/as / ustedes) fueron.**

The simple past of the verb **estar** is:
(yo) estuve *I was*, **(tú) estuviste, (él / ella / usted) estuvo, (nosotros/as) estuvimos, (vosotros/as) estuvisteis, (ellos/as / ustedes) estuvieron.**

Impersonal verbs in the past (for weather): **hace > hizo frío** *it was cold.*

 **5** **Habla con tu compañero/a.**

a **Adoptad cada uno un papel (Manolo, María, Javier o Elisa) y hablad de vuestras vacaciones.**

Ejemplo:
A (María / Javier): Yo fui de vacaciones a ... ¿y tú?
B (Manolo / Elisa): Yo estuve en ...

b **Habla de tus propias vacaciones.**

 **6** **Lee las expresiones del tiempo en pasado y une cada una con el dibujo correspondiente. Escucha y comprueba.**

1 Hizo buen tiempo. **2** Hizo sol. **3** Llovió. **4** Hizo frío. **5** Nevó. **6** Hizo mucho calor. **7** Hizo mal tiempo.

b

d

7 **Escucha a María, Javier y Elisa que dicen qué tiempo hizo en sus vacaciones. Elige los dibujos anteriores que corresponden a cada chico/a y a cada día.**

Ejemplo: María: miércoles: a, etc.

 **8** **a** **Señala uno de los dibujos y pregunta a tu compañero/a: *¿Qué tiempo hizo ayer?***

b **Habla con tu compañero/a del tiempo que hizo en tu ciudad ayer, la semana pasada, durante las vacaciones pasadas.**

 **9** **Lee lo que hizo Manolo y escribe el verbo en la 3ª persona del pretérito. Elige entre *fue*, *hizo* y *estuvo*.**

Manolo __(1)__ a España. __(2)__ a Málaga. __(3)__ tres semanas. __(4)__ a la playa. __(5)__ en avión. __(6)__ en septiembre. __(7)__ en un hotel. __(8)__ buen tiempo. __(9)__ con su familia.

 **10** **Escribe sobre lo que hicieron María, Javier y Elisa.**

Meta

Habla con tus compañeros/as de tus vacaciones. Contesta las preguntas.

¿Adónde fuiste? ¿Cómo fuiste? ¿Cuánto tiempo estuviste? ¿Cuándo / en qué mes fuiste?
¿Dónde estuviste? ¿Con quién fuiste? ¿Qué tiempo hizo?

Unidad 6

C: ¿Qué hiciste las vacaciones pasadas?

Objectives:
- Talk about what you did on your holidays
- Talk about school journeys and exchanges

¿Qué sabes?

¿Qué haces en las vacaciones? Di seis actividades.

1 Manolo pregunta a María qué hizo las vacaciones pasadas. Escucha y contesta las preguntas.

1 ¿Adónde fue María?
2 ¿Con quién fue?
3 ¿Lo pasó bien?
4 ¿Qué actividades hizo?

Manolo: María, ¿qué hiciste las vacaciones pasadas?
María: Fui a la montaña con los chicos y chicas del instituto.
Manolo: ¿Sí? ¿Qué tal lo pasaste?
María: Lo pasé fenomenal.
Manolo: ¿Qué hiciste?
María: Pues muchas cosas: esquié, patiné en la pista de hielo, nadé en la piscina del hotel, salí con mis amigos, cené en el restaurante, bailé en la discoteca, dormí mucho, escribí postales, compré regalos, hice excursiones…
Manolo: ¡Qué bien!

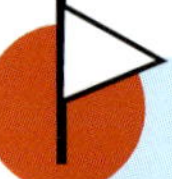

The simple past (*pretérito indefinido*) of regular verbs

-ar: nadar >
(yo) nadé *I swam*
(tú) nadaste *you swam*
(él / ella / usted) nadó *he / she / you swam*
(nosotros/as) nadamos *we swam*
(vosotros/as) nadasteis *you swam*
(ellos/as / ustedes) nadaron *they / you swam*

-er: comer >
(yo) comí *I ate / had lunch*
(tú) comiste *you ate*
(él / ella / usted) comió *he / she / you ate*
(nosotros/as) comimos *we ate*
(vosotros/as) comisteis *you ate*
(ellos/as / ustedes) comieron *they / you ate*

-ir: salir >
(yo) salí *I went (out)*
(tú) saliste *you went (out)*
(él / ella / usted) salió *he / she / you went (out)*
(nosotros/as) salimos *we went (out)*
(vosotros/as) salisteis *you went (out)*
(ellos/as / ustedes) salieron *they / you went (out)*

Note: **jugar >**
(yo) jugué (the other persons are regular)
(tú) jugaste
(él / ella / usted) jugó
(nosotros/as) jugamos
(vosotros/as) jugasteis
(ellos/as / ustedes) jugaron

Hacer is irregular:
(yo) hice
(tú) hiciste
(él / ella / usted) hizo
(nosotros/as) hicimos
(vosotros/as) hicisteis
(ellos/as / ustedes) hicieron

2 Lee el email de Javier y escribe los verbos en la forma correcta del pasado.

Yo (ir) al sur de España, (pasar) quince días en Torremolinos. (ir) a la playa, (tomar) el sol, (nadar) en el mar, (hacer) fotos, (hacer) windsurf, (jugar) al fútbol, (comer) paella, (tomar) muchos refrescos, (visitar) monumentos, (viajar) mucho por la zona.

3 **The group of English students went to Zaragoza to visit Josefina and her students. Read the programme of their activities and match the pictures with the days.**

Programa del viaje de intercambio a Zaragoza

Lunes:	Tarde: llegar a la casa de la familia y cenar con la familia.
Martes:	Mañana: ir al instituto. Tarde: visitar la ciudad.
Miércoles:	Mañana libre: ir de compras. Tarde: ir al cine (película española).
Jueves:	Mañana: libre. Tarde: ir al museo de escultura.
Viernes:	Mañana: visitar el mercado central. Tarde: visitar la catedral.
Sábado:	Mediodía: comer en un restaurante típico. Noche: ir a la discoteca.
Domingo:	ir de excursión a las montañas en tren.

4 **Tú fuiste al intercambio: escribe una carta a tu amigo/a y dile lo que hiciste.**

El lunes por la tarde llegué a la casa de la familia y cené con la familia.
El martes por la mañana fui al instituto y por la tarde…

Continúa.

5 **Escucha a Ana que dice lo que hizo durante el intercambio y compara con tu carta de la Actividad 4. Un día es diferente. ¿Cuál? ¿Por qué?**

6 **Escribe un email: cuenta un fin de semana especial, un viaje, una excursión, o alguna actividad interesante que hiciste tú.**

Meta

Habla con tu compañero/a de lo que hiciste en las vacaciones o en un intercambio. Usa las frases siguientes como ayuda.

¿Qué hiciste en las vacaciones?	Hice muchas cosas. / No hice muchas cosas. / No hice nada.
¿Dónde estuviste?	Estuve en casa / en casa de mi amiga / en casa de mis abuelos / en la playa / en la montaña / en un hotel / en un camping.
¿Qué hiciste?	Nadé en la piscina. / Tomé el sol. / Jugué al fútbol. / Bailé en la discoteca. / Patiné. / Fui al cine. / Salí con mis amigos. / Hice windsurf. / Fui a la playa. / Comí paella. / Tomé helados.
¿Qué tal lo pasaste?	Lo pasé fenomenal. / Me aburrí mucho. / Regular.

1 The preterite tense

See pages 52, 176

Regular verbs	**-ar**	**-er**	**-ir**
	desayunar	**comer**	**escribir**
(yo)	**desayuné**	**comí**	**escribí**
(tú)	**desayunaste**	**comiste**	**escribiste**
(él/ella/Vd)	**desayunó**	**comió**	**escribió**
(nosotros/as)	**desayunamos**	**comimos**	**escribimos**
(vosotros/as)	**desayunasteis**	**comisteis**	**escribisteis**
(ellos/as / Vds)	**desayunaron**	**comieron**	**escribieron**

Notice that the endings of **-er** and **-ir** verbs are the same in the simple past.

Irregular forms in the simple past

See page 176

	hacer	**ir**	**estar**
(yo)	**hice**	**fui**	**estuve**
(tú)	**hiciste**	**fuiste**	**estuviste**
(él/ella/Vd)	**hizo**	**fue**	**estuvo**
(nosotros/as)	**hicimos**	**fuimos**	**estuvimos**
(vosotros/as)	**hicisteis**	**fuisteis**	**estuvisteis**
(ellos/as / Vds)	**hicieron**	**fueron**	**estuvieron**

¿Qué hiciste / hicisteis? *What did you do?*
Hice / Hicimos los deberes. *I / We did homework.*
¿Adónde fuiste / fuisteis? *Where did you go?*
Fui / Fuimos al cine. *I / We went to the cinema.*
¿Dónde estuviste / estuvisteis? *Where were you?*
Estuve / Estuvimos en casa. *I was / We were at home.*

De vacaciones	On holiday
acostarse	to go to bed
el aire acondicionado	air conditioning
el alojamiento	accommodation, lodging
el camping	campsite
cómodo/a	comfortable
en avión	by plane
la escultura	sculpture
la excursión	trip
hacer fotos	to take photos
el intercambio	exchange
ir de compras	to go shopping
jugar	to play
el mar	sea
el medio de transporte	means of transport
el mercado central	main market
moderno/a	modern
pasar unos días	to spend a few days
patinar	to skate
la pista de hielo	ice rink
la postal	postcard
el regalo	gift
tomar el sol	to sunbathe
volver	to return

El tiempo en pasado	The weather in the past
Hizo mal tiempo	The weather was bad
Hizo buen tiempo	The weather was good
Hizo sol	It was sunny
Hizo (mucho) calor	It was (very) hot
Hizo (mucho) frío	It was (very) cold
Llovió	It rained
Nevó	It snowed

Otras expresiones	Other expressions
ir de paseo	to go for a walk
lo pasé fenomenal	I had a great time
me aburrí mucho	I got very bored
un rato	a short period of time

Unidad 7

A: Una visita turística

Revision: ■ Ask for and give information about places and directions

¿Qué sabes?

Mira el dibujo. ¿Qué hay en la oficina de turismo? ¿Qué significan los letreros?

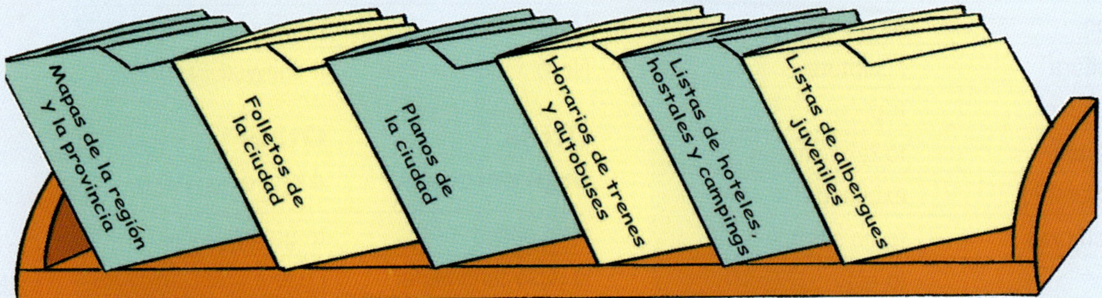

1 Javier va a la oficina de turismo. Escucha la conversación y contesta las preguntas.

1 ¿Dónde está el pueblo?
2 ¿Cómo va a viajar Javier al pueblo?
3 ¿A qué hora abre el museo?
4 ¿A qué hora cierra el museo?
5 ¿Qué puede hacer a mediodía?
6 ¿A qué hora va a volver a la ciudad?

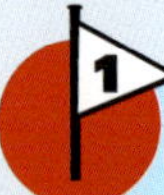

To ask for something you can use **quiero** *I would like* (lit. *I want*), but if you wish to be more formal, use **quisiera** *I would like*.

You can also use **¿Puede...?** *Can you...?*:
¿Puede decirme dónde está la estación? *Can you tell me where the station is*?

Remember that if you are speaking to a person you don't know, you should use the 3rd person with **usted**, unless the person is about your age and you are both happy to speak informally.

2 Tú quieres ir a ver la casa y el museo de Goya o a visitar otros lugares interesantes. Haz diálogos en la oficina de turismo con tu compañero/a. Usa las frases siguientes (use formal language).

Turista	**Empleado/a**
¿Tiene un mapa de la provincia?	Sí, aquí tiene un mapa.
¿Puede decirme dónde está el museo?	Está al final de la calle / al otro lado de la plaza.
¿A qué hora abre el museo?	Abre a las 9.30 de la mañana.
¿Y a qué hora cierra?	Cierra a las ocho de la tarde.
¿Dónde se puede comer?	Hay un restaurante / una cafetería al lado del museo.

The imperative

We use this to tell someone to do something.

Informal imperative (**imperativo informal**):
tú: **sigue / toma / cruza** *continue (follow, carry on) / take / cross*

Formal imperative (**imperativo formal**):
usted: **siga / tome / cruce** *continue (follow, carry on) / take / cross*

When we give directions to our friends or family we use the informal imperative, but when speaking to strangers we use the formal version.

Ayuda

Direcciones

Questions:
¿Sabe(s) dónde está (el museo)? *Do you know where (the museum) is?*
¿Puede(s) decirme dónde está (el teatro)? *Can you tell me where (the theatre) is?*
¿Hay (un hotel) por aquí? *Is there (a hotel) near here?*

Answers:
Desde aquí ... sigue / continúa todo recto. *From here ... go / continue straight on.*
Sigue (por esa calle) hasta el final. *Carry on (along that street) to the end.*
Toma la primera / la segunda / la tercera (calle) a la derecha / a la izquierda. *Take the first / second / third (street) on the right / left.*
Cruza la calle / la plaza / el puente. *Cross the street / the square / the bridge.*

El museo está ... allí / cerca / lejos / a la derecha de la calle / al lado del hotel / enfrente del cine / al final de esa calle. *The museum is ... there / nearby / far away / on the right of the street / next to the hotel / opposite the cinema / at the end of that street.*

 **3** **María visita la ciudad con sus amigos y se pierden fácilmente. Escucha los diálogos y marca en el plano los siguientes lugares adonde quieren ir.**

1 el Museo Gargallo
2 el Teatro Principal
3 el Hotel Madrid

 **4** **Ahora haz los diálogos con tu compañero/a. Di dónde están los lugares del plano de la Actividad 3.**

Ejemplo: A: ¿Dónde está el museo Gargallo?
B: (Para ir al museo) sigue esta calle todo recto y toma la tercera calle a la izquierda. El museo Gargallo está allí, a la derecha de la calle.

 **Meta**

Dibuja un plano de tu pueblo o ciudad con los lugares más importantes y tu casa. Explica a tu compañero/a cómo llegar a estos sitios desde la estación u otro lugar importante. Después escribe un email a tu amigo/a.

Ejemplo: Para ir a mi casa desde la estación sigue todo recto y toma la primera calle a la derecha. Mi casa está al final de la calle.

Unidad 7

B: Mi transporte favorito

Objectives:
- Talk about different means of transport
- Buy tickets and ask for information when travelling in town
- Travel by car: buy petrol, deal with repairs and problems, hire a car

¿Qué sabes?

Di todos los medios de transporte que sabes. ¿Cómo vas al instituto? ¿Cómo vas al centro de la ciudad / al pueblo?

 **1 Escucha a estos chicos (Manolo, María, Javier y Fernando) y di cuál es su medio de transporte favorito.**

a

b

c

d

 **2 Habla con tu compañero/a sobre el tema. Usa las expresiones de la Actividad 1.**

¿Qué medio de transporte prefieres? ¿Por qué? Prefiero … porque …
¿Qué medios de transporte hay en tu ciudad? Hay (metro, autobúses, mucho tráfico, trenes)…
¿Cómo son? El (autobús) es lento / rápido / barato / caro / bueno / malo / cómodo / incómodo.
(no) hay mucho tráfico / mucha contaminación

 **3 Escribe una carta a tu amigo/a sobre el tema.**

  **4 a Escucha y lee estas frases. ¿Dónde se dicen: en un autobús, en el metro, en un taxi?**
b Escucha y comprueba.

a ¿Dónde está la parada del 25, por favor?
b ¿Está libre?
c Deme un mapa del metro.
d ¿Podría llevarme a la plaza Mayor?
e ¿Qué línea es?
f ¿Cuánto vale un bonobús?
g ¿Para ir a la estación de Atocha?
h Aquí es, ¿cuánto le debo?
i Voy al número cincuenta.
j ¿Hay que cambiar de línea?

 **5 Escucha tres diálogos, en los que oirás las frases anteriores.**

a Di qué tipo de transporte utilizan Manolo, Javier y Ana.

b Después escucha otra vez y di si las frases siguientes son verdaderas (V) o falsas (F).

Diálogo 1

1 Cambia de línea para ir a la estación de Atocha.
2 En total son tres estaciones hasta la estación Ópera.

Diálogo 2

3 El taxi va al número 220 de la avenida de San Miguel.
4 El trayecto en taxi cuesta 15 euros.

Diálogo 3

5 Un bonobús vale para 10 viajes.
6 Con el bonobús sólo puede viajar por el centro de la ciudad.

Ayuda

To ask for something, you can use the following expressions: **¿Puede darme...? ¿Podría darme...?** (*Can / Could you give me...?*) and the more direct **Deme...** (*Give me...*).

Remember, you should use the preposition **para** (*to* or *for*, depending on the situation): **un billete para...** *a ticket to...*; **¿Para ir a la estación?** *How do I get to the station?* (lit. *To go to the station?*) **¿Para cuántos viajes es?** *How many journeys is it for?*

Personal (object) pronouns:
me *me*, **te** *you*, **le** *he, she, you formal*.
¿Me da un recibo? *Can you give me a receipt?* You can also say: **Deme un recibo.** *Can you give me a receipt?* (using the formal imperative)

To tell another person to do something, or to suggest someone does something, use the formal imperative (unless it is someone you know well):
mire *look*, **suba** *get in / go up*, **tome** *take*, **cambie** *change*.

6 María va de viaje en coche con sus tíos que no hablan español. Une cada palabra con su traducción y estudia.

1	la gasolina sin plomo	**a**	filling station
2	el recibo	**b**	motorway
3	el taller de reparaciones	**c**	receipt
4	la gasolinera	**d**	breakdown
5	alquiler de coches	**e**	repair workshop
6	la avería	**f**	lead-free petrol
7	la autopista	**g**	car hire

Meta

Practica diálogos similares con tu compañero/a. Usa las expresiones de la Actividad 6 y las frases siguientes.

En la gasolinera: ¿Dónde está la gasolina sin plomo? ¿Puede darme un recibo?

En el taller: El coche no funciona. ¿Podría arreglarlo pronto?

En la oficina de alquiler de coches: Queremos alquilar un coche para (3 días).

En la autopista / la carretera: Mi coche tiene una avería en la autopista / la carretera... El coche es un (Seat) de color (blanco).

7 Escucha los cuatro diálogos.

a **¿Dónde están María y sus tíos? Señala la foto correspondiente.**

b **Después contesta las preguntas en inglés.**

a

b

c

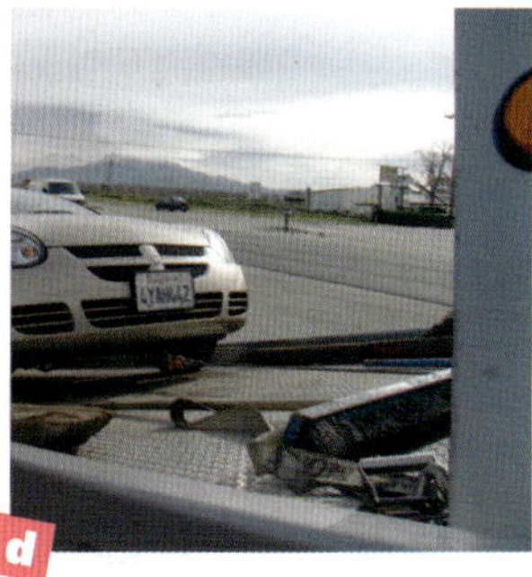
d

1 How much does unleaded petrol cost?
2 What does María ask for when she pays for the petrol?
3 What time will the car be repaired?
4 What type of car do María's uncle and aunt want to hire?
5 How much is it to hire a car for three days?
6 Where did they have the breakdown?

C: De viaje por el país

Objectives:
- Travel by train: buy tickets and ask for information
- Talk about bad or disastrous journeys

¿Qué sabes?

¿Qué significan estas palabras y frases?

¿A qué hora sale el tren? ¿A qué hora llega? un billete ¿Cuánto dura el viaje? rápido barato lento caro

1 **Javier va de excursión en tren con sus amigos a una ciudad que se llama Teruel. Escucha el dialogo en la estación. Completa el billete y después elige las respuestas correctas.**

RENFE
EXPEDICION ELECTRONICA
BILLETE
PLAZAS SENTADAS Y LITERAS
BP 017256
EXP. N 23
BARCELONA
ENTREGA A LA LLEGADA

NUM. DE TREN	FECHA VIAJE	CLASE	CARACTERISTICAS: NUM. DE COCHE	ASIENTO	HORA SALIDA	TARIFA	PRECIO	KILOMETROS ABONOS VIAJE

05061208127620710010090000210507 1078
TALGO
36420111301004136 472 DESDE – HASTA
ZARAGOZA A TERUEL P 88

1	¿Cuántos trenes hay para Teruel mañana?	dos / tres / cuatro
2	¿A qué hora sale el Intercity?	a las diez / a la una / a las tres y media
3	¿Cuál es el tren más barato?	el Intercity / el tranvía / el Talgo
4	¿Cuánto dura el viaje en el Talgo?	dos horas y media / tres horas / tres horas y media
5	¿Cuántos billetes quiere?	tres / cuatro / uno
6	¿Cuánto cuesta un billete?	cincuenta euros / sesenta euros / setenta euros

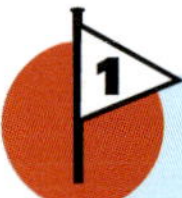

Comparatives and superlatives

El Talgo es más rápido que el Intercity.
The Talgo is faster than the Intercity.
El Talgo es el más rápido.
The Talgo is the fastest.
El Tranvía es más lento pero menos caro.
The Tranvía is slower but cheaper.
El Tranvía es el más barato.
The Tranvía is the cheapest.
El AVE es rapidísimo.
The AVE is very fast.

Información

RENFE is the name of the Spanish national rail network.

The Talgo is a fast, comfortable train which runs between the main cities of Spain.

Tren Tranvía is a local train which calls at all stations in the area.

El AVE is the latest high-speed train which links Madrid with the North and the South of Spain.

 **2** **Lee lo que les pasó a estos chicos en unos viajes 'desastrosos' y contesta las preguntas en inglés.**

1 Who took two days to get to their destination?
2 Who started the journey on a train and finished it on a bus?
3 Who spent a lot of money?
4 Who started the journey very early in the morning?
5 Who went to a village he/she didn't expect to visit?

Manolo: La semana pasada fui de viaje en tren, por la noche, de Barcelona a Madrid. Llovió mucho y el tren paró en el campo durante dos horas. Al final, fuimos a Madrid en autobús.
Fue un viaje horrible.

María: Un día fui de viaje a Francia con mi familia. Por la noche nevó mucho y la policía cerró la autopista. Fuimos a un pueblo cercano y dormimos en un hotel. Llegamos a Francia el día siguiente.

Carlos: El mes pasado fui de vacaciones a Mallorca con mis amigos y fuimos al aeropuerto muy temprano, a las cinco de la mañana, pero hubo un retraso de tres horas. Desayunamos y fuimos a las tiendas. Salimos tres horas más tarde y con mucho menos dinero.

hay = *there is* / *there are*; **hubo** = *there was* / *there were.*

We use **hubo** to describe something that happened:
Hubo un accidente. *There was an accident.*

Plural verbs: present and past

Notice that the 1st person plural of **-ar** and **-ir** verbs is the same in the simple past and simple present: **llegamos** *we arrived* / *we arrive*; **desayunamos** *we had* / *have breakfast*; **dormimos** *we slept* / *we sleep*; **salimos** *we left* / *we leave.*

BUT **-er** verbs are different: **comimos** *we ate*; **comemos** *we eat.*

 Meta

Haz un diálogo en la estación con tu compañero/a. Usa los datos siguientes e inventa otros.

A: ¿A qué hora / trenes / Madrid?
B: Talgo / diez de la mañana / Tranvía / dos de la tarde
A: ¿más rápido?
B: Talgo
A: ¿durar / viaje?
B: 2 horas
A: billetes / ida y vuelta / ¿cuánto es?
B: 60 euros

1 Imperative forms: informal and formal

See page 177

We use the informal imperative if we are talking to a member of the family, a friend, or someone the same age as us. We use the formal imperative if we are talking to someone we don't know well or someone in authority, or in a formal situation, for example giving directions in the street.

The singular informal form looks the same as the 3rd person singular. It is highlighted in the table below:

Verb	Informal (tú)	Formal (usted)		
seguir	sigue	siga	(la calle)	*carry on along (the street)*
tomar	toma	tome	(la primera calle)	*take (the first street)*
cruzar	cruza	cruce	(la calle)	*cross (the street)*
mirar	mira	mire		*look*
subir	sube	suba	(al coche)	*get in (a car) / go up*
pasar	pasa	pase		*come in / go through*
cuidar	cuida	cuide		*take care*

2 Object pronouns: *me* me, *te* you (informal), *le* him, her, you (formal)

See page 180

Note they are placed before the verb:

Formal:	**¿Me da un recibo?**	*Could you give me a receipt?*
	Le doy un recibo.	*I'll give you a receipt.*
	¿Cuánto le debo?	*How much do I owe you?*
Informal:	**¿Me das el libro?**	*Can you give me the book?*
	Te doy el dinero.	*I'll give you the money.*
	Le doy dinero.	*I give him / her money.*

3 Comparative and superlative of adjectives

See page 179

Use **más** + adjective + **que** to express *more … than*:

El Talgo es más rápido que el Intercity. *The Talgo is faster than the Intercity.*

El tren es más cómodo que el autocar. *The train is more comfortable than the coach.*

Use **menos** + adjective + **que** to say *less … than*:

El autocar es menos caro que el Talgo. *The coach is less expensive than the Talgo.*

El autocar es menos cómodo que el tren. *The coach is less comfortable than the train.*

To say that something is the best, biggest etc., we use **el** or **la más** (*the most*) + adjective, depending on whether the thing we are describing is masculine or feminine.

El Talgo es el más rápido. *The Talgo is the fastest.*

La bicicleta es la más barata. *The bicycle is the cheapest.*

To emphasise an adjective but not compare it with anything else, we use **-ísimo / -ísima**:

El AVE es rapidísimo. *The AVE is really fast.*

La bicicleta es lentísima. *The bike is really slow.*

Ejercicios

1 **Write the following in Spanish.**
   a Can you give me the pen? **b** How much do I owe you? **c** I'll give him the book. **d** Could you give me a coffee? **e** I'll give her the book. **f** I'll give you the pen.

2 **Translate the following phrases, using first the informal imperative and then the formal.**
   a carry on along this street **b** take the second street **c** cross the street **d** look **e** go up **f** come in

3 **Make ten sentences using *más … que, menos … que* and *el/la más* … .**

El turismo	Tourism
el albergue juvenil	youth hostel
el folleto (de la ciudad)	leaflet (of the city)
la guía de museos	museum guide
el horario de trenes	train timetable
la lista de hoteles	list of hotels
el mapa (de la región)	map (of the region)
la oficina de turismo	tourist office
el plano	plan
viajar	to travel

Por la ciudad	Around town
a la derecha / a la izquierda	on the right / left
al final de esa calle	at the end of that street
al lado del hotel	next to the hotel
al otro lado de la plaza	on the other side of the square
¿A qué hora abre / cierra el museo?	What time does the museum open / close?
ayuda	help
cerca / cercano	near, nearby
cruza la calle	cross the street
desde aquí…	from here …
¿Dónde se puede comer?	Where can one eat?
enfrente del museo	opposite the museum
está allí	it's there
¿Hay un hotel por aquí?	Is there a hotel near here?
lejos	far away
¿Puede(s) decirme dónde está el teatro?	Could you tell me where the theatre is?
el puente	bridge
quisiera	I'd like
¿Sabe(s) dónde está el museo?	Do you know where the museum is?
sigue / continúa todo recto	go / continue straight on
sigue (por esa calle) hasta el final	carry on (along that street) to the end
sigue / toma / cruza	continue, follow, carry on / take / cross

Los medios de transporte	Transport
alquiler de coches	car hire
la autopista	motorway
la avería	breakdown
barato/a	cheap
un billete para…	a ticket to…
el bonobús	saver ticket
el carnet de conducir	driving licence
la carretera	the road
contaminar	to pollute
el depósito (de gasolina)	(petrol) tank
despacio	slowly
la gasolina (sin plomo)	(lead-free) petrol
la gasolinera	filling station
la grúa	breakdown truck
el / la más rápido/a	the fastest
la matrícula	number plate
el recibo	receipt
seguro/a	safe
el taller de reparaciones	repair workshop
el trayecto en taxi cuesta 15 euros	the taxi journey costs 15 euros
vale para 10 viajes	it's valid for 10 journeys

De viaje	Travelling
¿A qué hora sale el autobús?	What time does the bus leave?
¿A qué hora vuelve?	What time does it get back?
¿Cuánto cuesta un billete?	How much is a ticket?
¿Cuánto dura el viaje?	How long is the journey?
¿Cuánto le debo?	How much do I owe you?
¿Cuánto tiempo tarda?	How long does it take?
¿Cuánto vale un bonobús?	How much is a saver ticket?
Deme un mapa del metro.	Could you give me a map map of the underground?
¿Está libre?	Is it free/available?
¿Para cuántos viajes es / sirve?	How many journeys is it for?
¿Para ir a la estación de Atocha?	How do I get to Atocha station?
¿Puede llevarme a la plaza Mayor?	Could you take me to Plaza Mayor?
¿Qué línea es?	Which line is it?
Tiene que cambiar de línea.	You have to change line.

Unidad 8

A: ¿Camping o apartamento?

Revision:
- Book a place in a campsite and an apartment
- Ask for information about facilities

¿Qué sabes?

Mira los dibujos de un camping y de un apartamento y describe lo que hay en cada uno.

Ejemplo: En el camping hay una piscina. En el apartamento hay una terraza.

1 Escucha el diálogo en el camping y di si las frases son verdaderas (V) o falsas (F).

1 Cinco amigas llegan al camping.
2 Tienen una tienda grande.
3 Tienen un coche grande.
4 Van a estar once días.
5 Quieren estar cerca de la playa.
6 Quieren saber si hay una piscina grande.

2 Haz diálogos similares con la información siguiente.

Tipo de alojamiento:	una tienda	una caravana	un bungalow
Personas:	2	4	6
Días:	5	1 semana	15
Vehículo:	coche pequeño	moto	coche grande

Ejemplo:

Recepcionista: ¿Qué desean? — Cliente: Queremos sitio para una tienda.
Recepcionista: ¿Para cuántas personas? — Cliente: Para (tres) personas.
Recepcionista: ¿Para cuántos días? — Cliente: Para (diez) días.
Recepcionista: ¿Qué vehículo tienen? — Cliente: Tenemos un coche (grande).

Otras preguntas: ¿Qué hay en el camping? ¿Hay ... en el camping? ¿Cuánto es / cuesta?

 **3** **Unos amigos de la familia de María quieren alquilar un apartamento en España, en la playa. María llama por teléfono al número del anuncio. Escucha y elige el anuncio que corresponde al diálogo.**

a

SUESA, a 28 km de Santander, zona rural.
Alquilo apartamento (4/5 personas) todo nuevo,
a 2 km playas de Somo.
Tres dormitorios, cocina-comedor, salón, televisión, garaje, jardines.
Totalmente equipados.
Julio 1.600 €. Agosto 1.700 €. Septiembre 1.500 €.

b

TORREMOLINOS

4/5 personas. Se alquila ático.
Tres dormitorios, cocina, salón muy confortable, teléfono,
TV color, lavadora, terraza.
Muy cerca de las piscinas de Acquapark.
Al lado de la playa.
2ª quincena de agosto 1.550 € 1ª septiembre 1.400 €

Ayuda

To say *For Sale* or *For Hire* or *For Rent* (*To Let*) on a sign, we use **se** with the verb:
Se alquila(n) apartamento(s)
Apartment(s) for rent (to let);
Se vende *For Sale*.

To say what there is in an apartment (or hotel, etc.) we use **hay** (*there is / there are*):
Hay una terraza muy grande.
There is (It has) a very big terrace.

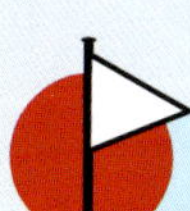

***ser* and *estar* (to be) + adjectives**

We use **ser** for permanent characteristics: **el apartamento es grande**. The apartment will not change its size. But for something that is only temporary, or that can change, we use **estar**: **el apartamento está limpio**. It might be dirty next week: **el apartamento está sucio**.

  **4** **Tessa pasa 15 días con sus amigos en un apartamento y escribe una postal. Rellena los espacios en blanco. Elige entre *ser, estar* y *hay*.**

Querida amiga:

¡Ya estoy de vacaciones! __(a)______ en los apartamentos Miramar que __(b)____ al lado del mar Mediterráneo. En los apartamentos ___(c)____una piscina muy grande. El apartamento no ____(d)____ muy grande, pero __(e)______ muy limpio. También __(f)____ una terraza muy grande que _____(g)____frente a la playa. __(h)______ un pueblo muy bonito, muy cerca. ___(i)____ un pueblo de pescadores. Las casas del puerto ___(j)_____ muy viejas, pero muy bonitas. El pueblo ___(l)____ muy tranquilo. ¡Ah, y __(m)______ muy morena!

Muchos besos y hasta pronto.

Tessa

 **5** **Escribe una postal a tus amigos desde tu lugar de vacaciones.**

Suggestion: apartment near the beach / pool in the garden / small but very clean / modern apartment on second floor / small terrace / pretty town / restaurant in the street.

 **Meta**

Quieres alquilar un apartamento en España. Habla con tu compañero/a que es la persona que alquila el apartamento.

Unidad 8 B: Vamos al hotel

Objectives:
- Reserve rooms in a hotel
- Obtain information about facilities

¿Qué sabes?

Di o escribe frases con estas fechas. Escucha y comprueba.

Ejemplo: 23/5 > Hoy es el veintitrés de mayo.

a	18/12	**d**	1/1	**g**	21/8	**j**	14/4
b	31/10	**e**	15/7	**h**	30/3	**k**	7/6
c	27/3	**f**	25/9	**i**	17/2	**l**	3/5

1 Escucha a estos clientes que reservan habitación. ¿Para cuándo la quieren? Escribe las fechas.

Ejemplo 1 25/3 al 2/4.

2 Haz diálogos similares con tu compañero/a. Usa las fechas siguientes y di el número de noches (ej. para tres noches).

Ejemplo: 4/8 al 7/8: Quiero reservar una habitación para 3 noches del / desde el 4 de agosto al / hasta el 7 de agosto.

1 3/3 al 6/3
2 15/7 al 25/7
3 28/10 al 3/11
4 6/1 al 11/1

3 Mira los símbolos de un folleto de hoteles. Los nombres están mezclados. Une cada símbolo con su nombre. ¿Qué son los otros símbolos? Después escucha y comprueba.

1 una habitación doble con dos camas
2 una habitación individual
3 desayuno solo
4 media pensión
5 pensión completa
6 calefacción
7 aire acondicionado
8 ascensor
9 tiendas
10 céntrico

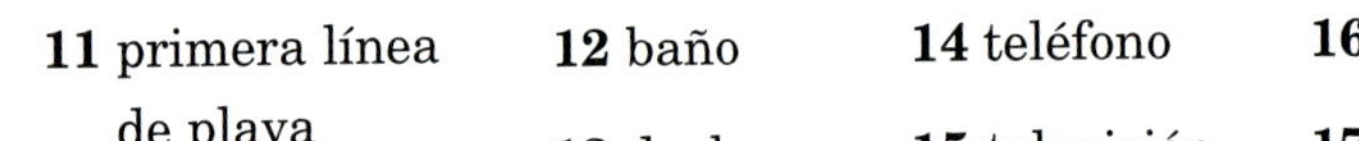

11 primera línea de playa
12 baño
13 ducha
14 teléfono
15 televisión
16 acceso sillas de ruedas
17 lavabo
18 habitación doble
19 terraza

4 Dos personas quieren habitaciones en un hotel. Elige los dibujos de la Actividad 3 que corresponden a cada diálogo.

Ejemplo: c (habitación doble con dos camas): (diálogo) 1

Ayuda

Look at the use of prepositions in the following phrases: **para tres noches** *for three nights*; **desde el 5 hasta el 8** *from the 5th to the 8th*.

If you want to be more formal when you ask for something you can use the following expression: **Quisiera (una habitación).** *I would like (a room).*

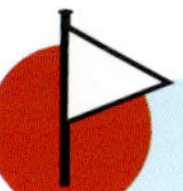

Pronouns: *se* (impersonal *se*)

Se puede means *it's possible* or *is it possible?*: **¿Se puede pagar con tarjeta?** *Is it possible to (Can I) pay with a card?*

Se is also used in signs in shops, hotels etc.: **No se admiten perros** *No dogs admitted / Dogs not admitted.*

5 Lee el email que envía Manolo al hotel reservando habitaciones.

a Contesta las preguntas.

1 ¿Para cuándo quiere las habitaciones?
2 ¿Para cuántas noches?
3 ¿Qué tipo de habitaciones quiere?

b Traduce la sección 'Consulta' al inglés.

HOTEL SAN MARTÍN
Fecha de llegada: 24-4 Fecha de salida: 1-5
Número de habitaciones: 2
Tipo de habitación: 1 para tres personas con terraza; 1 doble con una cama doble y sin terraza.

Consulta:
Queremos quedarnos 7 noches, ¿es posible?
El día 24 llegamos a las nueve de la noche, ¿pueden guardar las habitaciones?
¿A qué hora cierra el restaurante? ¿Está incluido el desayuno en el precio? ¿Está abierta la piscina en abril? ¿Se admiten perros en el hotel?

6 El email no funciona. Escribe un fax al hotel, usando la información de Manolo.

FAX

Estimado/a señor(a):

Quisiera reservar .... para el día .... para .... noches, desde el .... hasta el .... Querría una habitación .... con .... y .... y otra ....

Está incluido .... en el precio? ¿Se admiten ....? ¿Me podría decir .... el restaurante por la tarde?

(Añade otras preguntas: garaje / jardín / piscina / céntrico / primera línea de playa / vistas al mar...)

Muchas gracias por su atención. Le saluda atentamente

Meta

Haz diálogos en el hotel como los de la Actividad 4. Pide una o más habitaciones.

Tu compañero/a es el/la recepcionista. Tú eres el/la cliente.

1 1 habitación individual / 2 noches / 3/3 a 4/3
2 2 habitaciones / 1 doble, 1 individual / 3 personas / 4 noches / 17/8 a 20/8
3 1 habitación / 3 personas / 3 noches / 30/9 a 2/10

Unidad 8

C: El hotel 'MARAVILLAS'

Objectives:

- Explain problems and make complaints in hotels and about accommodation in general

¿Qué sabes?

El hotel 'Maravillas' es un desastre. Mira el dibujo de la habitación y del cuarto de baño: ¡nada funciona! Une las letras con las frases.

1 La cama está rota.

2 La calefacción está estropeada.

3 La ventana está rota.

4 La ducha está rota.

5 El espejo está roto.

6 La bañera está sucia.

7 La luz del baño no funciona.

8 No hay papel higiénico.

9 No hay toallas.

1 **Ahora escucha a este cliente que se queja a la recepcionista y comprueba.**

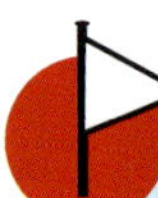

Use **estar** + adjective to describe something that has changed, such as something broken: **el espejo está roto** *the mirror is broken*; **la cama está rota** *the bed is broken*; **los espejos están rotos** *the mirrors are broken*; **las sillas están rotas** *the chairs are broken*. Remember that the adjective must match the noun in number and gender.

The pronoun **lo / la / los / las** usually goes after the verb: **lo / la** means *it* (masculine or feminine); **los / las** means *them* (masculine or feminine).
(el espejo) ¿Puede cambiarlo? (la cama) ¿Puede cambiarla? *Can you change it?*
(los vasos) ¿Puede cambiarlos? (las sábanas) ¿Puede cambiarlas? *Can you change them?*

 **2** **Ahora quéjate tú en recepción. Explícale a la recepcionista qué problemas hay. Usa el dibujo y las frases de *¿Qué sabes?*.**

 **3** **Tu compañero/a es el/la recepcionista y tú el/la cliente. Haz un diálogo similar con las expresiones siguientes.**

Ejemplo: ducha / rota / arreglar > La ducha está rota, ¿puede arreglarla?

En el cuarto de baño:

1 espejo / roto / cambiar
2 bañera / sucia / limpiar
3 luz / no funciona / reparar
4 papel higiénico / no hay / traer
5 toallas / no hay / traer

 **4** **Escucha y comprueba. ¿Es tu diálogo similar?**

 **5** **Lee el email que envió el cliente a la Oficina del Consumidor desde su hotel. Rellena los espacios en blanco con la forma correcta del adjetivo (*-o*/*-a*/*-os*/*-as*). Luego traduce la carta.**

Muy señor(a) mío/a:

Le escribo para quejarme del hotel donde estoy. El hotel es un desastre. La habitación está suci__ y es horrible: la cama está rot__, la calefacción está estropead__, la luz no funciona, la lámpara de la mesita de noche no funciona, las ventanas están suci__, y una ventana está rot__. En el cuarto de baño la ducha está rot__, el espejo está rot__, los grifos están rot__ también, la bañera está suci__; no hay papel higiénico, no hay toallas. ¡Ah, y la directora es muy antipátic__!

¿Se puede hacer algo? Quiero mi dinero.

Muchas gracias por su atención. Le saluda atentamente: Felipe Gil

Meta

Estás de vacaciones en un hotel horrible. Llama a tu amigo/a por teléfono: dile cómo es el hotel y los problemas que hay.

GRAMÁTICA

1 *ser* and *estar* in descriptions

See pages 175–176

Use **ser** to describe something that is permanent and does not change:
El apartamento es grande. *The apartment is big.*
La casa es moderna. *The house is modern.*
Use **estar** to describe something temporary that can change or be changed.
El apartamento está sucio. *The apartment is dirty.*
La casa está limpia. *The house is clean.*

We can use the participle of a verb to describe a temporary state. Remember that it must agree in gender and in number with the noun it describes:
romper: roto/rota/rotos/rotas; estropear: estropeado etc.; abrir: abierto etc.
El espejo está roto. *The mirror is broken.* **Los grifos están estropeados.** *The taps are damaged.*
La ventana está abierta. *The window is open.* **Las sillas están rotas.** *The chairs are broken.*

2 Object pronouns after the verb: *lo / la / los / las*

See page 180

Notice the position of the pronoun at the end of the infinitive and also how it agrees with the noun.
El espejo está roto; ¿puede cambiarlo? *The mirror is broken; can you change it?*
La cama está estropeada; ¿puede arreglarla? *The bed is damaged; can you repair it?*
Los grifos no funcionan; ¿puede arreglarlos? *The taps don't work; can you fix them?*
Las cortinas no cierran; ¿puede mirarlas? *The curtains don't close; can you look at them?*

3 The impersonal *se*

See page 175

This is used with **poder** to ask if or to say that something is possible:
¿Se puede pagar con tarjeta? *Is it possible to pay by card?*

Contrast this with:
¿Puedo pagar con tarjeta? *Can I pay by card?*

The impersonal **se** is also used to explain what is offered by a shop or organisation:
Se habla español. *Spanish spoken.* **Se alquilan bicicletas.** *Bicycles for hire.*
No se admiten perros. *Dogs not admitted.* **Se organizan excursiones.** *Trips organised.*

4 Use of *de/desde* and *a/hasta*

When we describe a start and finish date or time we can use either of the following pairs of prepositions:
Quiero reservar la habitación desde el cuatro hasta el siete de agosto.
Quiero reservar la habitación del cuatro al siete de agosto.
I'd like to reserve the room from the fourth to the seventh of August.

Note that **de + el = del, a + el = al**.

Ejercicio

Completa estas frases con palabras de la gramática estudiada.

1 La casa ____ muy grande y _____ muy limpia.
2 La calefacción ______ rota, ¿puede arreglar____?
3 Tu habitación ______ muy sucia, ¿puedes limpiar____?
4 ____ alquila apartamento en la playa.
5 Los grifos _____ rotos, ¿puede arreglar____?
6 _____ vende casa en la montaña.
7 Las ventanas _____ abiertas, ¿puedes cerrar____?
8 ¿____ puede pagar con cheque?

VOCABULARIO

El alojamiento	Accommodation
alquilo apartamento	(I'm offering) an apartment for rent
arreglar	to repair
la bañera	bath
el baño	bathroom
el bungalow	bungalow
la cabaña	cabin
la calefacción	heating
cambiar	to change
la caravana	caravan
céntrico	central
la cocina-comedor	kitchen-diner
el desastre	disaster
desayuno solo	(bed and) breakfast
la ducha	shower
(totalmente) equipado	(fully) equipped
la fecha de llegada	arrival date
la fecha de salida	departure date
el garaje	garage
el grifo	tap
una habitación doble con dos camas	a double room with two beds
una habitación individual	single room
el lavabo	washbasin
la lavadora	washing machine
la luz	light
media pensión	half board
la moto	motorbike
no se admiten perros	no dogs admitted
la parcela	site – for tent
el parque de atracciones	fairground, attractions park
pensión completa	full board
la tienda (de camping)	tent
el vehículo	vehicle
la ventana	window
se alquila ático	attic for rent
se vende	for sale
el sitio	place

Problemas	Problems
estropeado/a	broken (down)
falta (una almohada)	there's (a pillow) missing
quejarse	to complain
reparar	to repair
roto/a	broken
sucio/a	dirty
La bañera está sucia.	The bath is dirty.
El espejo está roto.	The mirror is broken.
La luz del baño no funciona.	The bathroom light doesn't work.
La ventana está rota.	The window is broken.

Preguntas	Questions
¿A qué hora cierra el restaurante?	At what time does the restaurant close?
¿Está abierta la piscina?	Is the swimming pool open?
¿Está incluido el desayuno?	Is breakfast included?
¿Para cuándo quiere las habitaciones?	When do you want the rooms (for)?
¿Para cuántas noches?	For how many nights?
¿Puede cambiarlo/la/los/las?	Can you change it / them?
¿Pueden arreglarlo/la/los/las?	Can you repair it / them?
¿Qué tipo de habitación quiere?	What type of room do you want?
¿Se admiten perros en el hotel?	Do you allow dogs in the hotel?
¿Se puede pagar con tarjeta?	Can I (one) pay by credit card?

Preposiciones	Prepositions
desde / de	from
hasta / a	to
para	for

Unidad 9 A: ¿Qué hay para comer?

Objectives: ■ Talk about meals, meal times and different types of food

¿Qué sabes?

Escribe una lista de lo que comes y bebes en tu casa para desayunar, comer, merendar y cenar.

1 **Neal es amigo de Tessa y va a pasar unos días en España con ella y su familia. La madre de Tessa le explica los horarios de las comidas en su casa.**

a **Escucha y escribe las horas en el diario de Neal.**

b **Escribe frases con la información.**

Ejemplo: La familia de Tessa desayuna a las ... los lunes, pero los domingos desayuna a las...

AGENDA

	lunes	domingo
Desayuno		
Comida		
Merienda		
Cena		

2 **Tu compañero/a es un amigo o amiga de España, que viene a visitarte. Explícale los horarios de comidas en tu casa. Tu amigo/a completa una agenda como la de la Actividad 1.**

Desayunamos a las...

Comemos a las...

Merendamos a las...

Cenamos a las...

Pero los domingos desayunamos / comemos / merendamos / cenamos a las...

3 **La madre de Tessa continúa hablando con Neal de cómo es cada comida. Escucha y contesta. ¿Qué toman: 1 en el desayuno? 2 en la comida? 3 en la merienda? 4 en la cena?**

4 **Eréndira, tu amiga mexicana, te escribe una carta sobre los horarios y tipos de comidas en México. Traduce y compara con los horarios españoles y los de tu país.**

¿Cómo son los horarios de comida en México? ¿Qué comemos? Entre semana la gente desayuna muy rápido y poco: café o leche, quizá jugo de naranja, fruta picada y pan dulce o tostadas. Otras personas desayunan cereales.

A media mañana (11:00) mucha gente toma un café. La comida fuerte se hace a las 2.00 o 3.00 de la tarde. La gente se va a su casa a comer si puede. La comida consiste en una sopa o pasta o arroz, de primer plato, después un segundo plato fuerte y luego un postre. También café al final. Para beber, un refresco o aguas frescas de fruta: agua de limón, de naranja, sandía ... La gente regresa a trabajar a las 4.00 más o menos. A media tarde toma café con algún pastelillo o galletas.

La gente cena a las 8.00 o las 9.00. La cena es ligera, café, leche, un sandwich o una torta, algunas quesadillas, depende.

Eréndira

Ayuda

Gente means *people* in Spanish. The verb after **gente** is always in the singular form:
La gente desayuna ...
People have breakfast ...

 **5** **Ahora escribe tú una carta a Eréndira sobre los horarios y tipos de comidas en tu país.**

 **6** **La madre de Tessa vuelve del mercado con la compra. Tessa y Neal están en casa. Escucha la conversación con Tessa y Neal y contesta las preguntas.**

1. ¿Qué han desayunado?
2. ¿Qué ha comprado la madre?
3. ¿Qué es la horchata?

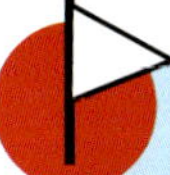

Present perfect (*Pretérito perfecto*)

The present perfect is formed with the verb **haber** (**he, has, ha, hemos, habéis, han**) plus the participle (**-ar: -ado; -er, -ir: -ido**).

Look at these examples:

(Yo) He comprado comida.	*I have bought food.*
¿(Tú) Has comido?	*Have you eaten?*
(Él / Ella) Ha salido.	*He / She has gone out.*
(Nosotros/as) Hemos llegado.	*We have arrived.*
¿(Vosotros/as) Habéis cenado?	*Have you had dinner?*
(Ellos/as / Ustedes) Han venido.	*They / You have come.*

We use the expressions **alguna vez** (*ever*) and **nunca** (*never*) in questions like *Have you ever…? No, never.*:

¿Has comido sardinas alguna vez? *Have you ever eaten sardines?*
No he comido sardinas nunca. / Nunca he comido sardinas. *No, I've never eaten sardines.*

 **7** **Mira lo que ha comprado la madre de Tessa. Escucha y:**

a **Marca con una cruz lo que Neal no ha comido nunca.**

b **Di si lo que ha comido le gusta o no y por qué.**

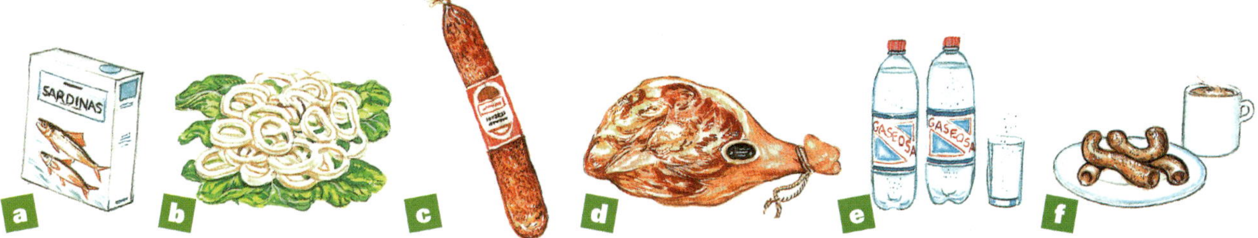

 **Meta**

Practica con tu compañero/a diálogos sobre lo que has desayunado, comido y cenado esta semana.

Ejemplo:

A: Esta semana he desayunado tostadas, cereales y té. ¿Y tú?
B: He desayunado huevos fritos, tostadas y leche. ¿Qué has comido?
A: He comido lomo…

Continúa.

Unidad 9 B: El restaurante y el bar

Objectives:
- Ask for food and drink in a restaurant or cafeteria
- Understand menus

¿Qué sabes?

a **Primero lee el menú del bar de la Actividad 1. ¿Sabes lo que es cada cosa? ¿Conoces los nombres de más bebidas y comidas que puedes pedir en un bar o en una cafetería en España?**

b **Después escribe estos números. Son euros y céntimos. Escucha y comprueba.**

a 15,30	**d** 10,90	**g** 18,95	**j** 58,45	**m** 19,20
b 28,40	**e** 32,78	**h** 5,86	**k** 1,89	**n** 37,55
c 13,75	**f** 7,67	**i** 21,70	**l** 9,85	**ñ** 40,60

1 **Escucha cinco diálogos en el bar y marca lo que toman. Después escribe el precio.**

MENÚ

Bocadillos y raciones	Bebidas
patatas fritas	zumo de piña
ensaladilla rusa	limonada
queso	café
tortilla	cerveza
calamares	zumo de naranja
jamón	coca cola
chorizo	naranjada
pollo	agua mineral

Ayuda

Study these expressions which you will need when in a bar or restaurant.

To call for attention: **Por favor** *Please*; **Perdone / Oiga, por favor** *Excuse me, please.*
To order or ask for something:
¿Puede darme...? *Can you give me...?*
Para mí *For me*
Quiero... (informal) / **Quisiera...** (more formal) *I'd like...*
Yo voy a tomar... *I'll have...*
¿Puede traerme...? *(Could you) bring me...*
¿Puede traer(me) el menú del día? *Can you bring (me) the menu of the day?*
De primer plato *For the first course*; **De segundo** *For the second course;* **De postre** *For dessert*
¿Qué me recomienda? *What do you recommend?*

To ask how much it is or to ask for the bill:
¿Cuánto es? *How much is it?*
¿Me cobra, por favor? *Can you take for this, please?*
La cuenta, por favor. *The bill, please.*

You will hear: **¿Qué desea / quiere?** *What would you like?*
¿Qué le pongo? *What can I get you?* **¿Qué va(n) a tomar?** *What are you going to have?*
¿Qué quiere(n) tomar? *What would you like to have?* **En seguida.** *Immediately / Right away.*
¿Algo más? *Anything else?* **Aquí tiene.** *Here you are.*

 **2** **Haz diálogos similares a los de la Actividad 1 con tu compañero/a. Usa las expresiones de *Ayuda* y el menú de la Actividad 1.**

Ejemplo:

A (camarero/a): ¿Qué le pongo?
B (cliente): Para comer quiero un bocadillo de jamón.
A: ¿Y para beber?
B: Un agua mineral por favor.
A: Aquí tiene.
B: ¿Cuánto es?
A: Son cinco euros.

 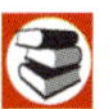 **3** **Rosa y José comen en el restaurante. Escucha, lee y completa el diálogo. Selecciona lo que piden del menú del día.**

MENÚ DEL DÍA

Primer plato:	**Segundo plato:**	**Postre:**	**Bebida:**
ensalada	pollo al ajillo	helado	agua
sopa de pescado	lomo con tomate	flan	vino
zumo de tomate	merluza a la romana	fruta del tiempo	cerveza
judías verdes	salchichas con patatas	yogur	refrescos
			café solo / cortado
			café con leche

* El pan y la bebida están incluidos en el precio.

Camarero: Hola, buenos días, ¿qué van a tomar?
Rosa: El menú del día, por favor, para los dos.
Camarero: Muy bien ¿De primer plato?
Rosa: Yo quiero ____(1)____.
José: Para mí ____(2)____.
Camarero: Muy bien. ¿Y de segundo plato?
José: Para mí ____(3)____.
Camarero: ¿Y para usted, señorita?
Rosa: No sé… La merluza a la romana.
Camarero: ¿Y para beber?
Rosa: Para mí ____(4)____.
José: Para mí ____(5)____.
Camarero: Muy bien. ¿Qué quieren de postre?
Rosa: Yo, ____(6)____.
José: ¿Qué fruta hay?
Camarero: Hay naranja, plátano, melocotón …
José: Pues … ____(7)____ para mí.
Camarero: ¿Van a tomar café?
José: Sí, para mí un ____(8)____.
Rosa: Yo no quiero café, gracias. ¿Nos trae la cuenta, por favor?

 **Meta**

Haz un diálogo en el restaurante con tu compañero/a. Usa el menú de la Actividad 3.

Unidad 9 C: ¡A comer!

Objectives:
- Ask for and offer things at the table
- Say what is missing and make complaints (e.g. the bill is wrong)

¿Qué sabes?

¿Recuerdas estas cosas que se utilizan en la mesa? Une los objetos con los dibujos. Escucha y combrueba.

1 un vaso
2 una copa
3 un plato
4 un tenedor
5 una cuchara
6 un cuchillo
7 una cucharilla
8 una taza
9 una botella
10 una servilleta
11 el aceite
12 la sal
13 el vinagre
14 la pimienta

1 La mesa está puesta para seis personas, pero faltan muchas cosas. Escribe una lista con tu compañero/a. Usa *falta* / *faltan*. Después escucha y comprueba.

Ayuda

The verb **faltar** is used to explain that something is missing or needed. If one thing is missing or needed, use **falta**; if more than one thing is missing or needed use **faltan**.

Falta una copa en la mesa. *There is a glass missing from the table.* **Faltan dos copas.** *There are two glasses needed.*

2 Los amigos vienen a comer. Lee y traduce. Después escucha y practica.

1 ¿Por favor, puedes pasarme la sal?
2 ¿Puede darme la pimienta, por favor?
3 No puedo comer más, gracias.
4 ¡Que aproveche!
5 ¿Quiere un poco más de sopa?
6 ¿Quieres más ensalada?
7 Basta, basta, ya tengo bastante, gracias.
8 Bueno, un poquito más, gracias.

 **3** **Dos clientes llaman al restaurante para reservar una mesa. Elige los detalles correspondientes.**

Reservas:	Nombre	No. Personas	Fecha	Hora
1	Carmen	3	12/7	20.00
2	María	3	13/7	20.30
3	Ana	4	13/7	21.00

 **4** **Con tu compañero/a haz una reserva en un restaurante. Elige cuántas personas, la fecha y la hora.**

Ejemplo:

A: Quiero hacer una reserva para el (2) de (mayo) para (3) personas.

B: Sí. ¿Para qué hora?

A: Para las (ocho).

B: Muy bien.

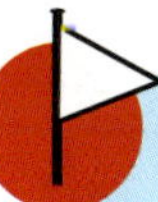

Object pronouns with infinitives

The object pronoun **(me, te, le,** etc.) is written at the end of verbs in the infinitive form:

¿Puede(s) pasarme / darme la sal?
Can you pass me / give me the salt?

Ayuda

La carne / el pollo / el pescado está quemado/a. *The meat … is burnt.*
La sopa / la comida / el café está frío/a. *The soup … is cold.*
La cuenta está equivocada / mal. *The bill is wrong.*
La copa / la taza / la mesa / el plato está sucio/a. *The glass … is dirty.*
Falta un tenedor / un cuchillo / una copa. *There is a fork … missing.*
El pescado / el pollo / la sopa está muy salado/a. *The fish … is very salty.*

 **5** **Hay problemas y quejas en el restaurante. Escucha a estos clientes y elige la frase correspondiente.**

1 La cuenta está equivocada.
2 La mesa está sucia.
3 La sopa está fría.
4 La carne está quemada.
5 El pescado está salado.
6 Falta un tenedor.

 **6** **Elige una frase para cada queja.**

a ¿Puede cambiarla?
b ¿Puede limpiarla?
c ¿Puede traer uno?
d ¿Puede calentarla?
e ¿Puede traer otro?
f ¿Puede corregirla?

 **7** **Escucha el diálogo completo y comprueba.**

Meta

Haz diálogos con tu compañero/a. Quieres quejarte de varias cosas.

A: Choose one of the following and say it in Spanish: the bill is wrong / the soup is cold / the meat is burnt / there is a wine glass missing / there are two forks missing / the table is dirty.

B: Ask the waiter to do something about the problem.

Ejemplo:

A: La cuenta está equivocada.

B: ¿Puede corregirla?

GRAMÁTICA

1 The present perfect tense

See page 176

This tense is formed with **haber** + past participle. Note that the participle form never changes.

			-ar: -ado	-er: -ido	-ir: -ido
(yo)	he				
(tú)	has				
(él/ella/Vd)	ha	+	trabajado	comido	vivido
(nosostros/as)	hemos				
(vosotros/as)	habéis				
(ellos/as / Vds)	han				

¿Has comido? *Have you eaten?* **No, pero he comprado comida.** *No, but I have bought food.*
¿Habéis estudiado mucho? *Have you studied a lot?* **Sí, hemos terminado los deberes y María ha salido.** *Yes, we have finished our homework and María has gone out.*
Mis padres han ido al cine. *My parents have gone to the cinema.*

We use the present perfect tense in the same way as in English:
He comido pescado. *I have eaten fish.*
But we also use it to describe the recent past when in English we would use the simple past:
Ha salido. *He has left.* **Ha salido a las ocho.** *He left at eight.*

It can be used with time expressions such as **alguna vez** *ever*; **nunca** *never*:
¿Has comido calamares alguna vez? *Have you ever eaten squid?*
No he comido nunca calamares. *I've never eaten squid.*

2 Object pronouns: *me / te / le / nos / os / les*

See page 180

They usually go before the verb:

¿Qué me recomienda? *What do you recommend (to me)?*
¿Qué le debo? *What do I owe you?*
Nos cobra, por favor. *Can you take (payment) for this (from us), please?*

But we add them to the end of verbs in the infinitive:

¿Puede cobrarnos, por favor? *Could you take (payment) for this (from us), please?*
¿Puede pasarme la sal? *Could you pass me the salt, please?*

Ejercicio

Write these sentences in the present perfect.

1 ¿(visitar) este museo alguna vez? No, nunca (visitar) este museo.
2 ¿(estar) en Granada alguna vez? No, nunca (estar) en Granada.
3 ¿(comer) chorizo alguna vez? No, nunca (comer) chorizo.
4 ¿(probar) el turrón alguna vez? No, nunca (probar) el turrón.

La comida y la bebida	Food and drink
el aceite	oil
almorzar	to have a mid-morning snack
el almuerzo	mid-morning snack
el arroz	rice
los calamares	squid
la cena	dinner, supper
los cereales	cereals
la cerveza	beer
el chocolate con churros	chocolate with strips of sugared dough
el chorizo	spicy sausage
la comida	lunch, midday meal, food
la comida fuerte	the main dish, the main meal
el cortado	coffee with a dash of milk
el desayuno	breakfast
dulce	sweet
la ensalada	salad
la ensaladilla rusa	Russian salad
el flan	crème caramel
la fruta del tiempo	fresh fruit
la fruta picada	small pieces of fruit
fuerte	strong
la galleta	biscuit
la horchata	drink made from tiger nuts
el helado	ice cream
el jamón	ham
las judías verdes	green beans
el jugo de naranja	orange juice (Mexico)
la leche	milk
ligero/a	light
el lomo	pork
la merienda	afternoon snack
la merluza	hake
la pasta	pasta
las patatas fritas	crisps / chips
la pimienta	pepper
el plato fuerte	main course
el pollo (al ajillo)	(garlic) chicken
el postre	dessert
el primer plato	first course
la quesadilla	cheese-based savoury
el queso	cheese
el refresco	fizzy drink
la sal	salt
las salchichas	sausages
la sandía	watermelon
el segundo plato	second course
la sopa de pescado	fish soup
tomar	to have (eat, drink)
la torta	cake
la tortilla	omelette
la tostada	toast
el vinagre	vinegar
el vino	wine
el yogur	yogurt
el zumo	juice

En el restaurante	At the restaurant
la botella	bottle
la copa	(wine) glass
la cuchara	spoon
la cucharilla	teaspoon
el cuchillo	knife
la cuenta	bill
el menú del día	menu of the day
el plato	plate
la servilleta	serviette
la taza	cup
el tenedor	fork
el vaso	glass

Expresiones en el restaurante	Expressions at the restaurant
la cuenta está equivocada	the bill is wrong
falta una copa / faltan dos vasos	there is/are a glass / two glasses missing
¿Me / Nos trae la cuenta, por favor?	Could you bring me/us the bill, please?
Me cobra, por favor.	Can you take for this, please?
Oiga, por favor.	Excuse me, please.
para mí (la sopa)	for me (the soup)
¿Puede darme…?	Could you give me…?
¿Puede traer(me)…?	Could you bring me…?
¡Que aproveche!	Enjoy your meal.
¿Qué desea / quiere?	What would you like?
¿Qué le pongo?	What can I get you?
¿Que me recomienda?	What do you recommend?
¿Qué quiere(n) tomar?	What would you like to have?
¿Qué te / le debo?	What do I owe you?
¿Qué va(n) a tomar?	What are you going to have?

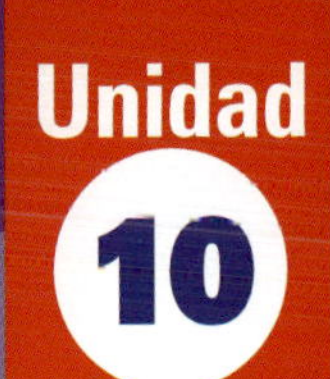

A: ¿Qué has hecho hoy?

Objectives:
- Say what you have done today, this morning, this week

¿Qué sabes?

Sergio ha tenido un día terrible. Une los dibujos con las frases. Escucha y comprueba.

Study the forms of the verbs (pretérito perfecto – present perfect) that are underlined in the text.

a He llegado muy tarde al instituto.
b He vuelto a casa pero mi madre no estaba.
c Me he levantado muy tarde.
d He ido a casa de Tessa.
e He salido de casa sin dinero y no he comido a mediodía.
f No he desayunado.

1 Escucha la conversación de Sergio con Tessa. Tessa pregunta: ¿Qué te ha pasado? (What has happened to you?) ¿Cuales son los problemas de Sergio?

2 Haz el diálogo con tu compañero/a; tú eres Sergio.

Ejemplo:
Tu compañero/a: ¿Qué te ha pasado? Tú: Me he levantado muy tarde y…

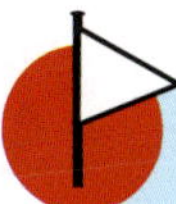

The present perfect and the reflexive pronoun

Notice that the reflexive pronoun always goes before the verb in the present perfect:
Hoy me he levantado tarde. *Today I got up late.*

yo	**me he**		
tú	**te has**		**levantado**
él / ella / usted	**se ha**	+	**duchado**
nosotros/as	**nos hemos**		**lavado**
vosotros/as	**os habéis**		
ellos/as / ustedes	**se han**		

A useful participle is: **ir** (*to go*) > **ido**: **He ido al cine.** *I've gone to the cinema.*
Note some common irregular participles:
hacer: he hecho *I have done*; **escribir: has escrito** *you have written*;
volver: ha vuelto *he / she has returned*.
The following is a very common question: **¿Qué has hecho?** *What have you done?*

3 Tessa escribe una carta a su amiga sobre lo que le ha pasado a Sergio. Lee el principio y continúa la carta.

Querida Ana: Hoy Sergio ha venido a mi casa por la tarde. Ha tenido un día terrible. Se ha levantado tarde y...

4 Escribe una lista de las cosas que tú has hecho hoy.

Ejemplo: Me he levantado a las siete.

Meta

a **Estás en casa por la noche y llamas por teléfono a tu amigo/a. Mira los dibujos y dile lo que has hecho durante el día.**

b **Habla con tu compañero/a y dile lo que has hecho hoy.**

Unidad 10 B: La dieta ideal

Objectives:
- Talk about what is good and bad for your health
- Talk about foods and diet (special diets: vegetarian)
- Talk about what you have eaten today and this week

¿Qué sabes?

Con tu compañero/a decide qué alimentos corresponden a cada categoría. Busca en el vocabulario las palabras que no sabes.

Proteínas	Grasas	Hidratos de carbono	Vitaminas

1 **Escucha al profesor y comprueba.**

2 **¿Qué menú ha tomado hoy Isabel en el colegio? ¿Cuál es el mejor menú? ¿Por qué?**

3 **Escribe en tu agenda una lista de todo lo que has comido y bebido esta semana y cuántas veces.**

Ejemplo: pescado dos veces.

8 lunes
fruta, pescado, patatas

9 martes
pescado, queso

 **4** **Habla con tu compañero/a. Señala los dibujos de la sección *¿Qué sabes?*.**

Ejemplo:
A: ¿Qué has comido hoy? (Señala el queso)
B: He comido queso, ¿y tú, qué has comido? (Señala otro dibujo)

 **5** **Blanca es vegetariana. Escucha y di si las frases siguientes son verdaderas (V) o falsas (F).**

1 Blanca es vegetariana desde hace tres años.
2 Su familia es vegetariana también.
3 A Blanca no le gusta la carne.
4 Come pescado.
5 Come mucha pasta.
6 Se siente mejor desde que es vegetariana.
7 En el instituto tienen mucha comida vegetariana.
8 Tiene pocos amigos vegetarianos.

¡Atención!

hacerse vegetariano/a = to become a vegetarian

sentirse mejor = to feel better

 **6** **Lee el email que te manda tu amigo y contesta las preguntas en inglés.**

1 Why is he a vegetarian?
2 How does he feel about being a vegetarian? Why?
3 What is good about his diet?
4 What is not good about his diet?
5 Is it easy or difficult to be a vegetarian? Why?

Soy vegetariano porque odio la carne y porque me gustan mucho los animales.

Me gusta ser vegetariano y normalmente como mucha fruta y verdura porque tienen muchas vitaminas y nunca estoy enfermo. El problema es que me gusta mucho el chocolate y como mucho. Es difícil ser vegetariano, porque mi familia y mis amigos no son vegetarianos.

 **Meta**

a **Encuesta en la clase. Pregunta a tus compañeros: ¿Qué has comido esta semana? ¿Cuántas veces?**

b **En grupos escribid un menú ideal para el instituto, para una semana.**

Menú lunes	Menú martes

Unidad 10

C: ¿Estás en forma?

Objectives:
- Talk about the body and fitness
- Talk about what we do to keep fit

¿Qué sabes?

Sin mirar el dibujo, escribe con un compañero las partes del cuerpo que recuerdas. Después, mira el dibujo, escucha y comprueba.

El cuerpo humano

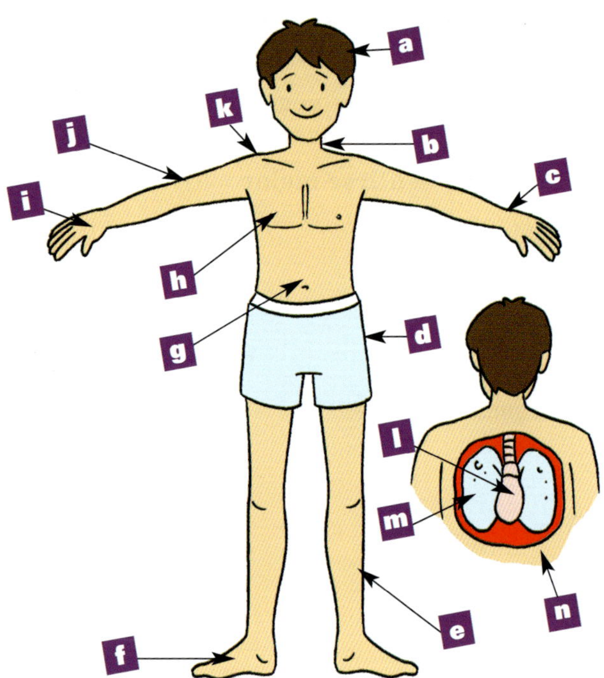

1 El doctor Torres nos dice qué deportes son buenos para qué partes del cuerpo.

a Une el deporte con las partes del cuerpo. Escucha al doctor y comprueba.

el fútbol   la natación   el tenis   la gimnasia   las pesas

los brazos   la espalda   las piernas   el estómago   el cuello

b ¿Qué otros deportes son buenos para el cuerpo? Escribe una lista.

Ejemplo: El ciclismo es bueno para las piernas.

¡Atención!

estar en forma = to be fit
el estrés = stress
fumar = to smoke
las pesas = weights
la salud = health

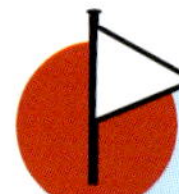

Prepositions

para *for*:
El fútbol es bueno para las piernas.
Football is good for the legs.

2 Escucha lo que dicen Javier y Ana sobre los deportes. Contesta las preguntas para cada uno.

1 ¿Hace deporte?
2 ¿Le gusta hacer deporte? ¿Por qué?
3 ¿Qué deporte practica?
4 ¿Cuántas veces hace deporte a la semana?
5 ¿Está en forma?

 **3** **Lee este artículo sobre los españoles. Escribe en la columna correspondiente qué hacen bien para estar en forma y qué hacen mal. Te damos el primer ejemplo:**

	Bien	Mal
Pilar	Hace deporte, tenis.	Trabaja demasiado.

EL EJERCICIO FÍSICO DE LOS ESPAÑOLES

Y ahora vamos a ver qué hacen bien y qué hacen mal los españoles para estar en forma. Estas personas nos lo dicen:

Pilar: 'Hago deporte, practico el tenis, pero trabajo demasiado y tengo mucho estrés.'

Merce: 'No hago deporte, no me gusta, pero como muchas verduras y frutas.'

Paco: 'Juego al fútbol una vez por semana, pero fumo.'

Federico: 'Creo que tomo mucho alcohol, cerveza, vino, y no hago deporte.'

Carlos: 'Soy vegetariano, pero no hago deporte.'

Susana: 'Como mucha carne, pero practico mucho deporte.'

Juanjo: 'Yo me divierto y me río mucho con mis amigos, pero como demasiado.'

 **4** **Lee las preguntas. Elige una respuesta para ti.**

Preguntas	Respuestas
¿Haces deporte?	**a** Hago mucho deporte. **b** Hago poco deporte. **c** No hago deporte.
¿Te gusta hacer deporte?	**a** Me gusta (mucho). **b** Me encanta hacer deporte. **c** No me gusta. **d** Odio hacer deporte.
¿Por qué?	**a** Porque el deporte es muy bueno para la salud. **b** Porque es aburrido. **c** Porque soy perezoso/a. **d** Porque siempre estoy cansado/a.
¿Qué deporte practicas?	**a** Juego al (fútbol). **b** Practico (la natación). **c** (di otros deportes)
¿Cuántas veces haces el deporte?	**a** Una vez a la semana. **b** Dos veces a la semana. **c** Tres veces a la semana.
¿Estás en forma?	**a** Sí, estoy en forma – hago deporte, como bien… **b** No, no estoy en forma – no hago deporte, como mal…

 **Meta**

Habla con tu compañero/a. Usa las preguntas y respuestas de la Actividad 4.

Unidad 10

D: En el médico

Objectives:
- Talk about health problems and explain at the doctor's and the dentist
- Buy medicines in the chemist's

¿Qué sabes?

¿Qué te duele? Di o escribe cinco frases con *me duele* y *me duelen*.

Ejemplo: Me duele la garganta. Me duelen los pies.

1 Escucha a estos chicos y chicas. Marca el dibujo correspondiente.

a

b

c

d

e

f

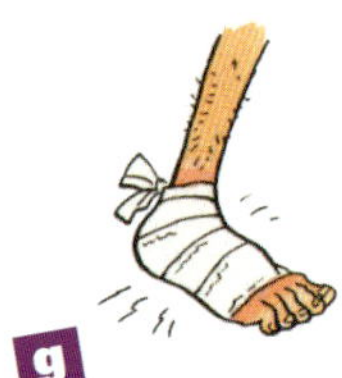
g

h

2 Habla. Tu compañero/a señala un dibujo y pregunta: ¿Qué te pasa? o ¿Qué te duele? Tú contestas: Me duele (la cabeza).

3 Carmen va al médico de urgencias. Escucha el diálogo y completa la ficha del hospital.

¡Atención!

la muela = tooth
la muñeca = wrist
el medicamento = medicine
las gotas = drops
la enfermedad = illness
el tratamiento = treatment
los consejos = advice
las rayos X = X-rays

Hospital ***Miguel Servet***
Unidad de Urgencias

APELLIDOS:. . . . .
NOMBRE: . . . .
Edad:
Motivo de consulta:
. . . .
Exámenes solicitados:
. . . .
Enfermedad:
. . . .
Tratamiento:
. . . .
Consejos:
. . . .
¿Alergias?:
. . . .

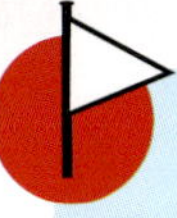

To give advice and say what we need to do we use the following expressions:
tienes que *you have to*; **debes** *you ought to*; **no debes** *you shouldn't*.
They are followed by the infinitive of the verb:
Tienes que tomar la medicina. *You have to take the medicine.* **Debes ir al médico.** *You ought to go to the doctor.* **No debes bañarte en el mar.** *You shouldn't bathe in the sea.*

Remember how to use pronouns with the present perfect tense (**pretérito perfecto**):
Me he quemado. *I have burnt myself.* **Me he roto (el brazo).** *I have broken (my arm).*

4 El médico da unas medicinas a Carmen: ¿qué son?

a Elige dos dibujos.

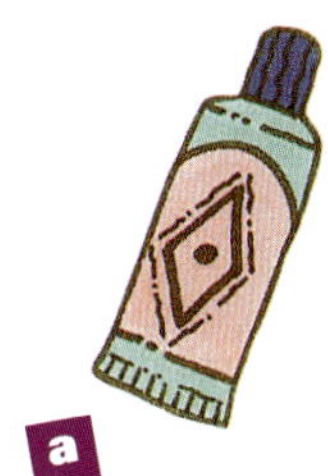

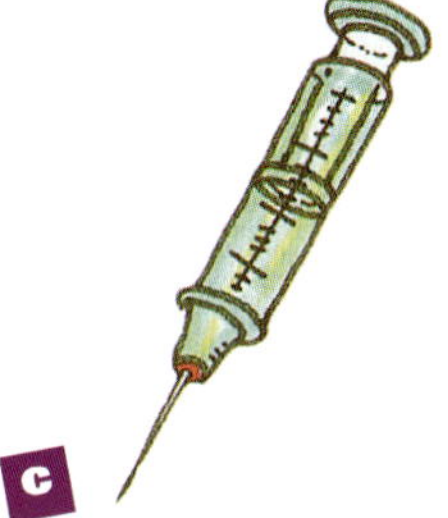

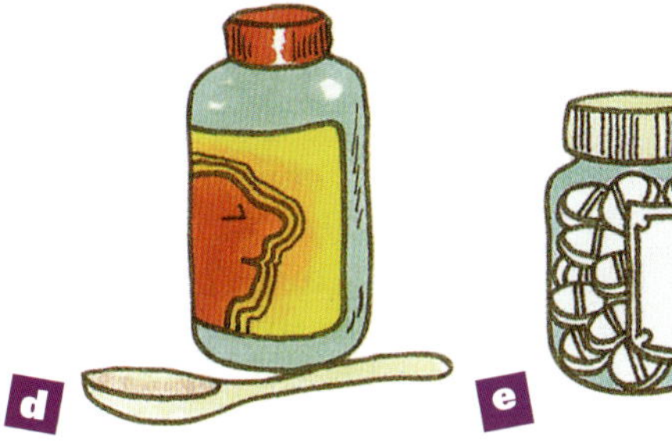

b Contesta las preguntas.

1 ¿Cuántos días tiene que tomar las medicinas?
2 Cuántas debe tomar cada día?

5 Une las frases con los dibujos. Escucha y comprueba.

1 Me he quemado con la plancha.
2 Me he cortado con un cuchillo.
3 Me he dado un golpe en la cabeza.
4 Me he roto el brazo.
5 Me duele la espalda por el sol.
6 Me he torcido el pie.
7 Me duele muchísimo la garganta.
8 Me han salido unos granos por todo el cuerpo.

6 Escucha estos diálogos en la farmacia y completa el diálogo para cada uno.

A: Me duele __________ . ¿Tiene algo para el dolor de ________? B: Sí, tengo ______________ .

A: Gracias. También quiero ____________ .

Meta

Haz diálogos en el médico y en la farmacia con tu compañero/a.

Ejemplo: Paciente: Tengo un resfriado y me duele la garganta.
Médico/Farmacia: Tienes que tomar este jarabe.
Paciente: ¿Cuánto tiempo?
Médico/Farmacia: Cinco días.

1 The present perfect with irregular past participles

See page 176

The past participle of regular verbs is formed by adding **-ado** to the stem of regular **-ar** verbs (**he estudiado**), and **-ido** to the stem of **-er** and **-ir** verbs (**he comido / he ido**).

It is often used after expressions such as: **esta mañana** *this morning*; **esta tarde** *this afternoon*; **esta semana** *this week*; **este mes** *this month*; **hoy** *today*.
Hoy no he ido al instituto y esta mañana me he levantado tarde.
I didn't go to school today and I got up late this morning.
Esta semana he estudiado mucho. *This week I've studied a lot.*

Some verbs have irregular past participles:

volver *to come back*	**vuelto**	**hacer** *to do*	**hecho**
escribir *to write*	**escrito**	**ver** *to see*	**visto**
poner *to put*	**puesto**	**decir** *to say*	**dicho**
romper *to break*	**roto**	**abrir** *to open*	**abierto**

Juan ha vuelto.	*Juan has come back.*
¿Qué has hecho?	*What have you done?*
He escrito una carta.	*I've written a letter.*
No he visto a María.	*I haven't seen Maria.*
¿Has puesto la mesa?	*Have you set the table?*
No me ha dicho nada.	*He has not said anything to me.*
He roto un plato.	*I have broken a plate.*
Han abierto una tienda nueva.	*They have opened a new shop.*

Giving advice

2 To give advice and to say what we need to do we use the following expressions:

tener que + infinitive:	**Tienes que ir al médico.** *You have to go to the doctor.*
deber + infinitive:	**Debes ir al dentista.** *You ought to go to the dentist.*
	No debes ir a trabajar. *You shouldn't go to work.*

Using the present perfect with pronouns

3 After an accident we refer to the injured parts of the body as **el/la/los/las** and use a pronoun to refer to the person (**me/le/te,** etc.).
Important: Reflexive verbs in the present perfect always have the pronoun before the verb.

Me he roto la pierna.	*I have broken my leg.*	(**He roto ~~mi~~ pierna.**)
Me he quemado.	*I have burnt myself.*	
Me he quemado la mano.	*I have burnt my hand.*	
¿Te has hecho daño?	*Have you hurt yourself?*	
Se ha cortado el dedo.	*She has cut her finger.*	

Ejercicios

1 **Escribe una frase con el participio de estos verbos.**
Ejemplo: salir: He salido con mis amigos.
comer; escribir; conocer; enviar; romper; decir; hablar; ver; hacer; ir; volver.

2 **Escribe: ¿qué has hecho hoy / esta semana / este mes?**

La salud	Health
un régimen equilibrado	balanced diet
la escayola	plaster
estar en forma	to be fit
el estrés	stress
fumar	to smoke
las grasas	fats
los hidratos de carbono	carbohydrates
la mantequilla	butter
las pesas	weights
las proteínas	proteins
(hacerse) vegetariano/a	(to become a) vegetarian

El cuerpo humano	The human body
el brazo	arm
la cabeza	head
la cadera	hip
el corazón	heart
el cuello	neck
la espalda	back
el estómago	stomach
el hombro	shoulder
la mano	hand
la muñeca	wrist
el pecho	chest
el pie	foot
la pierna	leg
los pulmones	lungs

En el médico	At the doctor's
la enfermedad	illness
un esguince	a sprain
(tengo) fiebre	(I have) a temperature
un golpe	a blow / a bump
las gotas	drops
(tengo) gripe	(I have) the flu
la inyección	injection
el jarabe	(cough) syrup
la medicina	medicine
el medicamento	medicine
la muela	tooth (molar)
las pastillas	pills, tablets
la pomada	ointment
recetar	to prescribe
reposar	to rest
la tos	cough
el tratamiento	treatment
(tengo) dolor de garganta	(I have) a bad throat
he tomado el sol demasiado	I've been sunbathing too long
me duele (muchísimo) …	my … hurts (a lot)
me duele el oído	my ear aches (I have an earache)
me escuece	it stings (me)
me han salido unos granos	I've come out in spots
me he cortado	I've cut myself
me he dado un golpe	I've bumped myself
me he quemado	I've burnt myself
me he roto el brazo	I've broken my arm
me he torcido el tobillo	I've twisted my ankle
por todo el cuerpo	all over my body
(estoy) resfriado	(I have) a cold
sentirse (mejor)	to feel (better)
(tengo) tos	I have a cough

Los deportes	Sports
actividades acuáticas	water activities
el ciclismo	cycling
¿Cuántas veces haces deporte a la semana?	How many times a week do you do sport?
¿Cuánto hace que lo practicas?	How long have you been doing it?
El deporte es buenísimo para la salud.	Sport is really good for your health.
Entreno (dos) días a la semana.	I train (two) days a week.
Hago mucho / bastante / poco deporte.	I do a lot / quite a lot / little sport.
¿Qué deporte practicas?	Which sport do you do?

Otras palabras y expresiones	Other words and expressions
El autobús ha tardado veinte minutos en llegar.	The bus has taken / took twenty minutes to arrive.
perezoso/a	lazy
la plancha	iron
¿Qué te ha pasado?	What's happened to you?
sin desayunar	without having breakfast

CONVERSACIÓN Y PRESENTACIÓN

Oral Skills Unidades 6–10

1 1 Turismo

¿Adónde vas de vacaciones generalmente?
¿Vas de vacaciones a España / al extranjero?
¿Qué haces en las vacaciones?
¿Qué tipo de alojamiento prefieres? ¿Por qué?

¿Adónde fuiste en las vacaciones pasadas?
¿Qué hiciste?
¿Fuiste a España? ¿Te gustó?
¿Qué lugares visitaste? ¿Cuánto tiempo estuviste?
¿Dónde te alojaste?
¿Qué tiempo hizo?
Cuenta un viaje interesante / con problemas. ¿Qué pasó?
Habla de un viaje de estudios o intercambio que hiciste con tu instituto / colegio.

¿Adónde vas a ir en las próximas vacaciones? ¿Qué vas a hacer?
¿Por qué va la gente de vacaciones?

¿Dónde prefieres pasar las vacaciones?
¿Prefieres tu país o el extranjero para pasar las vacaciones? ¿Por qué?

2 Comida, ejercicio y salud

¿Cuál es tu comida y bebida favorita?
¿Qué comida / bebida te gusta menos?
¿Cuáles son los horarios de comidas en tu país?
¿Comes en casa o en el instituto? ¿Cómo es la comida del instituto? ¿Es sana?
¿Qué tomas para desayunar? ¿Qué comes / cenas?
¿Quién prepara las comidas en tu casa?
¿Qué comida / bebida es típica de tu país / región?
¿Has probado la comida española? ¿ Qué has probado? ¿Te gustó? ¿Por qué?
¿Comes comida sana? ¿Qué tienes que comer para tener una dieta sana?
¿Qué has comido esta semana?

¿Haces ejercicio regularmente? ¿Qué tipo de ejercicio haces?
¿Practicas algún deporte? ¿Qué deporte practicas? ¿Cuánto tiempo hace que lo practicas?
¿Cuántas veces haces ejercicio / practicas deporte a la semana?
¿Estás en forma?

3 Tell your friend what you did last Saturday.

Say the following: You got up at 7.30am; cycled to school at 8.30am; went on a school trip to the country at 9am; had a picnic in the country at 1.30pm; swam in the river at 3pm; returned home in the bus at 6.30pm; had dinner with family at 7pm; watched TV at 7.30pm; read a book at 9.30pm; went to bed at 11pm.

Role plays

4 De viaje

Tú: Say you would like to visit the region and ask if the employee has a map of the province.
Empleado/a: Sí, aquí tiene.
Tú: Say you want to see the monuments and museums in town, ask for opening and closing times.
Empleado/a: Todos abren a las 10 de la mañana y cierran a las 8 de la tarde.
Tú: Say you want to go to Goya's village.
Empleado/a: Puede tomar un autobús.
Tú: Ask where you can eat in the village.
Empleado/a: Hay un restaurante típico de la región.

5 Transporte

Tú: Ask if Plaza Roma is near.
Empleado/a: Pues, no, está bastante lejos.
Tú: Ask if you can walk there.
Empleado/a: No, tiene que tomar el autobús.
Tú: Say you prefer to walk.
Empleado/a: Pues está al otro lado de la ciudad, muy lejos.
Tú: Ask what bus you need to take.
Empleado/a: Tiene que tomar el 23 hasta la plaza de Castilla y allí bajar y tomar la línea 27.
Tú: Ask if s/he knows where the 23 bus stop is.
Empleado/a: Pues está allí enfrente.
Tú: Say thank you and ask how much the bus costs.
Empleado/a: Pues cuesta 2 euros.

6 En el hotel

Cliente: Ask for a double room with a bathroom for 3 nights, until 29 March.
Recepcionista: Sí, señor(a).
Cliente: Say you want a room with a balcony and a view of the sea.
Recepcionista: Hay con balcón, pero con vistas a la montaña.
Cliente: Accept and ask at what time breakfast is and if it's included in the price.
Recepcionista: Si, está incluido en el precio y se sirve desde las 7 hasta las 11 de la mañana.
Cliente: Ask if there is a garage or parking for your car.
Recepcionista: No hay garaje, pero hay aparcamiento detrás.
Cliente: Ask if you can pay the bill with a credit card.
Recepcionista: Sí, por supuesto.

7 Alquiler de apartamentos

Tú: Ask what type of apartments they have.
Empleado/a agencia: Pues mire, hay tipo estudio, con cocina-comedor y baño y también tenemos de uno y dos dormitorios, algunos tienen salón...
Tú: Has it got furniture? And towels and sheets?
Empleado/a: Sí, todos los apartamentos están completamente equipados.
Tú: Say what type of apartment you want.
Empleado/a: Pues lo siento, ahora no tenemos de ese tipo...
Tú: Choose another one – must be next to the beach. Price?
Empleado/a: Sí, sí, hay uno muy bonito en Salou al lado de la playa. Son 100 euros por noche. ¿Para cuando lo quiere?
Tú: Choose a date.
Empleado/a: Pues para esa fecha no es posible. ¿Puede llegar tres días más tarde?
Tú: Yes. Is there a hotel nearby where you can stay until then?
Empleado/a: Sí, el hotel Atlas.
Tú: Say thank you. Ask if they want a deposit for the apartment.
Empleado: Sí, doscientos euros.

8 En el restaurante

Tú: Ask what there is on the menu of the day.
Camarero/a: Hay sopa y pollo con patatas fritas.
Tú: Say you don't eat meat because you are a vegetarian.
Camarero/a: Entonces puede tomar tortilla de patata de segundo plato. ¿Quiere postre?
Tú: Ask the waiter to recommend something.
Camarero/a: Pues le recomiendo un flan de la casa. ¿Quiere café?
Tú: Choose the flan but you don't want coffee.
Camarero/a: ¿Qué tal el flan, señor(a)?
Tú: Say the flan is very good and ask for the bill.

9 Talk to your friend on the phone about the hotel you are staying in during your holidays.

Say the following: The hotel is old; the room is dirty; the bed is broken; the heating doesn't work; the lights don't work; the sheets are dirty; the window is broken; there are not enough pillows; the bathroom is also dirty; the bath is dirty; the taps don't work; the mirror is broken; there are not enough towels; there is no toilet paper; the food in the restaurant is always cold or burnt.

10 En la farmacia

Tú: Say you have a very bad headache. Ask if he has got something for your headache.
Dependiente: Sí, toma estas pastillas, son muy buenas.
Tú: Say that also your ear aches a bit.
Dependiente: Toma estas gotas.

11 En el médico

Médico: ¿Qué te duele?
Tú: Your throat aches a lot, you have a temperature, you think you have flu.
Médico: Tienes que ponerte estas inyecciones.
Tú: Say you don't like injections.
Médico: Entonces debes tomar estas pastillas.
Tú: Ask how long for.
Médico: 7 días.

Unidad 11 Lee y escribe

 **1 Lee la entrevista a Verónica, una famosa actriz juvenil que es protagonista de una serie muy popular en España. Une las preguntas con las respuestas.**

Preguntas:

a ¿Cómo empezaste tu carrera?
b ¿Cómo eres tú?
c ¿Qué haces en tu tiempo libre?
d ¿Por qué no sales por la noche?
e ¿Te gustan los deportes?
f ¿Te cuidas mucho?
g ¿Qué tal los estudios?
h ¿Te ayudan tus padres?
i ¿Cómo ves tu futuro?
j ¿Cómo es el chico de tus sueños?

Éstas son las respuestas (están en orden diferente).

1 Aparte de ser actriz, quiero estudiar una carrera universitaria.
2 El año pasado terminé con buenas notas, pero este año es más difícil, no sé…
3 El chico de mis sueños es cariñoso, sincero, y un buen amigo.
4 Me encantan todos, pero especialmente el baloncesto, el ciclismo y el esquí.
5 Porque no me dejan mis padres.
6 Pues creo que sí. Me encanta el pescado y la verdura. Y sólo bebo agua. No hago dietas, pero creo que como bien. Y no fumo.
7 A los seis años hice algún anuncio, pero a los doce años hice mi primer papel importante.
8 Pues, como vivo en el campo, organizamos con los amigos partidos de fútbol y excursiones.
9 Sí, siempre me ayudan con mi carrera artística, pero se preocupan mucho por mis estudios.
10 Soy cariñosa, trabajadora y muy ordenada.

 **2 a Escribe seis frases en español sobre Verónica. Usa la 3ª persona.**

Ejemplo: Verónica quiere estudiar en la universidad.

b Escribe un artículo (resumido) de la entrevista en inglés.

3 **Tu nuevo amigo español te escribe.**

a **Di si las frases son verdaderas (V) o falsas (F).**

b **Escribe una carta a Fernando y contesta sus preguntas.**

Hola. Mi profesor de inglés me dijo que estás buscando a un chico o chica para escribirte con él/ella. Hace cuatro años y cinco meses que estudio inglés, pero no he tenido mucha práctica y quiero hablar más. Nadie habla inglés en mi pueblo - mi pueblo es muy pequeño y no hay gente de otros países. Me gustaría mucho viajar a Inglaterra o a Irlanda para practicar. Hago muchos ejercicios y estudio mucho, pero olvido todo porque ¡tengo una memoria malísima! Y no practico. También en la clase somos demasiados estudiantes y el profesor que tengo este año no es muy bueno. Sólo tenemos dos horas de clase a la semana. En la clase de mi amigo, que estudia en un instituto más grande en la ciudad, hay una chica inglesa que ayuda al profesor y les habla mucho en inglés. También hicieron un intercambio. Me gustaría hacer uno el año que viene, quizás con vuestro instituto. Me encantaría visitarte. ¿Y tú? ¿Por qué estudias español? ¿Hace mucho que lo estudias? ¿Te gusta? ¿Que te gusta más estudiar (del español)? ¿Cuántas clases tienes de español? ¿Puedes practicarlo? ¿Has estado en España? Escríbeme pronto. Fernando.

1 Hace menos de cuatro años que estudia inglés.
2 Habla inglés muy bien.
3 Habla inglés con otras personas.
4 Hizo un intercambio con su instituto.
5 No tienen una ayudante inglesa en su instituto.
6 El profesor que tienen es muy bueno.
7 No hay extranjeros en su pueblo.
8 Tiene buena memoria para el inglés.
9 En su clase no puede hablar mucho.

4 **Lee el artículo y escribe el menú y los consejos en inglés.**

La dieta del deportista

La dieta de los deportistas debe ser muy variada. Es muy importante controlar el peso y comer bien.

Si se hace más deporte hay que comer más, por ejemplo si se come más pasta hay que comer más carne y más fruta.

Desayuno: para hacer deporte es importante desayunar mucho unas dos horas antes, por ejemplo: leche, tostadas con mantequilla, y cereales. Unos minutos antes de empezar hay que beber un vaso de agua, y mientras se hace deporte hay que beber un poco cada quince minutos.

Para la comida a mediodía hay que comer ensaladas, verduras, arroz, pasta o legumbres de primer plato y de segundo las proteínas: carne, pescado o huevos. La merienda puede ser un yogur con cereales, un zumo de frutas y galletas. La cena será como la comida, pero más o menos la mitad en cantidad.

Si quieres ser buen o buena deportista sigue estos consejos:
1. Sigue una dieta muy variada. 2. Sigue un horario regular de comidas. 3. Desayuna mucho y temprano. 4. Evita el azúcar refinado. 5. Toma poca sal. 6. Controla el peso. 7. Come alimentos ricos en fibra. 8. Come mucha fruta, verdura y ensalada. 9. No tomes bebidas con gas ni alcohol.

REDACCIÓN 1

Coursework Unidades 1–5

Mi instituto ahora y en el futuro

Mi instituto es grande y moderno y tengo muchos amigos allí. Tenemos un director nuevo que ha cambiado muchas cosas en el instituto. El año pasado construyeron un edificio nuevo para los departamentos de Música, Ciencias y Lengua. Ahora tenemos muchas aulas para estudiar Música y hay muchos instrumentos. También hay dos laboratorios más de Ciencias y las aulas de Lenguas tienen muchos libros y ordenadores para escribir los trabajos del curso.

También el director ha cambiado las comidas. Ahora comemos más fruta, ensalada y verdura y la comida es más sana. Me gusta mucho.

El año próximo van a construir otro gimnasio y también van a hacer un campo de fútbol nuevo al lado del instituto.

Este año han empezado más actividades durante la hora de comer y por la tarde, después de clase. Tenemos clases de cine, de baile y de deportes diferentes. También van a empezar clases prácticas, de formación profesional, para preparar a los estudiantes para el trabajo, por ejemplo clases para ser mecánico o electricista o para trabajar en una oficina.

Ahora usamos Internet mucho más para buscar información y para preparar presentaciones en clase. ¡Pero no van a cambiar el uniforme! Tenemos que llevar el mismo uniforme de antes.

1 Elige las frases del texto que corresponden a las frases en inglés.

1 next year
2 we have to wear
3 (they) are also going to start
4 last year they built
5 he has changed
6 this year (they) have started
7 I like it a lot
8 there are lots of
9 now we eat
10 they're not going to change
11 I have a lot
12 there are also
13 (they) have lots of
14 now we use
15 now we have lots

2 Contesta las preguntas.

1 ¿Quién ha cambiado muchas cosas?
2 ¿Qué construyeron el año pasado?
3 ¿Cuántos laboratorios más hay en el instituto?
4 ¿Dónde están los libros y ordenadores extras?
5 ¿Cómo han cambiado las comidas en el instituto?
6 ¿Qué van a hacer el año próximo?
7 ¿Qué clases extras hay durante la hora de comer?
8 ¿Qué clases hay para aprender un trabajo?
9 ¿Para qué usan Internet este año?
10 ¿Qué no ha cambiado?

3 Escribe un texto sobre tu instituto.

¿Cómo ha cambiado? ¿Qué haces en el instituto? ¿Qué cambios van a hacer en el futuro?

Coursework Unidades 1–5

REDACCIÓN 2

¡De Madrid al cielo!

Madrid es la capital de España y está situada en el centro de España. Tiene tres millones y medio de habitantes. Es una ciudad moderna y es el centro económico y político del país. En el centro está la ciudad antigua.

Madrid es una capital muy importante con muy buenos medios de transporte. Tiene un aeropuerto importante y hay autobuses y trenes a todas las ciudades del país. En la ciudad, el metro es moderno y limpio y llega hasta el aeropuerto. Los autobuses son rápidos y baratos.

El alojamiento es excelente y hay hoteles de todas clases, desde hoteles de cinco estrellas, hasta hostales y pensiones muy baratos.

Madrid tiene muchos estadios de deportes, teatros, cines, discotecas, y restaurantes típicos e internacionales con comida de todo el mundo. Hay tiendas y mercados de todo tipo y para todos. En Madrid está el famoso Rastro, un mercado al aire libre, que abre los domingos. Los domingos puedes encontrar de todo en el Rastro. Hay también muchos monumentos y museos, como El Prado y el museo Reina Sofía, con obras de los mejores artistas. Pero lo más interesante es la vida nocturna, especialmente los fines de semana. En invierno y en verano la gente se divierte durante toda la noche. Madrid es siempre una fiesta.

1 Traduce las frases y las palabras en rojo al inglés.

2 Termina las frases con la respuesta correcta.

1. Madrid está en …
   a el norte. **b** el sur. **c** el centro.
2. Madrid tiene …
   a más de … **b** menos de … **c** exactamente …
   tres millones de habitantes.
3. Madrid …
   a no tiene metro. **b** tiene un metro antiguo. **c** tiene un metro moderno.
4. En Madrid hay hoteles …
   a baratos. **b** caros. **c** baratos y caros.
5. Puedes ir al Rastro …
   a siete días de la semana. **b** el fin de semana. **c** un día de la semana.
6. El Prado es ...
   a un mercado. **b** un museo. **c** un hotel.
7. La gente sale por la noche …
   a en invierno. **b** durante todo el año. **c** en verano.

3 Completa el cuadro de información de Madrid. Elige las palabras correspondientes de la lista.

a el centro de España
b metro, autobús, tren
c hoteles y hostales de todas clases
d 3.5 millones
e deportes, teatros, cines, discotecas, restaurantes
f El Prado, Reina Sofía
g tiendas, mercados, El Rastro
h moderna con un centro antiguo

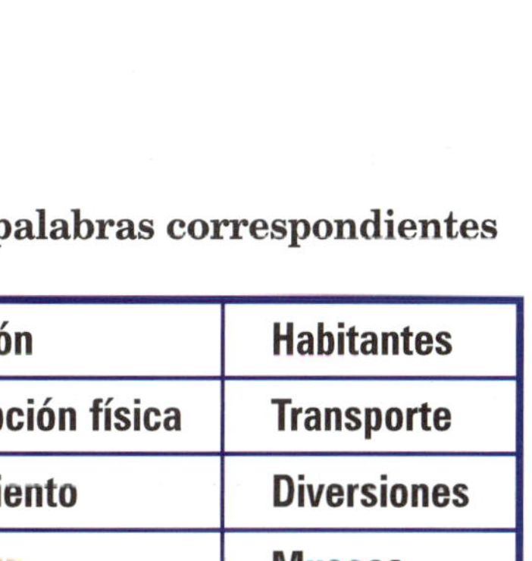

Situación	Habitantes
Descripción física	Transporte
Alojamiento	Diversiones
Compras	Museos

4 Ahora completa el cuadro de la Actividad 3 con información sobre tu ciudad. Después escribe un texto corto sobre tu ciudad.

REDACCIÓN 3

Coursework Unidades 6–10

De vacaciones en España

Voy a hablar de mis vacaciones. Generalmente voy de vacaciones a Broto. Es un pueblo pequeño que está en el norte de España, en las montañas de los Pirineos. Todos los veranos paso las seis semanas de vacaciones en casa de mis abuelos. También tengo muchos amigos allí.

En julio fui a Madrid en avión. En Madrid tomé un autobús a Broto. Cuando llegué, encontré a todos mis amigos y lo pasé muy bien.

El día siguiente me levanté muy tarde y después fui a la piscina con mis amigos y amigas.

Un día fuimos de excursión a la montaña y nadé en el río. Llevamos la comida y comimos en el campo. Lo pasamos fenomenal. Otro día fuimos de compras a una ciudad más grande que está cerca y después fuimos al cine.

Un día hubo una tormenta muy grande y no pudimos ir a la piscina.

Mis abuelos siempre me dejan salir por la noche hasta muy tarde, porque el pueblo es pequeño y todos somos amigos o familia. En España, en verano, toda la gente sale a pasear por las noches y se acuesta muy tarde.

El verano próximo voy a volver a España porque me encanta pasar el verano con mi familia y mis amigos. ISABEL

1 Indica si las frases son verdaderas (V) o falsas (F).

1. Broto no es grande.
2. Está en el centro del país.
3. Isabel va a Broto con sus padres.
4. Tiene familia en Broto.
5. Isabel fue a Broto en el verano.
6. Llegó a Broto en tren.
7. Nadó en la piscina y en un lago.
8. Fue de compras en Broto.
9. Fue a la piscina todos los días.
10. Mucha gente sale por la noche en España.

2 Busca estas expresiones en español.

1. I'm going to talk about …
2. every summer …
3. when I arrived …
4. I had a great time
5. the following day
6. one day we went on a trip
7. a bigger city
8. we couldn't go
9. everybody goes out to walk at night
10. I love spending the summer with my family

3 Imagina que eres Isabel. Contesta las preguntas.

1. ¿Adónde vas de vacaciones?
2. ¿Es grande?
3. ¿Dónde está?
4. ¿Tienes amigos allí?
5. ¿Cuándo fuiste?
6. ¿Cómo fuiste?
7. ¿Qué hiciste en la montaña?
8. ¿Por qué fuiste a una ciudad más grande?
9. ¿Tus abuelos te dejan salir?
10. ¿Vas a volver a España el año próximo? ¿Por qué?

4 Haz una lista de los verbos en pretérito indefinido y escribe los infinitivos.

Ejemplo: fui; ir

5 Escribe un texto sobre tus vacaciones del año pasado.

Coursework Unidades 6–10

REDACCIÓN 4

Las fiestas del pueblo

El año pasado fui a las fiestas de Codo, un pueblo que está en el noreste de España. En verano hay muchas fiestas en todos los pueblos y ciudades españoles. Codo es muy pequeño, pero durante las fiestas el pueblo está lleno de gente. Las fiestas duran una semana y, desde la mañana hasta la noche, hay algo interesante para todos.

Hay juegos, carreras ciclistas, partidos de fútbol, de baloncesto, y de otros deportes.

Los jóvenes no duermen durante toda la noche. Se levantan a mediodía y se acuestan a las ocho de la mañana. Cada grupo de amigos y amigas tiene una peña. Los amigos se reúnen en una casa y allí tienen su estéreo, sus sofás, incluso su cocina y allí comen y cenan durante las fiestas. En el pueblo de mi amiga había muchas peñas y por las noches todos iban a los bailes y a los fuegos artificiales. La fiesta del pueblo se celebra una vez al año, pero, como hay fiestas en todos los pueblos, se puede ir cada fin de semana a un pueblo diferente y estar todo el verano de fiesta. Pero, ¿cuándo duermen? El año próximo voy a volver porque mi amiga me ha invitado otra vez y porque me lo pasé muy bien. JAVIER

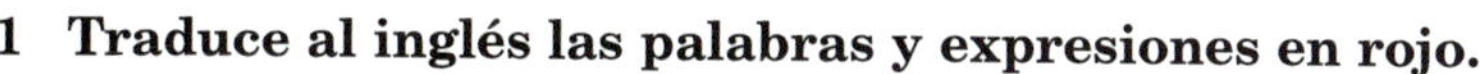

1 Traduce al inglés las palabras y expresiones en rojo.

2 Contesta las preguntas.

1. ¿Adónde fue Javier el año pasado?
2. ¿Dónde hay fiestas en verano en España?
3. ¿Cómo es Codo durante las fiestas?
4. ¿Cuánto duran las fiestas?
5. ¿Qué actividades hay en las fiestas?
6. ¿A qué hora se levantan los jóvenes?
7. ¿Adónde se puede ir cada fin de semana durante el verano?
8. ¿Adónde va a ir Javier el año próximo?

3 Busca estas palabras y expresiones en español en el texto.

- **a** Spanish towns and cities
- **b** very small
- **c** from morning to night
- **d** other sports
- **e** they go to bed
- **f** the friends meet
- **g** fireworks
- **h** you can go to a different village every weekend

4 Escribe un texto sobre una fiesta que celebras con tus amigos/as y con tu familia.

Unidad 12

A: Teléfono y Correos

Objectives:
- Talk on the phone
- Take and leave messages

¿Qué sabes?

¿Qué medios de comunicación hay?

1 Manolo, María y Javier hablan de cómo se comunican con sus amigos. Señala quién dice las frases.

Ejemplo: 1 (Manolo) b Prefiero el email porque puedo recibir y mandar mensajes cuando quiero.

a Tardan mucho tiempo en llegar.
b Puedo recibir y mandar mensajes cuando quiero.
c Me gusta hablar con mis amigos.
d Es lento pero muy personal.
e Es muy caro si llamas a una persona que está lejos.
f Puedo comunicarme con varios amigos a la vez.

¿Cuáles son las ventajas y desventajas de los diferentes medios de comunicación?

2 ¿Y tú? Habla con tus compañeros/as. Usa estas preguntas y las frases anteriores como ayuda.

¿Te gusta más hablar por teléfono? ¿Prefieres el teléfono o escribir emails? ¿Te gusta escribir cartas y postales? ¿Usas los 'chats' en la Internet? ¿Por qué?

3 El teléfono no para de sonar. Lee y une cada conversación con el dibujo correspondiente. Escucha y comprueba.

1 A: Dígame.
B: ¿Está Raúl?
A: Sí. Soy yo.

2 A: ¿Está Juan?
B: Sí, está. Ahora se pone. ¿De parte de quién?
A: De parte de Ana.

3 A: ¿Está María?
B: No, no está.
A: Bueno, llamo más tarde.

4 A: ¿Puedo hablar con el señor García, por favor?
B: No es aquí. Se ha equivocado de número.

Ayuda

When answering the telephone, we say:
In Spain: **Diga** or **Dígame**; in Latin America: **¿Bueno?** or **¿Hola?** or **¿Aló?**

If the caller has the wrong number we can say:
Se ha equivocado de número or **No es aquí** (lit. *It isn't here*).

If the person the caller wants to speak to is not here, we say: **No está aquí.** *He / She isn't here.*

Another useful expression is:
¿De parte de quién? *Who is calling?*

 **4** **Ahora haz tú las conversaciones con tu compañero/a. Usa los dibujos de la Actividad 3.**

Empieza así:

A: Dígame / Diga.
B: ¿Está (María)? *o* ¿Puedo hablar con (María)?

 **5** **María quiere enviar algo a sus amigas por correo (by post). Escucha la conversación en Correos (post office). Completa el diálogo.**

María: Quiero dos sellos para Inglaterra y uno para Irlanda, por favor. ¿Cuánto valen?
Empleado: Son _______ euros cada sello.
María: ¿Puedo mandar esta carta certificada?
Empleado: Sí, vamos a ver cuánto pesa ... son _______ euros. ¿Quieres algo más?
María: Sí, quiero enviar este paquete. ¿Cuánto tarda en llegar? Es un regalo para mi amiga.
Empleado: No tarda mucho. _________ días más o menos.
María: ¿Puedo mandarlo exprés?
Empleado: Sí, pero no es necesario, seguro que llega a tiempo.

 **Meta**

Haz diálogos en Correos con tu compañero/a. You are in Spain and you want to send a postcard to your parents. You also want five stamps for other countries in Europe. You want to send a parcel with a present to your best friend in Ireland.

B: Objetos perdidos

Objectives:
- Describe objects
- Explain what you have lost and how

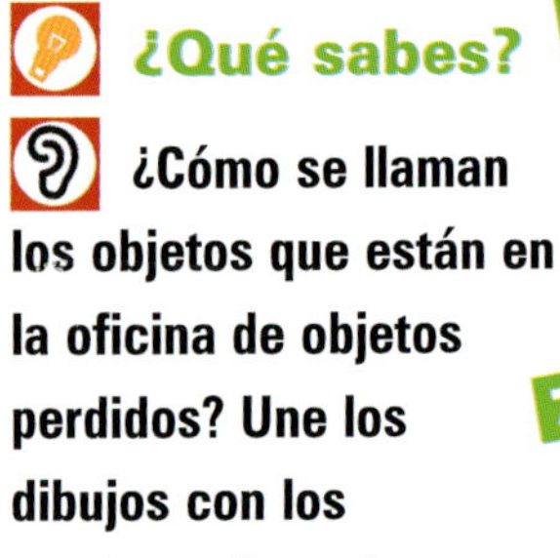

¿Qué sabes?

¿Cómo se llaman los objetos que están en la oficina de objetos perdidos? Une los dibujos con los nombres. Escucha y comprueba.

a un sombrero

b un paraguas **c** unos pendientes **d** un libro **e** un monedero

f un bolso **g** una carpeta **h** unas gafas **i** unos guantes **j** un ordenador **k** un reloj

1 Tu compañero/a señala un objeto y entonces tú dices que lo has perdido. Usa el verbo subrayado (= *I've lost*).

Ejemplo: He perdido un monedero (con mucho dinero).

2 Escucha estos diálogos en la oficina de objetos perdidos. Estas personas han perdido varias cosas. Escucha y completa la ficha del empleado.

	Nombre	Objeto	Color	Material	Tamaño
1					

Possessive pronouns

	mine	yours	his/hers/yours	ours	yours	his/hers/yours
Masculine						
Singular	**el mío**	**el tuyo**	**el suyo**	**el nuestro**	**el vuestro**	**el suyo**
Plural	**los míos**	**los tuyos**	**los suyos**	**los nuestros**	**los vuestros**	**los suyos**
Feminine						
Singular	**la mía**	**la tuya**	**la suya**	**la nuestra**	**la vuestra**	**la suya**
Plural	**las mías**	**las tuyas**	**las suyas**	**las nuestras**	**las vuestras**	**las suyas**

Possessive prounouns agree with the object, not with the owner:

¿Este libro es el tuyo? *Is this book yours?* **Sí, es el mío.** *Yes, it's mine.*
Libro is masculine, so **el mío** and **el tuyo** are masculine too.
Estas gafas son las mías. *These glasses are mine.*
Gafas is feminine and plural, so **las mías** is feminine and plural too. See page 106 to study all the forms.

  **3** **Mira los dibujos y completa las frases con el pronombre posesivo correspondiente.**

a **Diálogo formal: usted.**

Empleado: ¿Es este libro **el suyo**?
Señora: No, no es **el mío**.
Empleado: ¿Son estos pendientes _______?
Señora: No, no son ______ .

b **Diálogo informal: tú.**

Empleado: ¿Es esta bolsa _____?
Chico: No, no es _______.
Empleado: ¿Son estas gafas _____?
Chico: No, no son _____ .

c **Diálogo formal: ustedes.**

Policía: ¿Es este coche ________?
Señor y señora: No, no es _______ .
Policía: ¿Son estas maletas _______?
Señor y señora: No, no son _______ .

d **Diálogo informal: vosotros.**

Policía: ¿Es este monedero _______?
Chico y chica: No, no es ______ .
Policía: ¿Son estos billetes_______?
Chico y chica: No, no son _______ .

  **4** **Ahora haz diálogos similares con otras objetos.**

 Meta

Haz diálogos con tu compañero/a en la oficina de objetos perdidos. El empleado/a (estudiante A) hace preguntas y rellena una ficha como la de la Actividad 2. Estudiante B ha perdido varias cosas y las describe. Usad las preguntas y frases siguientes como ayuda.

Ejemplo:

A: ¿Qué ha perdido?	B: He perdido un bolso.
A: ¿De qué color es?	B: Es de color...
A: ¿De qué material es?	B: Es de...
A: ¿Dónde lo perdió?	B: Lo perdí (en el metro). / No sé.
A: ¿A qué hora lo perdió?	B: Lo perdí a las...

C: ¡Me han robado!

Objectives:
- Describe people and objects
- Say what has been stolen and how

¿Qué sabes?

Te han robado la mochila o la bolsa. Descríbela y describe los objetos que llevas dentro.

Ejemplo: La mochila es grande / pequeña / de tamaño medio. Es de color negro / verde / rojo … Dentro hay mi pasaporte / un libro / unos billetes / un monedero / unas gafas …

1 **Le han robado la mochila a un amigo de Manolo. Manolo le acompaña a denunciar el robo en la comisaría. Escribe una lista de las preguntas que le hacen. Escucha y comprueba.**

2 **¿Cómo ocurrió el robo? Lee y escucha una parte del diálogo y elige uno de los tres dibujos.**

Salí con mi amigo Manolo y a las siete, más o menos, fuimos a un bar a tomar algo. Puse la mochila en el suelo. A las siete alguien cogió mi mochila del suelo.

3 **¿Quién robó la mochila? Lee y escucha la descripción y elige al ladrón.**

Pues un hombre … un chico de unos veinte o treinta años … alto, delgado, joven, con barba y pelo largo y liso, con un jersey rojo … y unos pantalones azules … pantalones vaqueros. Creo que llevaba gafas…

4 ¿Cómo es la mochila y qué llevaba dentro?

a ¿Puedes decir los nombres de los objetos en un minuto?

b Escucha y marca con una cruz la mochila correcta y los objetos que tenía dentro.

¡Atención!

robar = to steal

un robo = theft, robbery

un ladrón = thief

denunciar = to report (a crime)

una denuncia = report

5 Escucha el diálogo completo y completa la ficha de la denuncia del amigo de Manolo.

Objeto:
Descripción (material/color/tamaño/algún detalle específico):
Hora robo:
Lugar:
Cómo ocurrió:
Descripción sospechoso:

6 Ayer te robaron la mochila. Escribe un email a tu amigo contándole lo que pasó.

Ejemplo:

Fui a un bar / un restaurante / una tienda…
Puse la mochila / la bolsa / la maleta … en el suelo / en la silla / en la mesa
Entonces alguien / un chico / una mujer / un hombre … cogió / robó la mochila / la bolsa / la maleta
Un chico alto / bajo / gordo / delgado / moreno / rubio … con pelo corto / largo / liso / rizado
La bolsa es (negra). En la bolsa hay (un móvil / un pasaporte / un reloj…)

Meta

Haz un diálogo similar con tu compañero/a. Ahora tú denuncias un robo. Elige una cosa o varias y da los detalles a la policía que completa una ficha como la de la Actividad 5.

Usa las frases de la Actividad 6. Empieza así:

Policía: ¿Qué le pasa?
Chico/a: Me han robado (la bolsa).

D: ¿Qué pasó?

Objectives:
- Tell stories
- Say what happened

¿Qué sabes?

Describe cada dibujo de la Actividad 1.

Ejemplo: En el dibujo 4 una mujer sale del cine. Es de noche. La mujer (Antonia) lleva un bolso.

  **1 Lee la historia de Antonia y pon los dibujos en orden. Escucha y comprueba.**

El sábado fui al cine con mi amiga.
Después de la película fui a mi casa a pie. Era de noche. No había nadie por la calle. Hacía frío y llovía. De repente un hombre llegó, cogió mi bolso y entonces se fue rápidamente. ¡Qué susto!
Pasé mucho miedo.

¡Atención!

la película = film

a pie = on foot

de repente = suddenly

¡Qué susto! = What a shock!

pasar miedo = to be frightened

 **2 Escucha a Antonia que cuenta lo que le pasó. Hay algunas diferencias con la historia que has leído; ¿cuáles son?**

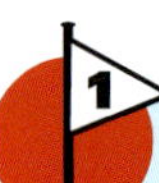

Imperfect tense (*el imperfecto*)

We use this tense to say what we were doing or what was happening when something else happened:
Era de noche. No había nadie por la calle. Hacía frío y llovía.

It was night time. There was nobody in the street. It was cold and it was raining.

Había is the imperfect of **hay**.

Ayuda

Prepositions

Note the use of **de** in these phrases:
era de noche it was night time / at night
era de día it was in the daytime.

Sequencers: *entonces, después, de repente*

These expressions decribe the order in which things happened. We use them when we are telling a story:
Entonces se fue rápidamente. *Then he went away quickly.*
Después de la película fui a mi casa.
After the film I went home.

3 Escribe la historia de Antonia y después cuéntasela a tu compañero/a. Empieza así:

El sábado Antonia fue al cine con su amiga…

4 ¿Qué estaban haciendo estas personas cuando ocurrió el robo? Une los dibujos con los textos.

1 Estaba comiendo un helado.
2 Estaba haciendo una foto.
3 Estaba jugando al fútbol.
4 Estaba hablando por teléfono.
5 Estaba comprando un periódico.
6 Estaba duchándose.

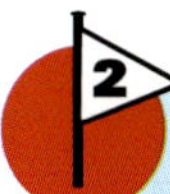

We can use the verb **estar** in the imperfect tense with the gerund (the *-ing* form) to say what we were doing when something else happened. See all the forms on page 176.

(Yo) Estaba comiendo cuando ocurrió el accidente. *I was eating when the accident happened.*

5 Ayer estabas en la calle cuando viste un robo. Elige los detalles de la información siguiente o inventa otros, y escribe lo que pasó para la policía.

Ocurrió en la calle / el autobús / el metro.
Eran las diez de la noche / las ocho de la mañana / las cinco de la tarde.
Yo estaba tomando un café / comiendo / leyendo / escribiendo.
La víctima era una mujer de unos 50 años / un chico de unos 15 años…
La víctima estaba leyendo el periódico / andando por la calle / hablando con sus amigos.
El ladrón era bajo / alto / delgado / gordo / mediano / rubio / moreno
Había varias personas. **No había** gente.
Cuando …, de repente …, entonces …, en ese momento…

6 Ahora cuenta lo que viste a la policía. Contesta las preguntas de la policía.

¿Dónde ocurrió el robo? ¿Cuándo ocurrió? ¿Quién fue la víctima? ¿Puede describir al ladrón o a los ladrones? ¿Había otros testigos? Descríbalos. ¿Cómo ocurrió todo? Diga todo lo que recuerda.

Meta

a **Cuenta una historia que te ocurrió a ti o a una persona que conoces.**

b **Cuenta algo que has leído o visto en las noticias.**

1 Possessive adjectives and pronouns

See pages 178–179, 180

Compare the ways of expressing ownership:

es mi bolso / mi casa *it's my bag / my house* **es (el) mío / (la) mía** *it's mine*
son mis libros / mis gafas *they're my books / my glasses* **son (los) míos / (las) mías** *they're mine*

Note that the article (**el/la/los/las**) is added if we emphasise the ownership (*mine*, not yours): **el libro es el suyo** but **es suyo.**
Possessive adjectives and pronouns agree with the item(s) possessed and not with the person it/they belong(s) to:

la casa de Juan	**su casa**	**suya**	**esta casa es la suya**
los perros de mi tía	**sus perros**	**suyos**	**estos perros son los suyos**

2 The imperfect tense

See pages 176–177

Regular forms	-ar: cenar	-er: comer	-ir: vivir	Irregular: ser, ir	
(yo)	cenaba	comía	vivía	era	iba
(tú)	cenabas	comías	vivías	eras	ibas
(él / ella / Vd)	cenaba	comía	vivía	era	iba
(nosotros/as)	cenábamos	comíamos	vivíamos	éramos	íbamos
(vosotros/as)	cenabais	comíais	vivíais	erais	ibais
(ellos/as / Vds)	cenaban	comían	vivían	eran	iban

Look at the difference between:
Fui a las montañas (el año pasado). *I went to the mountains (last year).*
Iba a las montañas (cuando era joven). *I used to go to the mountains (when I was young).*

We use the imperfect tense to talk about things we used to do:
Juan vivía en Madrid y estudiaba allí. *Juan used to live in Madrid and used to study there.*

3 Use of the preterite and the imperfect to describe actions in the past

To describe an action that took place in the past, we use the preterite. To describe the events surrounding that action, we use the imperfect tense.

Era la semana pasada. Paseaba por la calle. Tenía el bolso en el hombro. Un chico me golpeó y me robó el bolso. Era joven. Había dinero en el bolso.

It was last week. I was walking along the street. I had my bag on my shoulder. A boy hit me and stole my bag. He was young. There was money in the bag.

Ejercicio

Pon los verbos en paréntesis en la forma apropiada del pretérito o del imperfecto.

1 Un día yo (ir) por la calle y unas chicas me (robar) el bolso.
2 Ana (tomar) un taxi porque (ser) muy tarde y (tener) miedo.
3 La casa (estar) vacía porque la familia (estar) de vacaciones y unos ladrones (entrar) por la ventana.
4 Un día mi hermano (volver) de la discoteca y (ser) muy tarde y no (haber) nadie por la calle, entonces (oír) un ruido y (ver) a un ladrón en una casa.

Los medios de comunicación	**The media**
chatear	to chat (online)
comunicarse (con)	to communicate (with)
el correo electrónico (el email)	e-mail
mandar	to send
el mensaje	message
el móvil	mobile phone
recibir	to receive

Por teléfono	**On the telephone**
ahora se pone	he/she is just coming (to the phone now)
bueno	Hello (to answer the phone in Mexico)
contestar el teléfono	to answer the phone
¿De parte de quién?	Who is calling?
diga / dígame	Hello (when answering the phone)
gracias por llamarme	thanks for ringing me
hasta luego	see you soon
no es aquí	it isn't here (this is not the number you want)
no está (aquí)	he/she isn't here

La oficina de Correos	**Post office**
llegar a tiempo	to arrive on time
¿Puedo mandarlo exprés?	Can I send it express?
¿Cuánto tarda en llegar?	How long will it take to arrive?

La propiedad personal	**Personal belongings**
el billete	ticket
la bufanda	scarf
la carpeta	wallet for papers, briefcase
la chaqueta de cuero / piel	leather jacket
el dinero	money
las gafas (de sol)	(sun)glasses
la gorra	hat / cap
los guantes	gloves
la maleta	suitcase
la mochila	rucksack
el monedero	purse
el ordenador portátil	laptop computer
el paraguas	umbrella
los pendientes de oro	gold earrings
perder	to lose
la pluma	fountain pen
la pulsera (de plata)	(silver) bracelet
el reloj	watch
el sombrero	hat
la tarjeta (de crédito)	(credit) card
el tamaño	size

Descripción personal	**Personal description**
la barba	beard
el bigote	moustache
despeinado	uncombed
los pantalones vaqueros	jeans
el pelo largo y rizado / liso	long curly/straight hair

Otras palabras y expresiones	**Other words and expressions**
a la vez	at once, at the same time
a pie	on foot
la comisaría	police station
coger	to take, to grab
de noche	at night
de repente	suddenly
dentro	inside
una denuncia	report / complaint (to the police)
denunciar	to report (a crime)
un ladrón	thief
el lugar	place
pasar miedo	to be frightened
robar	to steal
un robo	theft, robbery
el / la sospechoso/a	suspicious person
el suelo	floor
el susto	shock, fright

Unidad 13

A: ¿Ayudas en casa?

Objectives: ■ Talk about what you do to help at home

¿Qué sabes?

¿Quién hace las tareas en tu casa? Di a qué dibujo se refiere cada frase. Escucha y comprueba.

Ejemplo: 1 b

1 Mi hermana mayor friega los platos.
2 Mi hermano menor limpia el polvo.
3 Mi padre barre el suelo.
4 Mi abuelo pasa la aspiradora.
5 Mi madre lava la ropa.
6 Mi abuela plancha la ropa.
7 Mi hermano mayor pone la mesa.
8 Mi hermana menor quita la mesa.
9 Mi tía hace las camas.
10 Mi tío saca la basura.

1 **Escucha a estos chicos y chicas, Manolo, María, Elisa y Javier, que dicen lo que hacen en casa para ayudar a su familia. ¿Quién menciona cada tarea? Pon el nombre de cada uno/a en los dibujos correspondientes.**

¡Atención!

la tarea = task, chore
el hogar = home
limpiar / quitar el polvo = to dust
tender la ropa = to hang out the washing
fregar = to scrub, to wash
planchar = to iron
recoger la ropa = to collect the clothes
barrer (el suelo) = to sweep (the floor)
sacar la basura = to take out the rubbish
la paga = pocket money

  **2 Lee el email que te ha mandado María y rellena los espacios en blanco con las palabras del cuadro. Escucha y comprueba.**

Yo por la mañana siempre ___(1)___ mi cama. Por la noche siempre ___(2)___ y quito la mesa, y muchas veces ___(3)___ el suelo de la cocina. Los fines de semana normalmente ___(4)___ los platos a mediodía porque como en casa. Por la mañana también ___(5)___ el polvo de mi cuarto y del salón y ___(6)___ la aspiradora. Mi hermana y yo ___(7)___ las dos en casa. Yo ___(8)___ la basura por la noche. Mi padre friega los platos a veces y ___(9)___ la ropa, porque a mi madre no le gusta planchar. Sin embargo a mi madre le gusta ___(10)___ la ropa y recogerla. Me gusta ___(11)___ los platos, pero odio ___(12)___ el polvo.

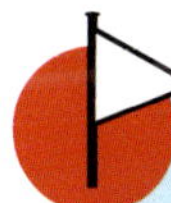

Prepositions

Note how **por** is used in these sentences:
Por la mañana hago la cama. *In the morning I make my bed.*
Por la noche siempre pongo la mesa. *At night I always set the table.*
We use **por** to talk about the time when things happen. It can also mean *during*:
Por la mañana limpio la casa. *During the morning I clean the house.*

 **3 Escribe un email a tu amigo/a con tu información.**

Meta

¿Y tú? Habla del tema con tu compañero/a. ¿Ayudas en casa? ¿Qué haces diariamente / los fines de semana? ¿Quién hace qué? Usa el email de la Actividad 2 como ayuda.

Unidad 13 B: La paga

Objectives: ■ Talk about part-time jobs and how to earn some extra money

¿Qué sabes?

¿Qué haces para tener dinero? ¿Trabajas en casa? ¿Trabajas fuera de casa? Haz una lista.

1 Lee y escucha lo que dice Manolo sobre la paga y el dinero extra.

a Di si las frases siguientes son verdaderas (V) o falsas (F).

b ¿Qué significan las frases subrayadas?

1. Manolo gets his pocket money every month.
2. He doesn't mind helping around the house.
3. If he doesn't wash the car he doesn't get any money.
4. He doesn't enjoy washing the car.
5. He looks after children every weekend.
6. His aunt and uncle pay him for looking after their children.
7. He teaches youngsters to play sport.
8. He likes playing sport with the children.

Manolo: Mis padres me dan una paga, me dan cien euros al mes si ayudo en casa y hago los deberes. No me gusta hacer las tareas de la casa, pero tengo que hacerlas, si no, no hay dinero. Generalmente me dan diez euros si lavo el coche, pero eso no me gusta mucho y normalmente lo lava mi hermano mayor. Yo no trabajo mucho durante el curso porque no tengo tiempo, pero algunos viernes y sábados por la noche cuido a niños, normalmente a los hijos de mis tíos, y me pagan bien. Los sábados por la mañana soy entrenador de un equipo de baloncesto de niños de 7 y 8 años, les enseño a jugar al baloncesto en el colegio. Me encanta jugar con ellos, ¡y además me pagan bien!

2 ¿Qué haces para tener dinero? Une las palabras de las dos listas para formar frases y traduce.

Ejemplo: Trabajar en una tienda.

cuidar	en casa
ayudar	el periódico a las casas
lavar	en una tienda
pasear	niños
llevar	en el jardín
trabajar	el coche
trabajar	perros

 **3** **Escribe un email a Manolo contándole lo que haces tú para ganar un dinero extra.**

 **4** **A Spanish magazine conducted a survey into how people spend their money in their free time. Which of the people interviewed spend their money on the following? (There is more than one person for each category.)**

a eating out
b magazines and books
c gardening
d records and music concerts
e discos
f clothes
g sport
h travel
i going out
j the car

1 Julián Presa

Viajo mucho. Me gusta visitar países exóticos. También me gusta mucho el deporte y gasto mucho en material de deporte. Practico el esquí y el ciclismo.

2 Carmen Díaz

Gasto bastante en comer fuera de casa, pero poco en transportes públicos.
Me dedico a trabajar en el jardín. Es barato y muy interesante.

3 Manuel Salinas

Entre el gimnasio, los bares y los viajes, no tengo dinero a final de mes. No intento ahorrar mi dinero. Prefiero gastarlo y me gusta salir.

4 Francisco Díez

Me interesa mucho la música. Voy a muchos conciertos y compro muchos discos. También compro muchas revistas y viajo bastante.

5 José Luis Fernández

Para mí es muy importante vestirme bien. Por eso gasto mucho en ropa.
El dinero que me queda lo gasto en las discotecas.

6 Eulogio Martín

Me encanta salir por las noches con mis amigos. Voy a las discotecas y los clubs, como muy a menudo en los restaurantes, y gasto muchísimo en el coche.

 **5** **¿Y tú? ¿En qué gastas tu dinero? Haz una lista.**

Ejemplo: *Gasto (mi dinero / 20 euros) en discos, en comprar ropa, etc.*
I spend (my money / 20 euros) on CDs, on buying clothes, etc.

Meta

Habla con tu compañero/a. Contesta las preguntas.

¿Cómo obtienes el dinero para salir y comprar tus cosas? ¿Qué trabajos haces en casa? ¿Trabajas fuera de casa? ¿Cuántos días / cuántas horas trabajas a la semana? ¿Cuánto dinero ganas? ¿Qué opinas de tu trabajo? ¿Te gusta? ¿Por qué (no)?

Unidad 13 C: Experiencia de trabajo

Objectives: ■ Talk about work experience

¿Qué sabes?

a **Lee la lista de actividades que puedes hacer en un trabajo y di en qué lugar (o lugares) haces cada uno. Escucha y comprueba.**

b **Piensa otros lugares donde puedes trabajar y otras actividades que puedes hacer en el trabajo.**

a tienda

b oficina

c banco

d recepción

e colegio

1 Hacer fotocopias.
2 Vender cosas a los clientes.
3 Dar dinero a los clientes.
4 Contestar el teléfono.
5 Ayudar al profesor.
6 Recibir y atender a los clientes.
7 Escribir en el ordenador.
8 Dar información a los clientes.

1 **Escucha a la profesora que ha organizado un viaje de experiencia de trabajo en España. Di si las frases siguientes son verdaderas (V) o falsas (F).**

1 La profesora organizó el viaje el año pasado.
2 Fueron quince estudiantes.
3 Fueron al sureste de España.
4 Estuvieron dos semanas.
5 La profesora organizó los trabajos antes.
6 Cuando llegaron todos estaban trabajando.
7 Cada estudiante trabajó en un sitio diferente.
8 Todos estuvieron en un hotel.

2 **Daniel escribió un diario de su viaje a Zaragoza. Lee esta parte.**

a **Contesta las preguntas.**

b **Traduce las frases subrayadas.**

1 ¿Qué opina sobre su experiencia de trabajo?
2 ¿Por qué es útil el trabajo que hizo?
3 ¿Qué hacía durante las horas de trabajo?
4 ¿Qué hacía además de trabajar?

El mes de octubre fui a Zaragoza con mi instituto. Fuimos de 'experiencia de trabajo'. Lo pasé muy bien, pero trabajé bastante. Fue muy útil y aprendí mucho español y también aprendí cómo funciona una agencia de viajes. Esto es muy útil para mí porque quiero estudiar Turismo. Yo estuve en casa de la familia de Carlos y fue muy divertido. Otros compañeros se alojaron en un hotel.
La dueña y las empleadas de la agencia eran muy simpáticas y me ayudaron mucho. Por las mañanas entraba a trabajar a las nueve y media y contestaba los emails, después tenía que hacer fotocopias y archivar documentos. También contestaba el teléfono y a veces atendía a los clientes y les daba información sobre los viajes.
También salíamos mucho por las tardes y por las noches, y visitamos la ciudad y los alrededores. A mediodía iba a casa a comer y por las noches a veces cenaba en casa y otras veces cenaba en algún restaurante con los amigos. Una noche organizamos una cena en casa de la familia de Manolo. Lo pasamos fenomenal.
Daniel

 **3** **a** **Tú fuiste al viaje de estudios con Daniel, pero trabajaste en otro lugar (por ejemplo un hotel o una papelería) y te alojaste en un hotel. Escribe tu diario.**

Ejemplo: El mes de __________ hice experiencia de trabajo en __________. Trabajé…

b **Escribe sobre una experiencia de trabajo que has tenido tú (en tu país o en otro país). Si quieres, inventa.**

Simple past / imperfect tense (*pretérito indefinido / pretérito imperfecto*)

Look at these two examples:

Fui a Zaragoza. *I went to Zaragoza.* (simple past)
Todos los días iba a casa a comer. *Every day I used to go home for lunch.* (imperfect)

Meta

Haz un diálogo con tu compañero/a; cuéntale lo que hiciste en tu experiencia de trabajo.

A: ¿Dónde **trabajaste**?
B: **Trabajé** en…
A: ¿Qué **hacías** durante las horas de trabajo? ¿Qué tareas (tasks) **tenías**?
B: **Escribía** emails, **contestaba** el teléfono…
A: ¿**Te gustó** el trabajo? ¿Qué **opinas** sobre tu experiencia de trabajo?
B: **Me gustó** mucho / **no me gustó** (nada) / **fue** (**es**) muy útil / **fue** interesante / **aprendí** mucho / **no aprendí** nada…
A: ¿Por qué **es** útil el trabajo que **hiciste**?
B: Porque **aprendí** a archivar / atender a los clientes…
A: ¿Qué **hacías** además de trabajar?
B: **Salía** con mis amigos, **iba** al cine…

1 The use of *por*

See page 181

Note the use of **por** in these sentences:

Tengo clases por la mañana. *I have classes in the morning.*
Hago mis deberes por la noche. *I do my homework at night.*

We use **por** to talk about *the time when* things happen, such as in the morning, in the afternoon and at night. It can also mean 'during':

Por la tarde descanso. *During the afternoon I relax.*

2 The imperfect tense with actions

See pages 176–177

We can use this tense to talk about things we did repeatedly or regularly in the past:

Todos los días jugaba al fútbol. *Every day I played football.*
Por las mañanas contestaba el teléfono. *In the mornings I answered the phone.*

We can also use it to talk about the past without saying exactly when:

Antes vivíamos en un pueblo pequeño *Before, we used to live in a small village.*
A veces cenaba en casa. *Sometimes I used to have dinner at home.*

3 Uses of the preterite and the imperfect

See pages 176–177

Contrast these sentences:

Antes vivíamos cerca de la playa. (1) *Before, we lived near the beach.*
No íbamos de vacaciones porque la playa estaba muy cerca. (1)
We didn't go on holiday because the beach was very near.
Un año fui de vacaciones a las montañas con mis padres. (2)
One year I went on holiday to the mountains with my parents.
Todos los días me levantaba muy tarde y me acostaba muy tarde. (3)
Every day I got up very late and went to bed very late.
Un día nos levantamos temprano y fuimos de excursión. (2)
One day we got up early and went on a trip.

1: things that happened in the past without a precise time marker (imperfect).
2: things that happened once at a specific time (preterite).
3: things that happened repeatedly over a period of time (imperfect).

Ejercicios

1 Choose the imperfect or the preterite for each sentence.

1 Ayer vi / veía a mi hermano.
2 Todos los días Juan se levantaba / se levantó muy temprano.
3 A veces mi hermano y yo íbamos / fuimos al cine
4 Antes mis padres trabajaron / trabajaban en un pueblo pequeño.

2 Put the verbs in brackets in the correct form of the imperfect or the preterite.

1 Todos los días yo (nadar) en la piscina, pero un día (nadar) en el río.
2 Yo siempre (ir) a clase en bicicleta, excepto dos veces que (ir) en autobús.
3 Nosotros (jugar) al baloncesto muchas veces, pero sólo (jugar) al fútbol una vez.

Las tareas de la casa	Household chores
ayudar	to help
barrer (el suelo)	to sweep (the floor)
cambiar	to change
fregar	to scrub, to wash
hacer las camas	to make the beds
el hogar	home
lavar	to wash
limpiar el polvo	to dust
me pagan bien	they pay me well
la paga	pocket money
pagar	to pay
pasar la aspiradora	to use the vacuum cleaner
planchar	to iron
poner la mesa	to lay the table
quitar la mesa	to clear the table
recoger la ropa	to collect the clothes
sacar la basura	to take out the rubbish
la tarea	chore, duty
tender la ropa	to hang out the washing

Las tareas del trabajo	Duties at work
una agencia de viajes	travel agency
aprender a (hacer algo)	to learn to (do something)
archivar documentos	to file documents
atender a los clientes	to attend to clients
contestar el teléfono	to answer the phone
cuidar niños	to look after young children
el curso	a course
dar información sobre (los viajes)	to give information about (travel)
el/la dueño/a	owner
el/la empleado/a	employee
enseñar	to teach, to show
escribir en el ordenador	to write on the computer
experiencia / practicas de trabajo	work experience
hacer fotocopias	to make photocopies
los idiomas	languages
mejorar	to improve
la prensa	the press
recibir a los clientes	to receive customers
vender	to sell
viajar	to travel

Otras palabras y expresiones	Other words and expressions
ahora	now
ahorrar	to save
al final de mes	at the end of the month
alojarse	to stay (in accommodation)
a lo mejor	probably, (I) expect
los alrededores	the outskirts
el anuncio	advertisement
barato/a	cheap
cerca	near
comer fuera	to eat out (in a restaurant)
conocer a mucha gente	to know lots of people
el disco, el CD	record, CD
el equipo	equipment
gastar	to spend
intentar	to try
el sitio	place, location

Unidad 14 A: ¿Quieres venir al cine conmigo?

Objectives:
- Decide where to go and arrange where and when to meet
- Talk about films

 ## ¿Qué sabes?

Di lo que te gusta hacer en tu tiempo libre y lo que no te gusta hacer. Elige expresiones del cuadro y haz frases.

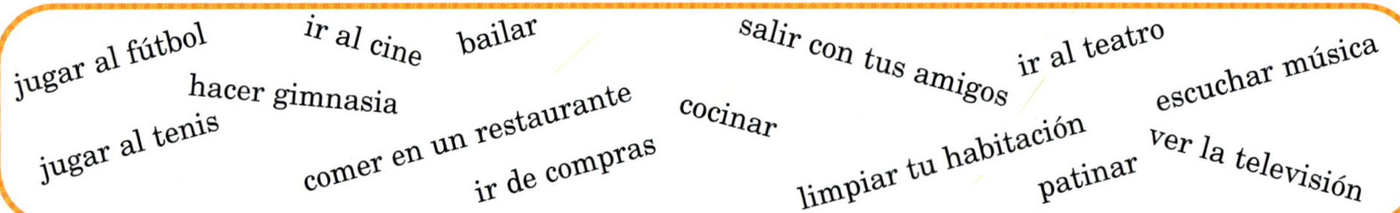

 **1 Javier y Ana deciden adónde ir.**

a Escucha el diálogo y completa el cuadro con ✓ (sí) o ✗ (no).

1 ¿Adónde quiere ir Ana?
2 ¿Adónde quiere ir Javier?
3 ¿Adónde deciden ir?

		Restaurante	CINE
Ana			
Javier			

 **b ¿Qué excusas dan Ana y Javier para no ir a los otros lugares?**

 **2 Haz diálogos similares con tus compañeros/as.**

Ejemplo:

1 A invites B to the cinema.
B can't go; he's going to study.

A: ¿Quieres ir al cine?
B: No puedo; voy a estudiar.

Inventa más.

2 A invites B to the football. B doesn't like football.
3 A invites B to a restaurant. B has already eaten today.
4 A invites B to a party. B doesn't like parties.
5 A invites B to a concert. B accepts.

Ayuda

Arranging to meet

Note that in Spanish we use the present tense when we arrange to meet.

¿Dónde quedamos? *Where shall we meet?*
Quedamos en el cine. *We'll meet at the cinema.*

Invitations:
¿Quieres...? / ¿Te gustaría...? *Would you like...?*
¿Por qué no...? *Why don't we...?*
¿Vamos (al cine)? *Shall we go (to the cinema)?*

Refusals:

No, gracias. *No thank you.*
No me apetece. *I don't feel like (it).*
No me gusta... *I don't like...*
No puedo. *I can't.*

Acceptances:
Sí, claro. *Yes, of course.*
¡estupendo! / ¡fenomenal! *great!*
Me gustaría / Me encantaría
I'd like to / I'd love to

3 María quiere ir al cine con su amigo Manolo. Estos son los emails que se escriben, pero están mezclados. Ponlos en orden. Te damos el primer email para empezar: 1a.

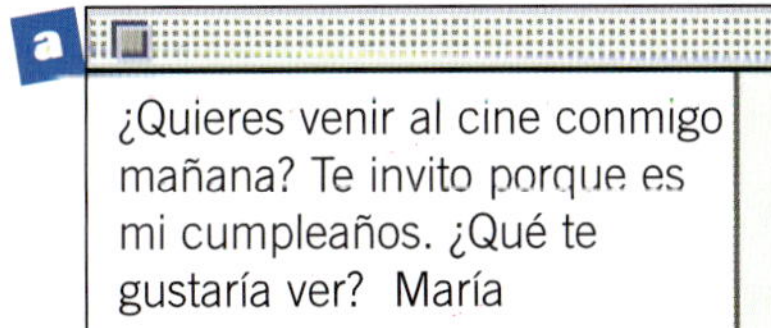

a ¿Quieres venir al cine conmigo mañana? Te invito porque es mi cumpleaños. ¿Qué te gustaría ver? María

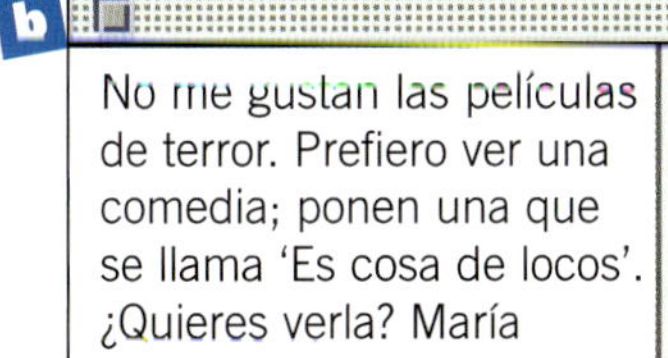

b No me gustan las películas de terror. Prefiero ver una comedia; ponen una que se llama 'Es cosa de locos'. ¿Quieres verla? María

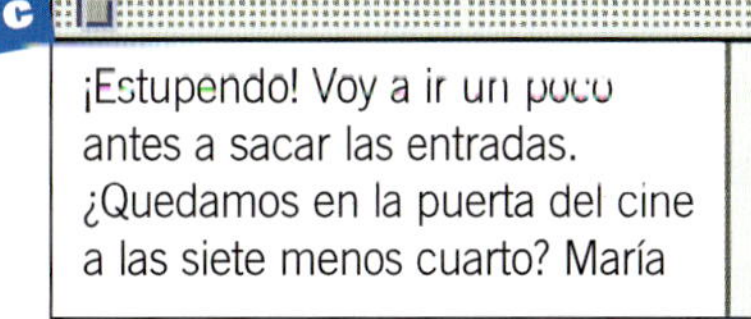

c ¡Estupendo! Voy a ir un poco antes a sacar las entradas. ¿Quedamos en la puerta del cine a las siete menos cuarto? María

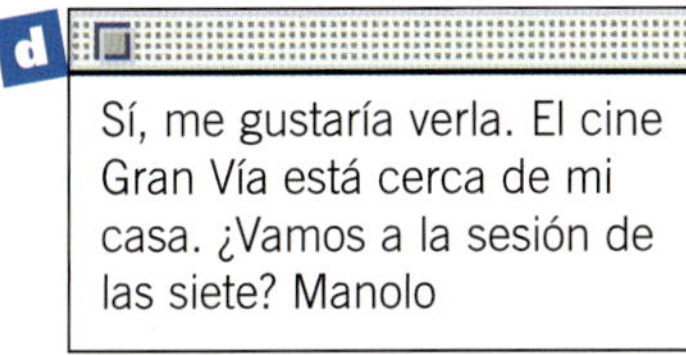

d Sí, me gustaría verla. El cine Gran Vía está cerca de mi casa. ¿Vamos a la sesión de las siete? Manolo

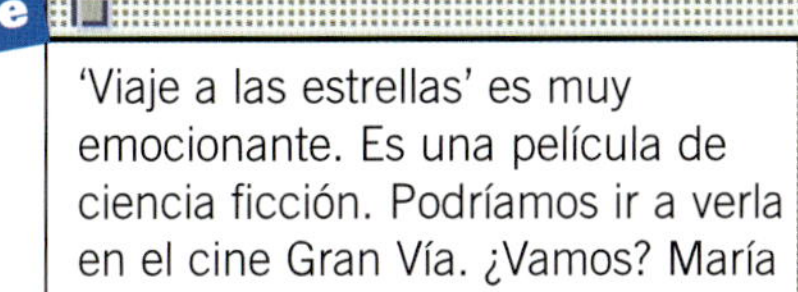

e 'Viaje a las estrellas' es muy emocionante. Es una película de ciencia ficción. Podríamos ir a verla en el cine Gran Vía. ¿Vamos? María

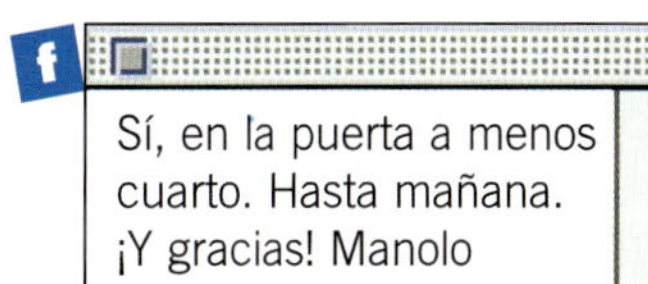

f Sí, en la puerta a menos cuarto. Hasta mañana. ¡Y gracias! Manolo

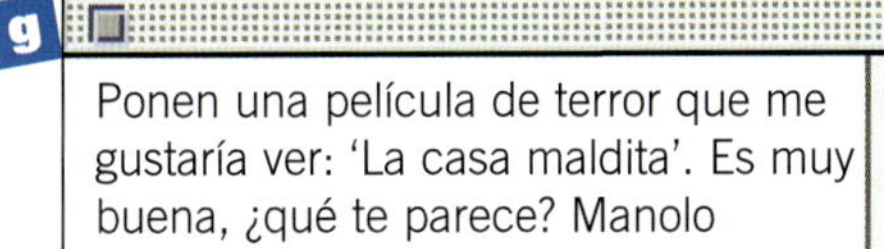

g Ponen una película de terror que me gustaría ver: 'La casa maldita'. Es muy buena, ¿qué te parece? Manolo

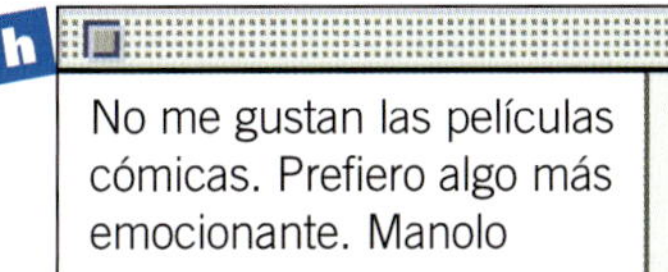

h No me gustan las películas cómicas. Prefiero algo más emocionante. Manolo

4 Escucha y comprueba. Después contesta las preguntas.

1 ¿De cuántas películas hablan en total?
2 ¿Qué tipo de películas son?
3 ¿Qué película deciden ver?
4 ¿A qué hora deciden ir?
5 ¿Dónde quedan?

5 Invita a tu compañero/a a ir al cine. Usa las expresiones de la Actividad 3 y el diálogo como ayuda. Decidir: película, sesión, un lugar para quedar.

Tú	**Tu amigo/a**
¿Quieres venir al cine conmigo mañana?	Sí, claro. ¡Estupendo!
¿Qué te gustaría ver?	Me gustaría ver una película cómica.
No me gustan las películas cómicas. Prefiero ver una película de terror.	'La casa maldita' es muy buena. ¿Vamos a la sesión de las siete?
¡Estupendo! ¿Dónde quedamos?	Quedamos en la puerta del cine.

¡Atención!

una película de terror = horror film
una comedia = comedy
una película de ciencia-ficción = science fiction film
dibujos animados = cartoons
una película del oeste = western
una película policíaca = dective film

Meta

Piensa en tres películas que has visto y habla de ellas con tu compañero/a. Contesta:

¿Qué tipo de película es? ¿De qué trata? ¿Te gustó o no? ¿Por qué?

B: Una entrada, por favor

Objectives: ■ Buy tickets for various shows

¿Qué sabes?

Contesta las preguntas siguientes.

¿A qué lugares vas con tus amigos para divertirte? ¿Qué haces en cada lugar?

Ejemplo: Voy a la discoteca y bailo.

1 Escucha, lee y completa el diálogo. ¿Cuánto cuesta la entrada al cine normalmente?

Manolo: ¿Hay entradas para la sesión de las _____, por favor?
Empleada: Sí, sí, hay.
Manolo: Bueno. Deme _____entradas, por favor. ¿Cuánto es?
Empleada: Son ______ euros.
Manolo: ¿Hay descuento para estudiantes?
Empleada: Sí, la entrada para estudiantes cuesta _______ euros.
Manolo: Ah, estupendo, ¿cuánto es en total?
Empleada: Con el descuento son ______ euros.
Manolo: Aquí tiene. Gracias. ¿A qué hora empieza la película?
Empleada: Empieza a las _______, después de los anuncios.

2 Haz diálogos similares. Tu compañero/a es el/la dependiente/a. Usa las frases del diálogo de la Actividad 1.

1	¿9.00?	CINE CINE CINE CINE	¿descuento?	¿€?	¿ ?
2	¿7.00?	CINE CINE	¿descuento?	¿€?	¿ ?

3 Escucha a estos chicos y chicas que compran entradas para varios espectáculos. Completa el cuadro.

	Lugar/ espectáculo	no. entradas	empieza	termina
Ana				
Javier				
María				

4 Estas tres personas no pueden comprar las entradas que quieren para varios sitios. Contesta las preguntas para cada uno/a.

1 ¿Adónde quiere ir? **2** ¿Cuál es el problema? **3** ¿Qué alternativa les ofrecen?

 **5** **Escribe unos emails a tu amigo/a y explica los problemas que has tenido en los diferentes lugares o espectáculos de la Actividad 4.**

Ejemplo: 1 No podemos ir al cine a las siete porque no hay entradas, por eso vamos a la sesión de las nueve.

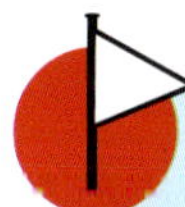

Time and frequency expressions (*expresiones de tiempo y frecuencia*)

a menudo *often*; **a veces** *sometimes*; **muy poco** *very rarely*; **de vez en cuando** *from time to time*; **siempre que puedo** *whenever I can*; **no muchas veces** *not very often*; **nunca** *never*.

 **6** **Lee la carta de Tessa en la que nos habla de lo que le gusta hacer en su tiempo libre.**

a **Contesta las preguntas.**

1. ¿Qué tipo de cine le gusta?
2. ¿Por qué no va mucho al teatro?
3. ¿Por qué va poco a la discoteca?

b **Say what she does … often, sometimes, very rarely, from time to time, whenever she can, not very often.**

Querida amiga:
Me preguntas en tu carta qué me gusta hacer en mi tiempo libre. Pues lo que más me gusta es ir al cine, voy a menudo, siempre que puedo. Me gusta mucho el cine español y me encantan las comedias. Voy al teatro muy poco, dos o tres veces al año. Es bastante caro y no me interesa mucho. Me gusta ir a las discotecas porque me encanta bailar; no voy muchas veces porque no tengo tiempo. El problema es que la gente fuma mucho y me molesta el humo, pero bueno, voy de vez en cuando. Bueno, espero ir al cine contigo pronto.
Un abrazo, Tessa

 **7** **Contesta la carta de Tessa. Usa las frases de la carta como ayuda. Escribe lo que haces en tu tiempo libre y si lo haces a menudo, a veces, pocas veces o nunca.**

Ejemplo: En mi tiempo libre me gusta… A veces voy… Lo que más me gusta es…

 Meta

Habla con tu compañero/a. Contesta las preguntas.

¿Vas al cine / al teatro / a la discoteca / al fútbol / al tenis?

¿Cuántas veces vas? (a menudo / a veces / muy poco / de vez en cuando / siempre que puedes / no muchas veces)

Ejemplo: Voy al cine de vez en cuando. Juego al fútbol a menudo, etc.

C: Los medios de comunicación

Objectives: ■ Talk and give opinions about the media: television, radio and press

¿Qué sabes?

Une los programas y las revistas en español e inglés.

1	las noticias	**a**	a soap
2	una telenovela	**b**	a quiz show
3	un programa infantil	**c**	a series
4	un concurso	**d**	the news
5	una serie	**e**	a documentary
6	un documental	**f**	children's programme
7	una revista de deportes	**g**	gossip magazine
8	una revista de música	**h**	fashion magazine
9	una revista de moda	**i**	youngster's magazine
10	una revista del corazón	**j**	sports magazine
11	una revista juvenil	**k**	music magazine

1 **Escucha a Manolo y María que hablan de los medios de comunicación en España. Completa el cuadro con la información que nos dan.**

	Televisión	Radio	Prensa
¿Le gusta? ¿Por qué (no) le gusta? Frecuencia Tipo de programas/prensa que prefiere			

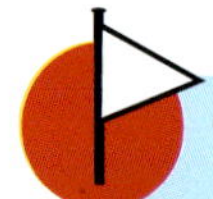

To say what we like most and least, we use the following expressions:

Me gusta(n) más / menos (los concursos / las noticias).
I like (quizzes / news programmes) most / least.

We can also use these expressions with **que**:

La película que más / menos me gusta... *The film I like most / least...*
Los programas que más / menos me gustan... *The programmes I like most / least...*
Las películas que más / menos me gustan... *The films I like most / least...*

2 **Escribe una lista de tipos de programas de televisión y radio que te gustan y que no te gustan. Escribe una lista de revistas que te gustan y que no te gustan.**

Ejemplos:

Programas: Me gustan los documentales pero no me gustan los concursos.

Revistas: Me gustan las revistas musicales pero no me gustan las revistas de deportes.

3 **Cartas de los Televidentes. Lee las siguientes cartas, tres en total, que expresan opiniones sobre programas de televisión. Completa el cuadro con la información obtenida de ellas.**

	Carta 1	Carta 2	Carta 3
Queja/Crítica			
Petición/Sugerencia			
Felicidades			

¡Atención!

la queja = complaint

la petición = request

la sugerencia = suggestion

la cadena = (television) channel

1

¡Música, por favor!

¡Hola! Soy una chica de quince años y me encanta la música Pop. Creo que en la tele no hay suficientes programas de música Pop y los que hay son muy malos. Me gustaría ver un programa de música Pop los sábados por la mañana.

Ana Rodríguez

2

¡Deporte a todas horas!

Me gusta mucho el deporte y creo que los programas deportivos que hay ahora en vuestra cadena son excelentes. Pero no puedo ver el programa deportivo de los domingos por la tarde porque salgo con mis amigos. ¿Podéis repetirlo otro día de la semana? Gracias. José

3

¡Demasiada violencia!

Hace muchos años que veo vuestros programas. Siempre han sido los mejores. Pero este año han cambiado mucho. Ahora hay demasiada violencia en los programas de vuestra cadena. Prefiero más documentales y buenas películas que puedo ver con mi familia. Por favor, ¡cambiad vuestros programas o yo cambio de cadena!

María García

Meta

Habla con tu compañero/a y completa tú una ficha similar a la de la Actividad 1. Contesta las preguntas.

A: ¿Te gusta … ver la TV / escuchar la radio / leer periódicos o revistas?

B: Me gusta / No me gusta …

A: ¿Por qué (no)?

B: Porque …

A: ¿Con qué frecuencia / ¿Cuántas veces … ves la televisión / escuchas la radio / lees periódicos o revistas?

B: Veo la televisión / Escucho la radio …

A: ¿Cuál es tu programa de televisión / radio favorito?

B: Mi programa favorito es …

A: ¿Qué tipos de programas te gustan?

B: Me gustan los programas de …

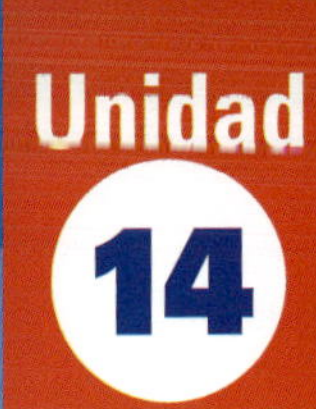

D: Cuéntame la película

Objectives: ■ Talk about films: tell the story and give your opinion

 ¿Qué sabes?

Piensa en tres películas que has visto. Di de qué tratan y si te gustan o no y por qué.

Ejemplo: La película se llama… Trata de (un robo / una historia de amor / una historia de guerra / una aventura / un hombre / una mujer / un asesinato…
Me gusta porque…

1 Escucha y lee lo que dicen Manolo y María de una película que han visto: 'Abre los ojos'.

a Completa el cuadro con sus opiniones.

	Manolo	María
la película		
la historia/el argumento		
los actores		
la música		

b ¿Qué deciden hacer el sábado?

Manolo: Ayer vi la película 'Abre los ojos'.
María: ¿Ah, sí? Yo también la he visto. ¿Te gustó?
Manolo: Me gustó muchísimo. Es una película con mucha tensión ... ¡Es como una pesadilla!
María: Bueno. A mí no me gustó mucho. Es un poco aburrida y también es una película muy difícil de entender.
Manolo: Pero es muy emocionante.
María: Los actores son muy buenos y la música es muy buena también, pero ... la historia ... la historia es tonta. No tiene argumento.
Manolo: Pues yo creo que es muy original y tiene mucha imaginación...
María: De acuerdo. Pero prefiero una película que entiendo.
Manolo: ¿Por qué no la vemos otra vez, a ver si la entendemos mejor?
María: Vale ¿alquilamos el DVD este sábado?
Manolo: Sí, vale. Hasta el sábado.

¡Atención!

una pesadilla = nightmare
entender = to understand
tonto/a = stupid, silly
el argumento = plot

c Escribe las expresiones que usan para describir la película.

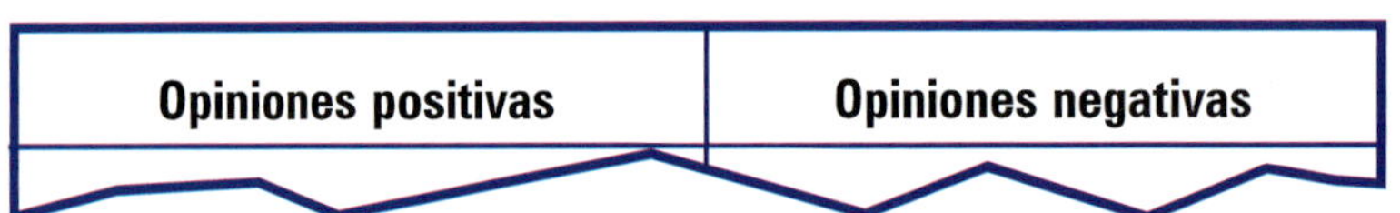

Opiniones positivas	Opiniones negativas

 **2** **Lee la ficha de la película 'Abre los ojos' y compara con lo que han dicho Manolo y María. ¿Qué información extra hay?**

 **3** **Cuenta la película en tu idioma a un amigo/a que no comprende el español.**

 **4** **Lee la crítica de tres películas que hay en una guía de espectáculos. Haz las actividades siguientes.**

a **Indica qué género de película es (ej. cómica).**

b **Rellena el cuadro para cada película, poniendo '+' si el comentario es positivo y '–' si el comentario es negativo.**

ABRE LOS OJOS

Alquiler

Director: Alejandro Amenábar

Protagonistas: Penélope Cruz, Eduardo Noriega

Ésta es la segunda película de un director joven que tiene gran éxito internacional. La película trata de César (Eduardo Noriega) que es un chico guapo y rico. Una noche en una fiesta, su amigo Pelayo le presenta a Sofía (Penélope Cruz) y los dos se hacen amigos. Pero César tiene una novia que se llama Nuria. Nuria está muy celosa y enfadada con César. César está en el coche de Nuria, y ella empieza a conducir a gran velocidad y tienen un accidente. Nuria muere y César tiene la cara destrozada. Después todo es confuso, el sueño y la realidad, la verdad y la imaginación.

Mujeres de acción

Son tres mujeres, detectives, valientes; les gusta la acción. Van a proteger a dos hombres de una mujer que quiere matarlos. El argumento es lento y aburrido, las actrices son muy malas, la música mala también.

Perdido en la selva

Historia de aventuras, trata de un chico que va a la selva a buscar a su hermano que ha desaparecido. Si no te gustan las películas violentas, mejor no ir. Si te gustan, el argumento es bueno e interesante. Muy buena la actuación de los actores principales. La música, excelente.

Una historia de amor

Una historia de amor que tiene lugar en países diferentes. Los paisajes y el color son fantásticos, la fotografía extraordinaria, la música es buena y los actores son excelentes; pero el contenido no tiene interés. Una película muy bien hecha pero aburrida.

Película	Historia/ argumento	Actuación	Música	Fotografía
Mujeres de acción				
Perdido en la selva				
Una historia de amor				

 **5** **Escribe a tu amigo/a sobre una película que has visto recientemente. Dile de qué trata y lo que opinas de ella.**

La película trata de…
La película es buena / mala / interesante / aburrida / difícil de entender / violenta
Los actores son buenos / malos / fenomenales / malísimos
El argumento es bueno / malo / interesante / aburrido / tonto
La fotografía es… **La música es**… etc.

 **Meta**

Habla con tu compañero/a. Cuenta tú una película que has visto y di lo que opinas sobre ella.

GRAMÁTICA

1 Use of the present tense to refer to the future

When we are arranging to do something in the future, for example to go out with friends, we often use the present tense in Spanish.

¿Qué hacemos?	*What shall we do?* (lit. *What do we do?*)
¿Adónde vamos?	*Where shall we go?*
¿Dónde quedamos?	*Where shall we meet?*
Quedamos en el cine.	*We'll meet at the cinema.*
Vengo a las cinco.	*I'll come round at five.*

2 Expressions of time and frequency

Voy al cine a menudo.	*I often go to the cinema.*
Voy al teatro a veces.	*Sometimes I go to the theatre.*
Voy a la piscina muy poco.	*I rarely go to the swimming pool.*
Juego al tenis de vez en cuando.	*I play tennis from time to time.*
Veo la televisión siempre que puedo.	*I watch the television whenever I can.*
No voy al centro muchas veces.	*I don't go to the centre much.*

We can use some of these expressions either at the beginning or at the end of a sentence:
a veces voy al teatro / de vez en cuando juego al tenis / siempre que puedo veo la televisión.
But **a menudo** and **muy poco** usually appear at the end of the sentence.

3 Saying what you like most or least (*gustar*)

See page 178

To say what we like most or least, we use the following structure:

Lo que más me gusta es dormir.	*What I like most is sleeping.*
Lo que menos me gusta es el mal tiempo.	*What I like least is bad weather.*

Note that **lo** and **gusta** don't change.

We can also refer to a specific type of thing (like a TV programme or a film) that we like most or least:

El programa que más me gusta es Música Sí.	*The programme I like most is Música Sí.*
La película que menos me gusta es La Bestia.	*The film I like least is La Bestia.*
Los libros que más me gustan son las biografías.	*The books I like most are biographies.*

Note that **gustar** changes in these cases, as does the article even if used without the noun:
El que más me gusta es Música Sí. La que menos me gusta es La Bestia. Los que más me gustan son las biografías.

Ejercicio

Write sentences in Spanish with the following expressions:

often
sometimes
rarely
from time to time
whenever I can
not much

El cine y las películas	**Cinema and films**
el anuncio	advertisement
el argumento	plot
da mucho miedo	it's very frightening (lit. it gives a lot of fear)
el descuento (para estudiantes)	(student) discount
el día del espectador	spectator day (low prices day)
(una película) divertidísima	(a) very enjoyable (film)
echar la película	to show the film
emocionante	exciting
la entrada	ticket (for the cinema)
pasar miedo	to be frightened
la película … …de ciencia ficción	science fiction film
…cómica	comedy
…de dibujos animados	cartoon
…policíaca	detective film
…de terror	horror film
sacar las entradas	to buy the tickets
la sesión / ¿A que sesión vamos?	performance / Which performance shall we go to?
tratar de / la película trata de …	to be about / the film is about …

Quedar para salir	**Arranging to go out**
claro	of course
¿Dónde quedamos?	Where shall we meet?
¡estupendo! / ¡fenomenal!	great!
me gustaría / me encantaría	I'd like to … / I'd love to …
no me apetece	I don't feel like (it)
podríamos …	we could …
¿Por qué no …?	Why don't we …?
quedamos en el cine	we'll meet at the cinema.
¿Te gustaría …?	Would you like …?
¿Te apetece ...?	Do you fancy …?

Expresiones de frecuencia	**Expressions of frequency**
a menudo	often
a veces	sometimes
de vez en cuando	from time to time
muy poco	very rarely
no muchas veces	not very often
siempre que puedo	whenever I can

Los medios de comunicación	**The media**
el artículo	article
la cadena / el canal	channel (television)
el concurso	game show
el/la lector(a)	reader
las noticias	news
el periódico	newspaper
el/la periodista	journalist
la queja	complaint
el reportaje	report
la revista (del corazón)	(gossip) magazine
la serie	series
la telenovela	soap opera

Otras palabras y expresiones	**Other words and expressions**
la actuación	the performance (of an actor)
celoso/a	jealous
conducir (a gran velocidad)	to drive (very fast)
el contenido	the content
desaparecido	disappeared
enfadado/a	angry
entender	to understand
estoy harto/a de	I'm fed up with
fenomenal	fantastic, phenomenal
hacerse amigos	to become friends
la historia de amor	love story
lento/a	slow
la pesadilla	nightmare
el/la protagonista	protagonist / main character
proteger	to protect
la selva	forest
el secuestro	kidnapping
el sueño y la realidad	dreams and reality
tener lugar	to take place
todo es confuso	everything is confused
valiente	brave

Unidad 15

A: Vamos a comprar

Objectives:
- Buy food and other items
- Ask about opening times and where something is in a shop

¿Qué sabes?

Escribe las cosas del cuadro que puedes comprar en esta tienda.

Ejemplos: cebolla, manzana ...

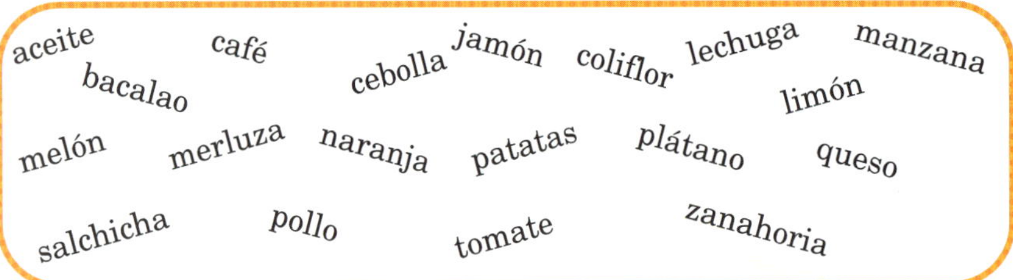

 **1** **Escucha a Manolo que va a comprar a la verdulería: ¿tienes lo que compra en tu lista?**

  **2** **Ahora haz una lista de otras cosas que quieres comprar en estas tiendas.**

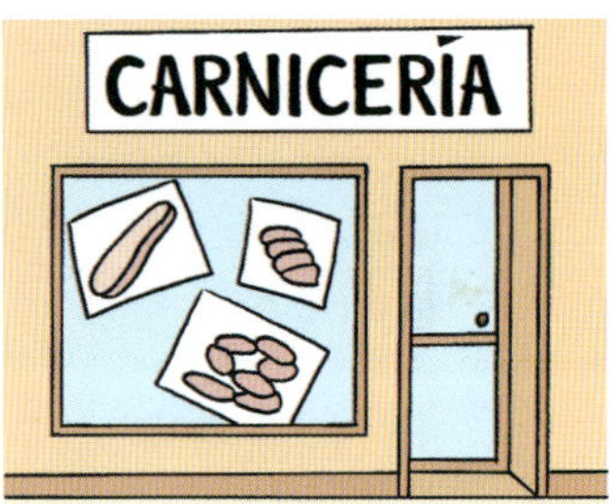

 **3** **Escucha los diálogos en las tiendas: ¿tienes lo que compran en tu lista?**

 **4** **Ahora haz tú los diálogos en las tiendas anteriores. Lee el ejemplo y las frases como ayuda.**

Ejemplo:

Dependiente/a:	¿Qué desea?
Cliente:	Deme un kilo de patatas y una docena de huevos, por favor.
Dependiente/a:	Muy bien. ¿Quiere algo más?
Cliente:	No, nada más. ¿Cuánto es?
Dependiente/a:	Son cinco euros.

Dependiente/a: ¿Le sirven? ¿Qué desea? ¿Cuánto(s)/a(s) quiere? ¿Algo más? ¿Desea alguna cosa más?

Cliente: Deme / Póngame / Quiero … chuletas / filetes / un kilo / medio kilo / cuarto / cien gramos / una lata / un paquete / un litro / una docena / media docena / una barra / una botella. ¿Cuánto es / cuesta(n) / vale(n)? (No quiero) Nada más, gracias.

5 **Ana está en Barcelona de vacaciones y quiere ir de compras. Llama a la oficina de turismo porque quiere saber los horarios de varios lugares. Completa los horarios.**

Horario:

Horario:

Horario:

6 **Haz diálogos con tu compañero/a. Pregunta los horarios de varios tiendas y lugares de tu ciudad o pueblo.**

¿A qué hora abren / cierran las tiendas en tu ciudad?

¿Qué horario tienen las tiendas de tu ciudad?

7 **María va al hipermercado a comprar varias cosas y va a preguntar a *Información*. Escucha y escribe los nombres de las secciones en el lugar correspondiente del plano.**

Secciones

1 Deportes	4 Regalos	7 Librería
2 Parfumería	5 Ropa juvenil	8 Informática
3 Zapatería	6 Música	

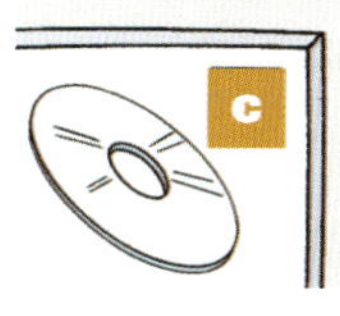

Meta

Dibuja el plano del hipermercado y pon las secciones en diferentes lugares. Explica a tu compañero/a dónde están las secciones.

Ejemplo:

Tu compañero/a: Por favor, ¿dónde está la sección de Perfumería?

Tú: Está al final del pasillo a la derecha.

¡Atención!

el pasillo principal = the main corridor / aisle
la sección = the section
sigue = carry on
a la derecha = to the right
a la izquierda = to the left
enfrente de = opposite
al lado de = next to

Unidad 15 B: Un día de compras

Objectives: ■ Talk about shopping in different kinds of shops

¿Qué sabes?

Une los nombres con los objetos. Pon los objetos en las tiendas.

Ejemplo: 1 d A

1 un CD **2** un perfume **3** jabón **4** una pulsera **5** un DVD **6** una postal **7** un bolígrafo **8** un collar **9** un cuaderno **10** un póster **11** maquillaje **12** un reloj

1 Escucha y comprueba.

2 Escucha los diálogos en las tiendas y elige la respuesta correcta.

1 Manolo compra: uno / dos / tres CDs.

2 María quiere: un collar y una pulsera / una pulsera y un reloj / un collar y un reloj.

3 Carlos compra: un cuaderno y un bolígrafo / un bolígrafo y una postal / una postal y un cuaderno.

4 Carmen compra: perfume para su amiga / para su madre / para ella.

3 Ahora vas a comprar tú. Haz diálogos similares con tu compañero/a en las tiendas anteriores.

1 A: Quiero este/esta ________, por favor.
B: Sí. Es muy bonito/a. ¿Algo más?
A: Sí. Me gusta este/esta ______. ¿Cuánto es?
B: Son _____ euros.
A: Muy bien.

2 A: ¿Tiene este/esta _________ en verde?
B: Sí, aquí tienes. ¿Algo más?
A: Sí. Quiero un/una ________.
B: Bueno. ¿Algo más?
A: No, nada más. ¿Cuánto es?

 **2** **Haz dialogos similares con tu compañero/a. Usa el cuadro y los diálogos de la Actividad 1.**

Ejemplo: Tengo un problema... Ayer / La semana pasada compré ... y:

¿Cuándo?	Objeto	Problema	Otros detalles
la semana pasada	radio	no funciona	no tienes recibo
ayer	jersey	tiene un agujero	tienes recibo
esta mañana	bolsa	rota	rebajas

 **3** **Manolo fue de compras y te escribió una carta. Lee la carta y completa el cuadro. Pon en orden lo que hizo.**

Hola,

El sábado fui de compras. Por la mañana fui a una joyería a comprar un regalo para el cumpleaños de mi madre. Compré unos pendientes. Cuando regalé los pendientes a mi madre por la tarde, vi que uno estaba roto. Volví a la tienda a cambiarlo. Antes de comprar el regalo en la joyería fui a unos grandes almacenes y me compré unos pantalones que eran demasiado grandes. Después de comprar los pendientes fui a comprar un disco compacto a una tienda de música, pero cuando llegué a casa vi que el disco era diferente, así que lo cambié antes de ir a la joyería a cambiar los pendientes, porque cierran antes. Antes de cambiar el disco cambié los pantalones. Al volver a casa estaba muy cansado.

Un abrazo

Manolo

	Tienda	¿Qué hizo?	Objeto	Problema
1	grandes almacenes	compró	pantalones	demasiado grandes
2	joyería	compró	pendientes	uno estaba roto
3				

 **Meta**

Has ido de compras con Manolo. Haz un diálogo para cada una de las situaciones descritas en la carta de la Actividad 3.

En la joyería: uno de los pendientes está roto.

En los grandes almacenes: los pantalones son demasiado grandes.

En la tienda de música: el CD es diferente.

Piensa otras cosas que has comprado y que están mal y haz otros diálogos.

Unidad 15

D: ¿Qué me recomiendas?

Objectives:
- Give advice on shopping and talk about presents
- Talk about where we buy things, what we buy and why

¿Qué sabes?

Une el objeto con el dibujo. Escucha y comprueba.

1 una cartera **2** un jarrón **3** un jersey
4 un pañuelo **5** una camiseta
6 una pulsera **7** un anillo

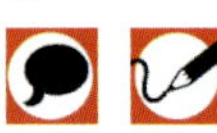

1 **Une los objetos de *¿Qué sabes?* con el material, y piensa en una persona para la que quieres comprar cada cosa. Di o escribe frases.**

Ejemplo: Quiero comprar un jarrón de cerámica para mi madre.

de seda de lana de oro de piel de plata de algodón de cerámica

2 **Daniel ha ido de viaje de estudios a España y quiere comprar unos regalos para su familia. Habla con María sobre lo que puede comprar. Escucha el diálogo. Marca el regalo que va a comprar y di para quién es.**

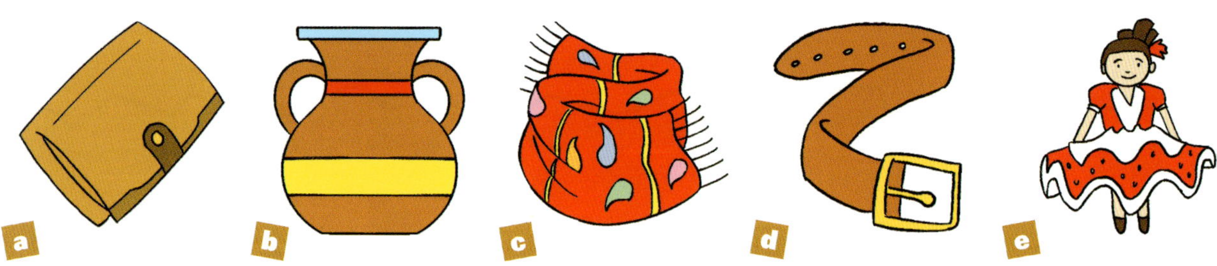

Asking for and giving advice

To ask for advice we can use the present tense:
¿Qué bolsa compro? *Which bag shall I buy?*

To give advice, we can use the imperative form:
Compra la bolsa grande. *Buy the big bag.*

 **3** **Haz diálogos como el siguiente. Usa los dibujos.**

A: ¿Qué bolso compro para mi madre, el grande o el pequeño?

B: Compra el grande (porque puede llevar más cosas).

 **4** **Daniel escribe una postal a su amigo contándole lo que compró para su familia. Completa la postal. Usa los objetos de la Actividad 3.**

Querido Jaime:
Ayer fui a comprar los regalos para mi familia y compré...

  **5** **En España puedes comprar en muchos sitios. Lee las frases y di a qué lugar corresponden: los centros comerciales o las tiendas pequeñas. Después escucha a Manolo y a María y comprueba: ¿quién dice cada frase? ¿dónde prefieren comprar?**

1 Es más fácil aparcar.
2 Están abiertos/as todo el día.
3 Los dependientes son simpáticos y te ayudan más.
4 Son horribles, hay demasiada gente, demasiado ruido.
5 Tienen cosas diferentes y originales.
6 Tienen muchas cosas pero todas iguales.
7 Tienen pocas cosas.
8 Todo está en un sitio.
9 No abren los días de fiesta.

Meta

Habla con tu compañero/a.

¿Dónde prefieres comprar, en un gran centro comercial o en una tienda pequeña? ¿Por qué?

1 Adjectives used as nouns with the definite article

We use adjectives as nouns when we talk about the different characteristics of a given set of objects.

Ejemplo: **¿Qué bolso compro, el grande o el pequeño?**
Which bag shall I buy, the big one or the small one?
Compra el grande. *Buy the big one.*

Note that the definite article and the adjective must agree with the missing noun:
la pulsera (*the bracelet*) – **Compra la grande / la pequeña.** *Buy the big / small one.*
los pendientes (*earrings*) – **Compra los rojos.** *Buy the red ones.*
las zapatillas (*sports shoes*) – **Compra las blancas.** *Buy the white ones.*

2 Object pronouns

There are two kinds of object pronouns. The 1st and 2nd person forms are the same in the singular and the plural and for masculine and feminine; the 3rd person forms are different.

	Direct object pronouns		Indirect object pronouns	
	Singular	**Plural**	**Singular**	**Plural**
1st person	me	nos	me	nos
2nd person	te	os	te	os
3rd person	lo, la	los, las	le (se)	les (se)

In normal sentences or statements object pronouns always go before the verb:
Lo quiero más grande. *I want it bigger.*
Los pantalones me van muy bien. *The trousers fit me very well.*

However, if the main verb is in the infinitive the pronoun can go at the end of the verb:
¿Podría darme otros? *Could you give me some others?*

When we use the imperative, the pronoun always goes at the end of the verb:
Deme un pollo. *(Can you) Give me a chicken.*
Póngame un kilo de patatas. *(Can you) Give me a kilo of potatoes.*

Note that when we use two pronouns together, the indirect object goes before the direct object:
¿Te lo pruebas? *Do you want to try it*? **Dámelo.** *Give it to me*. (lit. *Give me it.*)

Ejercicio
Escribe frases como la siguiente.

Ejemplo: ¿Qué camisa compro? (barato) > Compra la barata.

1. ¿Qué abrigo compro? (marrón)
2. ¿Qué manzanas compro? (rojo)
3. ¿Qué pendientes compro? (pequeño)
4. ¿Qué reloj compro? (caro)
5. ¿Qué falda compro? (negro)
6. ¿Qué zapatos compro? (gris)

Las compras	Shopping
la carnicería	butcher's shop
el centro comercial	shopping centre
la charcutería	delicatessen
el / la dependiente/a	shop assistant
(la sección de) deportes	sports (section)
el estanco	tobacconist
la frutería	fruiterer
los grandes almacenes	department store
el hipermercado	hypermarket
la joyería	jewellery
la librería	bookshop
moda juvenil	young fashion
la panadería	bakery
la pastelería	cake shop
la perfumería	perfumery
la pescadería	fishmonger
el quiosco	kiosk
los regalos	gifts
la ropa	clothing
ultramarinos-comestibles	grocery
la zapatería	shoe shop

La comida	Food
el bacalao	cod
una barra	loaf
la cebolla	onion
la chuleta	(meat) chop
la coliflor	cauliflower
un cuarto	a quarter (kilo)
una docena	dozen
el filete	fillet (cut of meat)
una lata	can, tin
la lechuga	lettuce
la manzana	apple
un paquete	packet
el plátano	banana
la rodaja	slice
la zanahoria	carrot

La ropa	Clothes
¿Lo/La tiene en color verde?	Do you have it in green?
Me la quedo.	I'll take it.
Me va muy bien. / No me va bien.	It suits me very well. / It doesn't suit me.
¿Puedo probármelo/la?	Could I try it on?
¿Qué tal le va(n)?	How is it / are they? (about an item of clothing)
¿Qué (talla) usa?	What (size) do you take?

Las quejas	Complaints
un agujero	hole
encogerse	to shrink
está estropeado/a	it's broken, damaged
una mancha	stain
¿Podría darme otro?	Could you give me another one?
¿Podría devolverme el dinero?	Could you give me back the money?
Quiero cambiar esto.	I'd like to change this.
Quiero / Quisiera / Querría cambiarlo/la.	I'd like to change it.
el recibo	receipt

Pagando	Paying
(Aquí tiene) el cambio.	(Here is) your change.
gastar	to spend (money)
¿Paga con tarjeta?	Are you paying by card?
el precio	price
rebajado	reduced (in price)
las rebajas	sales
sacar dinero	to withdraw money

Otras palabras y expresiones	Other words and expressions
¿Algo más?	Anything else?
aparcar	to park
¿Cómo lo/la/los/las quiere?	How would you like it / them?
¿Cuánto(s)/a(s) quiere?	How many would you like?
Deme …	(Could you) Give me …
¿Desea alguna cosa más?	Would you like anything else?
¿Le sirven?	Are you being served?
Me quedan muy bien.	They fit / suit me well.
Me van muy bien.	They fit / suit me well.
Póngame …	(Could you) give me …?
¿Puedo probarme estos pendientes / vaqueros?	Can I try on these earrings / jeans?
¿Qué desea?	What would you like?
Son de mi talla.	They are my size.

VOCABULARIO

Unidad 16

A: Mis amigos y mis amigas

Objectives:
- Talk about friendship and friends
- Talk about your ideal friend and his/her qualities

¿Qué sabes?

Lee y escucha estos adjetivos de carácter: ¿cuáles son similares y diferentes en tu idioma? Di si indican cualidades (C) o defectos (D).

Ejemplo: sincero (C); perezoso (D).

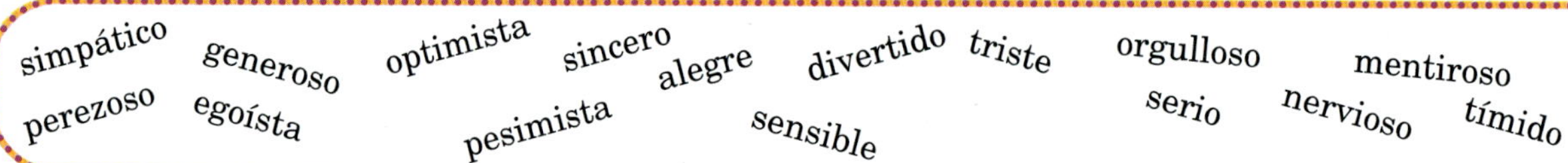

Ayuda

False friends is the name we give to Spanish words that look like English words but which do not mean the same.

Simpático means *nice* or *friendly*, not *sympathetic*.
Juan es simpático. *Juan is nice.*

Sensible means *sensitive*, not *sensible*.
María es una persona muy sensible. *Maria is a very sensitive person.*

1 **Los adjetivos de descripción en la lista de *¿Qué sabes?* están en masculino. Escribe otra lista de las mismas palabras en femenino.**

Ayuda

Masc.		Fem.
-o	>	-a
-ista	>	-ista
-e	>	-e

2 **Elisa hace unas preguntas a María y a Javier. ¿Qué contestan? Escucha y escribe.**

1 ¿Cómo eres?
2 ¿Cómo es tu mejor amigo o amiga?
3 ¿De qué hablas con tu amigo/a?

Escribe.

María es …
La amiga de María es …
Javier es …
El amigo de Javier es …
María habla de … con su amiga.
Javier habla de … con su amigo.

Ayuda

Prepositions: *de*

Notice the position of **de** (meaning *about*) in this question:
¿De qué hablas con los amigos? *What do you talk about with your friends?*
de todo *about everything*

 **3 Habla con tu compañero/a. Haz preguntas similares y elige tus respuestas.**

Prefiero / Me gustan las personas (sinceras).
Odio / No me gustan las personas (envidiosas).

Con mis amigos/as hablo de todo / de fútbol / de deportes / de los amigos y amigas / de la familia / de los estudios / de mis problemas / del trabajo / del futuro / de la actualidad / de los problemas de los jóvenes.

 **4 Escucha a María que habla de su mejor amiga, Sara, y de otros amigos/as. Elige la respuesta correcta.**

Ésta es mi mejor amiga, Sara

Éstos son unos chicos de la pandilla.

1. Conozco a Sara desde hace: dos años / pocos años / muchos años / unos días.
2. Nos conocimos en: el instituto / el colegio / el pueblo / la calle.
3. Ahora vamos: al mismo colegio / a diferentes institutos / al mismo instituto / a otro colegio.
4. De carácter somos: iguales / bastante parecidas / un poco distintas / muy diferentes.
5. Una pandilla es: una casa del pueblo / un grupo de amigos y amigas / un club juvenil / un grupo solamente de chicas.

 **5 Usa la información que tienes para escribir un email sobre tus amigos/as.**

Meta

Habla con tu compañero/a.

¿Cómo eres tú? ¿Cómo son tus amigos y las personas de tu familia? ¿Cómo se llama tu mejor amigo/a? ¿Cuánto hace que sois amigos/as? Habla de él/ella.

Unidad **16**

B: ¡Me llevo bien con todos!

Objectives: ▪ Talk about your relationships with the different members of your family

¿Qué sabes?

Esta lección trata de las relaciones con la familia. Lee las preguntas. ¿Qué significan?

¿Te llevas bien con tu familia?

¿Te llevas bien con tu madre / padre / madrastra / padrastro / hermano / hermana / primo / prima?

¿Discutes mucho con tu familia?

¿De qué hablas con tu familia?

¿Te dejan salir por la noche? ¿Hasta qué hora?

1 Ahora escucha a Ana. Lee algunas de las frases que dice y elige las palabras correctas para completarlas.

1 Con mis padres me llevo: **a** muy bien **b** muy mal **c** bastante mal **d** regular.
2 Me llevo mejor con: **a** mi madre **b** mi padre **c** mi primo **d** mi hermano.
3 Mis padres y yo discutimos: **a** a veces **b** nunca **c** siempre **d** a menudo.
4 Discutimos por: **a** las horas de salida **b** las notas **c** los amigos **d** el dinero.
5 Con mis padres hablo: **a** de mi futuro **b** de mis problemas **c** de mis profesores **d** de mis amigos.
6 Mis padres me dejan salir por la noche: **a** a veces **b** nunca **c** siempre **d** a menudo.

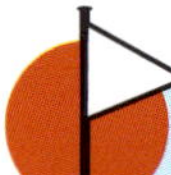

Prepositions: *con*

Note the position of **con** in the question below:
¿Con quién te llevas mejor? *Who do you get on with best?*
Discuto con mi hermano. *I argue with my brother.*

¡Atención!

¿Qué tal te llevas con ...? = How do you get on with ...?

Me llevo bien / mal con ... = I get on well / badly with ...

discutir (discuto / discutimos) = to argue (I argue / we argue)

una discusión = an argument

una tontería = a silly thing

las (malas) notas = (bad) results (from school or exams)

las horas de salida = the times you are allowed to go out

 **2** **¿Qué tal en casa? Haz el test para saber qué relación tienes con tu familia. Mira las soluciones. ¿A qué tipo perteneces tú? Une los dibujos con la pregunta correspondiente.**

a

b

c

d

Test: ¿Qué tal en casa?

1. Llegas a casa y lo primero que haces es...

☐ A. Digo 'hola' a mis padres y voy al salón a sentarme en el sofá.

☐ B. Voy a mi cuarto y pongo la música muy alta.

☐ C. Me pongo los pantalones cortos y la camiseta y voy al parque a correr.

2. Estás viendo tu programa favorito. Llega tu hermano y cambia el canal.

☐ A. Le digo amablemente: ¿quieres ver mi programa favorito conmigo?

☐ B. Me enfado y cambio el canal.

☐ C. Me levanto y voy a mi habitación. No quiero discutir.

3. Es el cumpleaños de tu hermana y hay una fiesta en casa.

☐ A. No salgo con mis amigos. Hoy voy a estar con mi hermana.

☐ B. Me quedo en casa con mi hermana un rato; después salgo con mis amigos.

☐ C. No me gustan las fiestas familiares. Invento una excusa para salir.

4. Tus padres están de vacaciones durante el fin de semana. ¿Qué haces?

☐ A. Salgo con mis amigos hasta muy tarde.

☐ B. Organizo una merienda para mis amigos y estamos charlando hasta muy tarde.

☐ C. Preparo una gran fiesta en casa e invito a todos mis amigos.

Soluciones

Mayoría de A: Te llevas muy bien con tus padres y con tu familia en general. En tu casa hay comunicación y buen ambiente.

Mayoría de B: ¡Cuidado! Eres una persona muy independiente, pero también quieres estar bien en casa. No te gustan las discusiones. No puedes estar en casa más de dos horas.

Mayoría de C: No te gusta la vida familiar. Eres una persona independiente y rebelde. Debes mejorar las relaciones en casa.

Meta

Habla con tus compañeros sobre el tema. Usa las preguntas de *¿Qué sabes?*.

Unidad 16 C: Cuenta tu problema

Objectives: ■ Talk about your problems and ask for advice

¿Qué sabes?

Une cada frase con el chico o la chica correspondiente.

1 Discuto mucho con mis padres.
2 Mis padres no me dejan salir.
3 No tengo amigos.
4 No tengo éxito con las chicas.
5 No tengo problemas. Soy feliz.
6 Odio las Matemáticas.
7 Discuto mucho con mi hermano.
8 Soy muy tímido.
9 Tengo muchos granos.
10 Voy mal en el instituto.

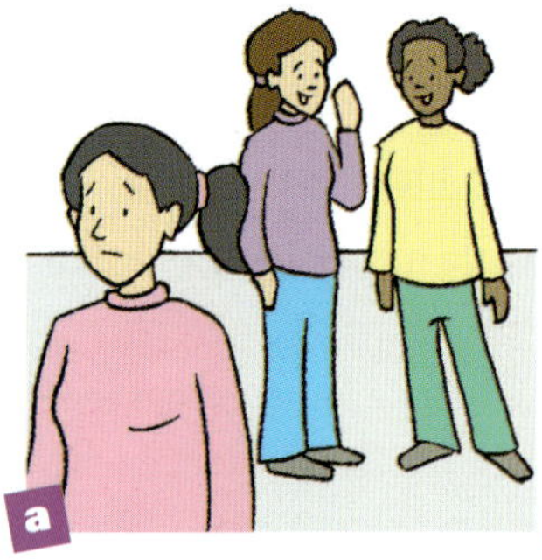

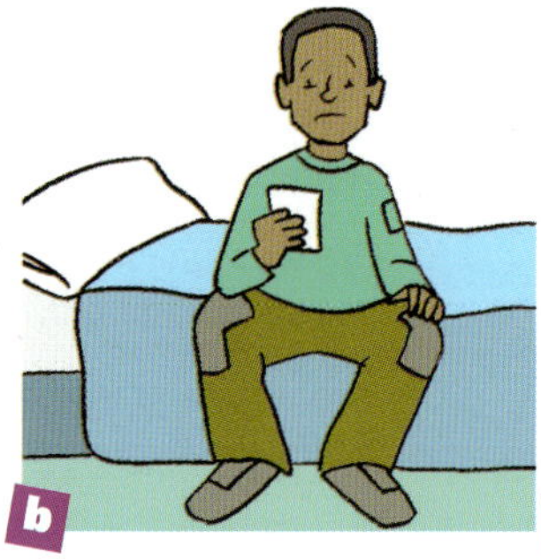

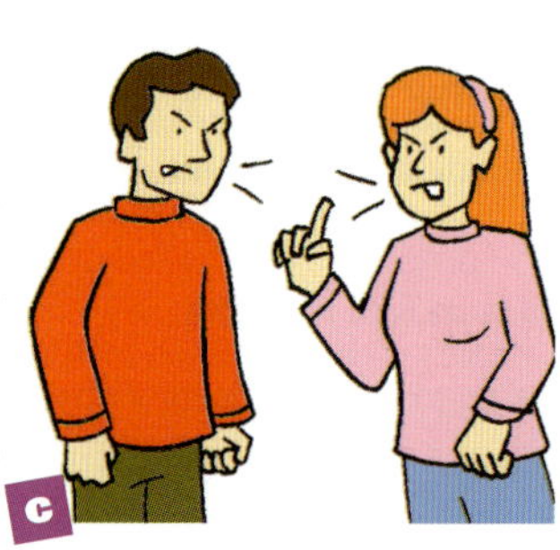

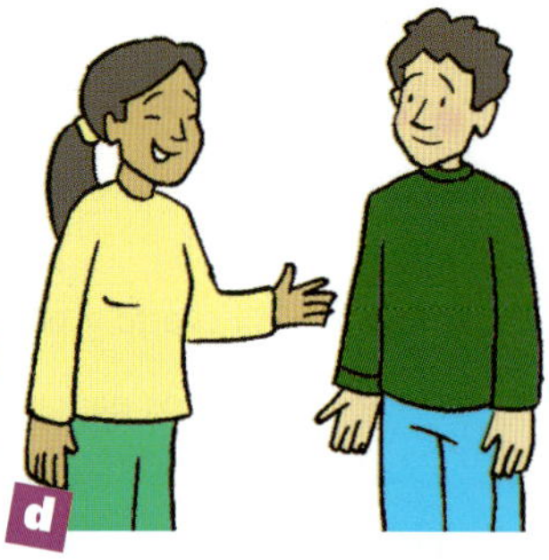

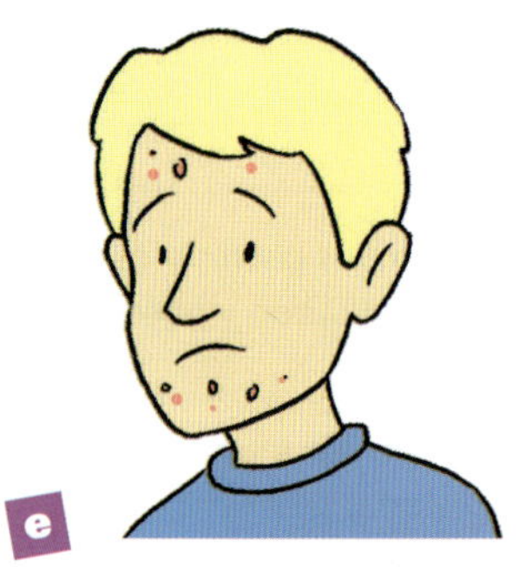

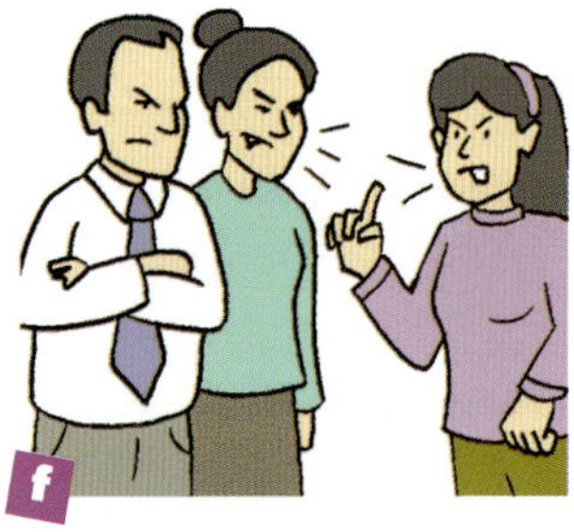

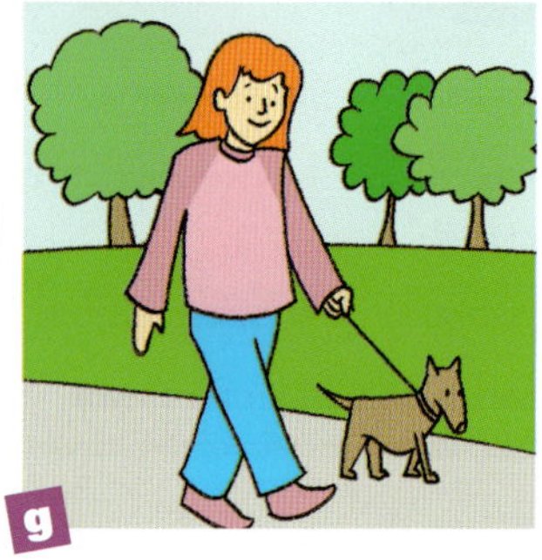

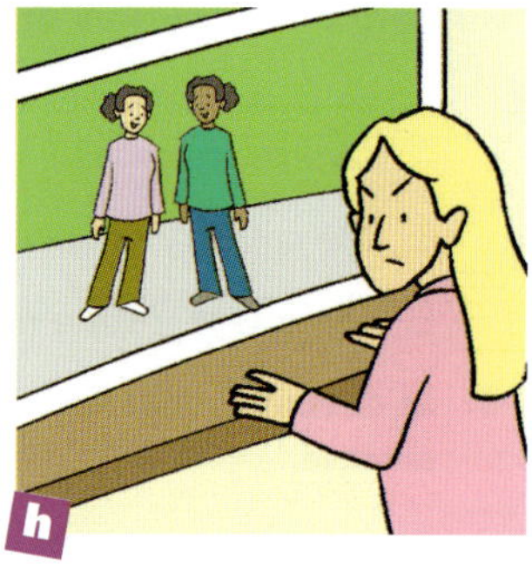

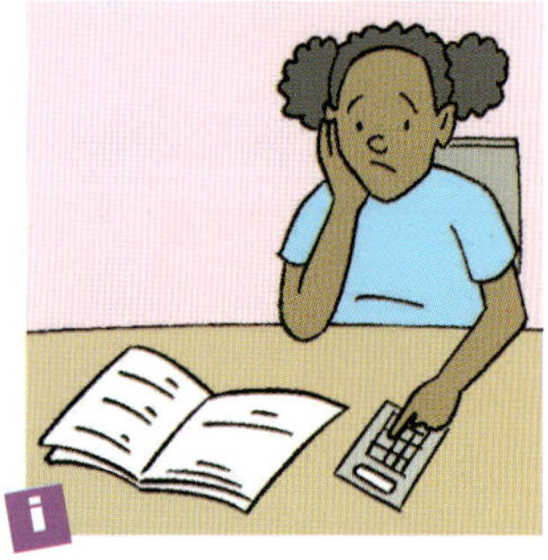

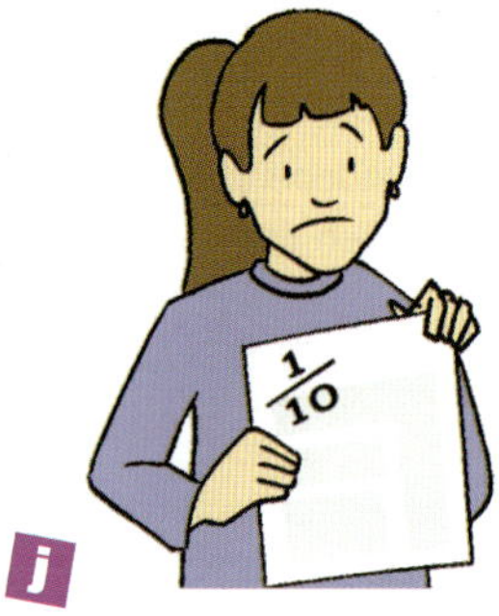

los granos = spots

voy mal en el instituto = I'm doing badly at school

1 Escucha a los chicos y chicas y comprueba.

2 Ahora escribe con tu compañero/a una lista de otros problemas que crees que tienen los jóvenes de tu edad. Comparad vuestra lista con la de otros compañeros/as.

 **3** **Consultorio sentimental. Si tienes problemas puedes escribir al consultorio del señor Feliciano Alegre. Lee la carta de Pepito Pérez. ¿Cuántos problemas tiene? ¿Cuáles son sus problemas?**

Estimado señor Alegre:

Mi problema es que nadie me comprende. Mis padres no me comprenden; mis amigos en el instituto tampoco. Quiero hablar con alguien, pero nadie me escucha. Nadie me hace caso. Estoy muy solo. ¿Qué puedo hacer? También, la chica que me gusta sale con mi mejor amigo. ¿Me puede ayudar? Le saluda atentamente:

Pepito Pérez

  **4** **En este programa de radio el señor Alegre da su respuesta. Elige las palabras del cuadro para completar la respuesta. Después escucha y comprueba. ¿Es similar a tu respuesta?**

Estimado Pepito: Dices que nadie te comprende. Creo que alguien te comprende. Quizás eres muy ___(1)___ y un poco nervioso. Debes hablar más con la ___(2)___, ser más abierto. Tienes que ser más ___(3)___ y alegre. Creo que debes olvidar a la chica de tu ___(4)___. Hay muchas otras chicas en el ___(5)___. ¡Diviértete! Ten ___(6)___. ¡Sal con nuevos amigos! ¡Sé ___(7)___!

amigo feliz gente mundo paciencia optimista tímido

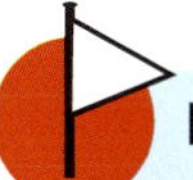

Imperatives

These are three very commonly used informal imperatives:
ten (from **tener** *to have*); **sal** (from **salir** *to go out / to leave*); **sé** (from **ser** *to be*).
Ten cuidado. *Be careful / Take care.*
¡Sal de aquí ahora! *Leave here now!*
Sé bueno. *Be good.*

Remember, when we add a pronoun to an imperative, we put it on the end of the verb:
¡Diviérte<u>te</u>! *Enjoy <u>yourself</u>!*

Ayuda

***Tienes que* / *Debes* + infinitive**

These two expressions both mean that you have to do something.
Tienes que ser paciente.
You have to be patient.
Debes hablar con el médico.
You should talk to the doctor.
alguien / nadie *someone / no-one*

Meta

Inventa tu problema. Trabajad en grupos. Cada estudiante escribe una frase con un problema. Mezcla las frases con las de tus compañeros/as. Coge una frase y contesta con una solución al problema. Usa *Tienes que…* o *Debes….* Leed las soluciones y cada uno adivina si es para su problema.

1 Prepositions

See page 181

con (*with*):
Me llevo mejor con mi madre. *I get on best with my mother.*
Salgo con mi amigo. *I go out with my friend.*
Estudio con mi hermano. *I study with my brother.*

Note that **con** goes at the beginning of a question in Spanish; compare its position in English:
¿Con quién te llevas mejor?
Who do you get on with best? (lit. *With whom do you get on best?*)
¿Con quién sales por la noche? *Who do you go out with at night?*
¿Con quién estudias? *Who do you study with?*

de usually means *of* or *from*:
Es de oro. *It's made of gold.*
Soy de Madrid. *I'm from Madrid.*

It also means 'about':
Hablo de mis problemas. *I talk about my problems.*

De also goes at the beginning of a question:
¿De qué país eres? *What country are you from?*
¿De qué hablas con tus padres? *What do you talk about with your parents?*

2 Irregular imperatives

See pages 177–178

The verb **tener** is used in the expression **tener cuidado** *to be careful or to take care.* Its imperative form is irregular:

ten cuidado *take care, be careful.*
Other irregular imperatives are also used in common expressions:

salir: ¡Sal de aquí ahora! *Leave here immediately!*

ser: Sé bueno. *Be good.*

poner: Pon el libro en la mesa. *Put the book on the table.*

Ejercicio

Translate these sentences.

1. Who do you go out with?
2. What do you talk about with your boyfriend?
3. Who do you get on best with?
4. I've known my friend for two years.
5. My parents don't let me go out at night.
6. We argue about money.

La personalidad y el carácter	Personality and character
alegre	cheerful
la cualidad	quality
el defecto	defect
divertido/a	fun
egoísta	selfish
envidioso/a	jealous, envious
generoso/a	generous
leal	loyal, faithful
la mentira	lie
mentiroso/a	lying, untruthful
nervioso/a	nervous / excitable
optimista	optimistic
orgulloso/a	proud
perezoso/a	lazy
pesimista	pessimistic
presumido/a	vain
sensible	sensitive
serio/a	serious
simpático/a	friendly, nice
sincero/a	sincere
tímido/a	shy
triste	sad

Las relaciones familiares	Family relationships
la confianza	trust
dejar salir	to allow to go out
Me dejan salir.	They let me go out.
una discusión	an argument
discutir (discuto / discutimos)	to argue (I argue / we argue)
distinto/a	different
enfadarse	to get angry
esforzarse	to force oneself
las horas de salida	times you are allowed to go out
juntos/as	together
llevarse bien / mal con …	to get on well / badly with
mejorar las relaciones	to improve relations
meterse con alguien	to make fun of / to argue with someone
Se meten contigo.	They make fun of you. / They argue with you.
molestar	to bother
parecido/a	the same, similar
un pesado / una pesada	a 'pain' (referring to a male or female person)
rebelde	rebellious
reñir (riño / reñimos)	to quarrel (I quarrel, we quarrel)
¿Riñes con tu hermano?	Do you fight with your brother?
ser rechazado/a	to be rejected
soportar	to stand, to bear
No soporto las fiestas.	I can't stand parties.
tomar el pelo (me toma el pelo)	to pull someone's leg (he pulls my leg)
una tontería	a silly thing
¿Con quién te llevas mejor?	Who do you get on best with?
¿Qué tal te llevas con tu madre?	How do you get on with your mother?
¿Te llevas bien con tu padrastro?	Do you get on well with your stepfather?
Me llevo bien / mal con …	I get on well / badly with …
ir mal en el instituto	to do badly at school

Otras palabras y expresiones	Other words and expressions
la actualidad	current events
amablemente	in a friendly way
charlar	to chat
comprender	to understand
distinto/a/os/as	different
el grano	spot (on the skin)
las notas	school results
odiar	to hate
parecido/a/os/as	similar
la pandilla	group, gang
quizás	perhaps
tener éxito	to be successful

Unidad 17 A: Temas de actualidad

Objectives: ■ Talk about social problems

¿Qué sabes?

Lee las palabras y ponlas en la foto correspondiente. ¿Qué quieren decir? Escucha y compupeba.

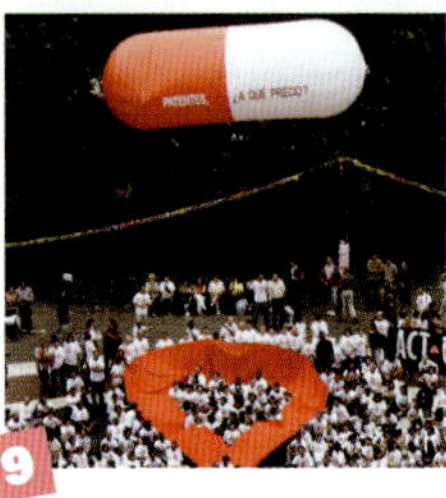

a fumar **b** la violencia **c** la pobreza **d** el medio ambiente **e** las drogas **f** el SIDA **g** el racismo **h** el alcohol **i** el desempleo

1 Escucha las conversaciones de María con Manolo y Ana.

a Toma notas y completa el cuadro en inglés.

	Manolo	Ana
Opinion of young people Problems that worry them		

b Lee las frases siguientes y escribe quién dice las frases: Manolo o Ana.

1 No todos somos violentos o drogadictos, la mayoría somos personas normales.
2 Es difícil encontrar un buen empleo.
3 Nos preocupa mucho el medio ambiente.
4 Me preocupa mucho el racismo, todos somos iguales.
5 Muchos jóvenes fuman y beben demasiado.
6 Me preocupan mucho los desastres ecológicos.
7 Hay que luchar contra la droga porque es un problema terrible.

Personal pronouns (*pronombres personales*)

Look at the way these personal (object) pronouns are used:

me / te / le / nos / os / les preocupa *it worries me / you / him / her (you) / us / you / them (you).*

Ayuda

Remember to use the article with abstract nouns:
el desempleo, la pobreza, el alcohol, la violencia, las drogas, el racismo.

2 Lee los titulares del periódico y di a qué problema de los mencionados en *¿Qué sabes*? se refieren.

a UNA FÁBRICA DE PRODUCTOS QUÍMICOS CONTAMINA EL RÍO ISUELA

b ES LA PRIMERA CAUSA DE MUCHAS ENFERMEDADES, ESPECIALMENTE DE CÁNCER DE PULMÓN Y GARGANTA

c LA POLICÍA DESCUBRE UN LABORATORIO CLANDESTINO DONDE SE FABRICAN PASTILLAS ILEGALES

d UN COCHEBOMBA MATA A DIEZ PERSONAS

e BAJA EL NÚMERO DE PERSONAS QUE TIENEN UN PUESTO DE TRABAJO

f LOS ESPAÑOLES BEBEN MENOS VINO AHORA QUE HACE DIEZ AÑOS, PERO BEBEN MÁS CERVEZA

g UN GRUPO DE JÓVENES VIOLENTOS ATACAN A DOS JÓVENES MARROQUÍES A LA SALIDA DE UNA DISCOTECA

h MUCHA GENTE HA MUERTO DE ESTA TERRIBLE ENFERMEDAD

i CADA AÑO HAY MÁS PERSONAS QUE VIVEN EN LA CALLE SIN CASA Y SIN TRABAJO

Y tú, ¿qué opinas? Usa la información anterior para hablar con tus compañeros. Pregunta y responde.

A: ¿Qué opinas de la juventud actual?
B: Creo que la juventud es…

A: ¿Qué problemas de la actualidad te preocupan más?
B: Me preocupa mucho…

A: ¿Por qué?
B: Porque…

Unidad 17

B: El turismo ecológico

Objectives: ■ Talk about changes in places that affect the environment

¿Qué sabes?

Describe los dibujos de la Actividad 1.

Ejemplo: En el dibujo 1 no hay tráfico.
En el dibujo 2 hay mucho tráfico.

1 La señora Martínez dice cómo es el pueblo ahora y cómo era el pueblo antes. ¿Cuáles son las diferencias? Escucha y escribe.

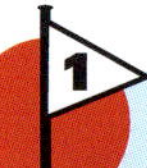

The imperfect tense (*el imperfecto*)

We use this to describe how something was over a period of time in the past. Compare with the present tense:

Present:	**hay** *there is/are*	**es** *it is*	**tiene** *it has*
Imperfect:	**había** *there was/were*	**era** *it was*	**tenía** *it had*

Había árboles en las montañas. *There were trees on the mountains.*
El pueblo era pequeño. *The town was small.*
Tenía una iglesia. *It had a church.*

To describe something that happened once in the past, we use the simple past (**pretérito indefinido**):
Se quemó la iglesia. *The church burnt down.*

2 ¿Que pasó en el pueblo? Une cada frase con el dibujo correspondiente y escribe las fechas. Escucha y comprueba. Traduce las frases al inglés.

Han cambiado muchas cosas en nuestro pueblo. Hoy es un pueblo muy animado pero hay mucho tráfico y mucha gente. Antes era un pueblo muy tranquilo y había muchos árboles.

1 En _____ destruyeron las casas antiguas en el centro del pueblo y construyeron bloques nuevos.
2 Después, en _____, cortaron muchos árboles.
3 Tres años más tarde se quemó la iglesia, en _____.
4 Abrieron un restaurante de comida rápida en _____.
5 En _____ construyeron un hipermercado.

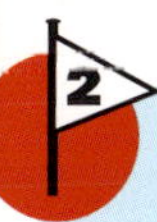

To describe something that <u>was done</u> in the past, we use **se** with the verb:
se quemó *it burnt down.*

Another way of saying the same thing is to use the 3rd person plural:
construyeron *they built*
abrieron *they opened*

3 Lee y escucha los consejos sobre el turismo ecológico.

a Mira los dibujos y elige los puntos correspondientes a cada uno.

Vacaciones sanas y ecológicas

España es uno de los países más turísticos del mundo. A continuación te damos unas ideas para proteger el medio ambiente.

1. En la playa lleva siempre una bolsa para la basura.
2. Respeta las plantas y los animales.
3. Lleva poco equipaje. Compra y consume los productos del lugar.
4. Visita los monumentos históricos de la zona.
5. Haz camping. Es barato y sano.
6. No uses demasiada agua ni electricidad.
7. Respeta el silencio. Usa cascos si escuchas música. No molestes a los demás.
8. No enciendas fuego en una zona de bosque o vegetación.
9. Viaja en bicicleta y anda mucho.

b Tus compañeros de instituto que no comprenden el español pueden beneficiarse de estos consejos. Tradúcelos para ellos.

c Análisis de la gramática. Busca los verbos en imperativo y di su infinitivo.

Ejemplo: lleva: llevar

Meta

Y tú, ¿qué opinas? Habla del tema con tus compañeros/as. ¿Conocéis algún lugar turístico de vuestro país? Podéis analizar los cambios y considerar los aspectos positivos y negativos.

Ejemplo: Las playas están sucias. Hay muchos edificios nuevos, etc.

Unidad 17 C: Contaminar o reciclar

Objectives: ■ Talk about environmental problems and solutions

¿Qué sabes?

Escribe una lista de las cosas que contaminan el medio ambiente y otra lista de objetos y materiales que se pueden reciclar.

1 Escucha y lee lo que le dicen Manolo y María a Javier sobre la contaminación. ¿Cuál es el problema? ¿Qué podemos hacer?

María: Creo que los coches producen mucha contaminación. Se debe usar el coche menos, ir a pie o en bicicleta... Debemos usar más el transporte público y dejar el coche en casa.

Manolo: Creo que se debe usar menos electricidad y agua caliente. Hay que ahorrar energía, poner más baja la calefacción... Creo que se puede usar otro tipo de energía, como la energía solar o la del viento.

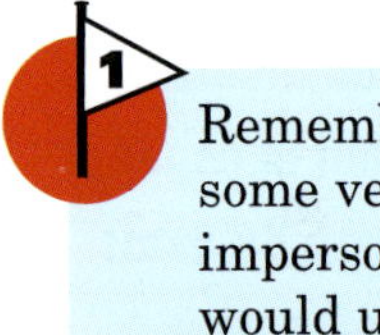

Remember that we use **se** with some verbs to make them impersonal. In English we would use *you* or *one*.
se debe *you have to / one has to*
se puede *you can / one can*

Ayuda

When giving an opinion we can use:
creo que (*I think*)
me parece que (*it seems to me*)
en mi opinión (*in my opinion*)
To say we have to do something or to give advice we can say:
hay que *it's necessary to*
debemos *we should*
se debe *you should / one should*

2 Haz diálogos con tu compañero/a con las frases siguientes.

Ejemplo: Estudiante A: En mi opinión hay que usar más el transporte público.
Estudiante B: Sí, yo creo que se debe usar más el transporte público.

- Dejar el coche en casa.
- Tener menos fábricas.
- Ahorrar energía.
- Usar menos electricidad y agua caliente.
- Poner más baja la calefacción.
- Usar energía solar.
- Reciclar el papel.

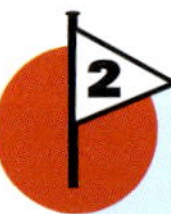

To give instructions, orders and advice in the negative, we use **no** plus the subjunctive:
No tires papeles al suelo. *Don't throw papers on the floor.*
No compres botellas de plástico. *Don't buy plastic bottles.*

Here are a few verbs in their subjunctive form:
tirar: no tires; beber: no bebas; escribir: no escribas.

 **3** **Mira las fotos y los letreros. ¿Qué debes o no debes hacer?**

a

b

c

d

e

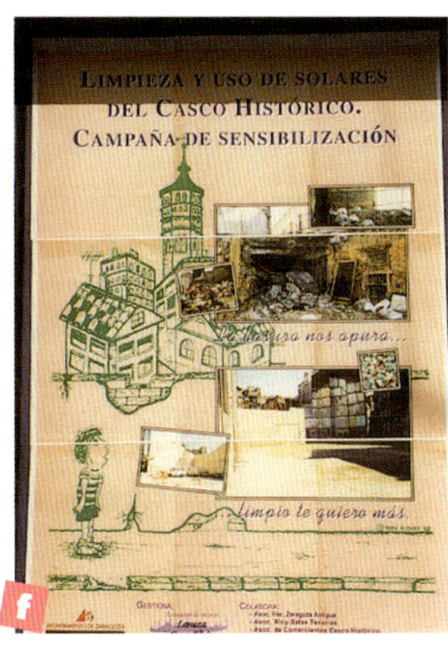

f

 **4** **¿Qué puedes hacer tú? Lee el texto y completa las frases con el verbo adecuado. Usa estos verbos: *escribir, tirar, usar, comprar*.**

ECOLOGÍA PARA JÓVENES CIUDADANOS

Éstas son algunas de las cosas que puedes hacer tú cada día para proteger el medio ambiente.

No _______ basura en el campo.

No __________ insecticidas.

No _________ botellas de plástico.

No ________ bolsas de plástico de los supermercados, lleva tu bolsa de compra.

No __________ sólo por una cara de un folio, escribe por las dos caras.

 **5** **Escucha el programa de radio sobre el tema y comprueba.**

Meta

Ahora habla tú del tema con tu compañero/a. ¿Qué te parece la contaminación? ¿Qué crees que se puede hacer?

GRAMÁTICA

1 The imperfect tense: *había, era*

See page 177

We use these to describe how something was over a period of time in the past. **Había** means 'there was/were' and **era** means 'it was'.

Había árboles en las montañas. *There were trees on the mountains.*
Había mucho tráfico. *There was lots of traffic.*
El pueblo era pequeño. *The town was small.*
La iglesia era muy bonita. *The church was very pretty.*

2 Use of *se* in the passive

To describe what happened to something, we can use the simple past (**el pretérito indefinido**) with **se**:

Se quemó la iglesia. *The church burnt down.*
Se construyeron muchas casas. *Many houses were built.*

3 Negative imperative

See page 178

When we want to give instructions, orders or advice, we use the imperative. If the instructions, orders or advice are in the negative, we use the present subjunctive form of the verb:

tirar:	**No tires (tiréis) papeles al suelo.**	*Don't throw papers on the floor.*
utilizar:	**No utilices (utilicéis) insecticidas.**	*Don't use insecticides.*
comprar:	**No compre (compréis) botellas de plástico.**	*Don't buy plastic bottles.*

Here are some more examples:

beber:	**No bebas el agua.**	*Don't drink the water.*
escribir:	**No escribas aquí.**	*Don't write here.*
entrar:	**No entres.**	*Don't go in.*
comer:	**No comas chocolate ahora.**	*Don't eat chocolate now.*

Ejercicios

1 Write sentences to describe the town in the past, using *había* or *era*.

1 ________ un parque grande.
2 La plaza ________ muy bonita.
3 El centro ________ muy tranquilo.
4 En el centro ________ una farmacia.

2 Escribe la frase negativa.

Ejemplo: escribe el email > no escribas el email

1 come chocolate
2 habla con tus amigos
3 compra mucha ropa
4 escucha música

Los problemas sociales	Social problems
el alcohol	alcohol
el cáncer de pulmón	lung cancer
clandestino/a	secret
el cochebomba	car bomb
el desempleo	unemployment
el drogadicto	drug addict
las drogas	drugs
la ecología	ecology
fabricar	to make, to manufacture
matar	to kill
el paro	unemployment
la pobreza	poverty
el porvenir	the future
preguntarse	to ask oneself
preocuparse	to worry
los productos químicos	chemical products
el racismo	racism
el Sida	AIDS
la tentación	temptation
la violencia	violence
vivir sin casa	to be homeless

El medio ambiente	The environment
andar	to walk
la basura	rubbish
la cara	face (side of paper)
consumir	to consume, to eat or drink
el cubo de la basura	rubbish bin
los daños ecológicos	ecological damage
los demás	the others
los desastres ecológicos	ecological disasters
destruir	to destroy
encender fuego	to set alight
la energía solar	solar energy
el equipaje	luggage, gear
el espray	spray products
el folio	sheet of paper
el insecticida	insecticide
malgastar	to waste
molestar	to bother, to annoy
la pila	battery
proteger	to protect
quemar	to burn
reciclar	to recycle
respetar	to respect
sano/a	healthy
el tubo de escape	exhaust pipe
el vertido	(tipped) rubbish
el vidrio	(things made of) glass
la zona	the area

Otras palabras y expresiones	Other words and expressions
la acampada	campsite
animado/a	lively
antiguo/a	old (building)
el bloque (de pisos)	a block (of flats)
los cascos	headphones
la comida rápida	fast food
construir	to construct
destruir	to destroy
encontrar	to find
igual (todos somos iguales)	the same (we're all the same)
luchar (contra)	to fight (against)
preocupar (me preocupa)	to worry (it worries me)
el puesto de trabajo	position (of work)
quemarse	to burn (down)
la salida	exit
tranquilo/a	calm, quiet

Unidad 18 A: ¿Qué vas a estudiar?

Objectives: ■ Talk about your future studies and career plans

¿Qué sabes?

¿Qué significan estas asignaturas que los chicos y chicas españoles estudian en el bachillerato? Escucha. Escribe seis asignaturas más.

Biología Dibujo técnico Física Comercio Electrónica Geografía Mecánica

1 Lee la carta de Sara que escribe sobre sus estudios y contesta las preguntas en inglés.

1 What can 16 year olds do when they finish secondary school?
2 How long is the baccalaureate?
3 What does Sara want to do?
4 What are the compulsory subjects?
5 How many types of baccalaureate are there?

Hola, ¿qué tal?

Este año estoy estudiando el último año de ESO (la enseñanza secundaria) y voy a terminar en junio. El año próximo voy a estudiar el bachillerato, son dos años. En España, a los dieciséis años se puede estudiar el bachillerato, hacer formación profesional o trabajar. Yo quiero ir a la universidad y tengo que hacer el bachillerato. En el bachillerato todos tenemos que estudiar unas asignaturas comunes, que son Lengua y Literatura, Filosofía, Lengua extranjera, Historia y Educación física. También hay otras asignaturas optativas. Hay cuatro tipos de bachillerato: Artes, Ciencias, Humanidades y Ciencias Sociales y Tecnología. Yo voy a estudiar el bachillerato de Humanidades.

Sara

2 Habla con tu compañero/a de lo que vas a hacer el año próximo.

¿Qué vas a hacer el año próximo? ¿Vas a estudiar o vas a trabajar? ¿Qué vas a estudiar? ¿Qué asignaturas vas a estudiar? ¿En qué te gustaría trabajar?

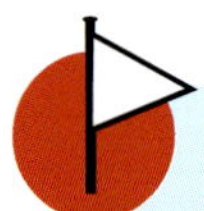

To say what we would like to do or to be, we use the conditional form of **gustar**: **gustaría**.
¿Qué te gustaría ser?
What would you like to be?
Me gustaría ser piloto.
I would like to be a pilot.

¡Atención!

el bachillerato = baccalaureate
carrera = university degree, career
trabajar = to work
al final = at the end
el curso = the academic year

 **3 ¿Qué quieren hacer en el futuro María, Manolo, Ana y Luis?**

a Une el dibujo con el chico/a que lo menciona (pero no mencionan todos).

b Contesta las preguntas.

1 ¿Quieren seguir estudiando todos?
2 ¿Qué carrera quieren estudiar? ¿Por qué?
3 ¿Qué profesión quieren elegir? ¿Por qué?
4 ¿Qué profesiones son imposibles? ¿Por qué?

 **4 Tu amiga mexicana, Eréndira, te ha escrito esta postal. Contesta las preguntas en inglés.**

1 What is she going to study next year? 2 Why is she a bit worried? 3 What questions does she ask you?

Querido/a amigo/a:

Éste es mi último año en la escuela y el año que viene voy a ir a la universidad. Voy a ir a la UNAM, que es la Universidad Nacional Autónoma de México. Es muy grande. Allí voy a estudiar Medicina porque quiero ser doctora. Estoy un poco preocupada porque tengo que estudiar mucho. ¿Y tú? ¿Vas a estudiar el bachillerato superior? ¿Qué asignaturas vas a hacer? ¿Quieres estudiar en la universidad después o te gustaría trabajar? ¿Qué carrera te gustaría hacer? ¿Qué te gustaría ser en el futuro? Bueno, si tienes tiempo me escribes. Un abrazo. Eréndira.

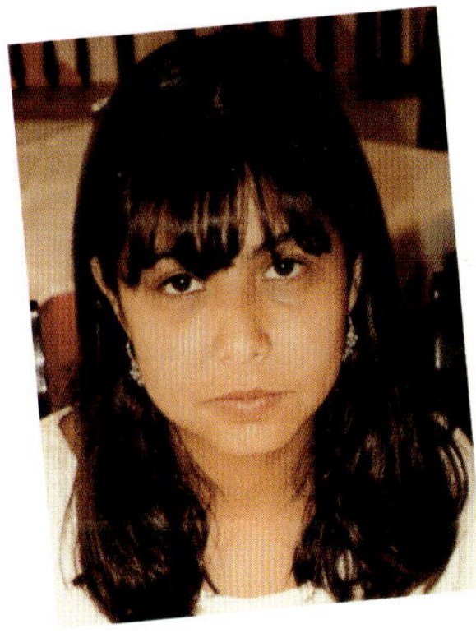

 **5 Escribe una carta a Eréndira contestando a sus preguntas.**

Meta

Estudia el diálogo siguiente (you have various options for the answers). Sin mirar, haz un diálogo similar con tu compañero/a.

A: ¿Qué vas a hacer al final de este curso?
B: Voy a estudiar el bachillerato superior. / Voy a estudiar la Formación Profesional. / Voy a trabajar.
A: ¿Y qué vas a hacer después?
B: Voy a ir a la universidad. / Voy a ir al extranjero un año. / Voy a viajar. / Voy a trabajar.
A: ¿Y qué te gustaría hacer?
B: Me gustaría estudiar Español / Matemáticas / Comercio / Economía / Informática / Mecánica… / Me gustaría ser peluquero / profesor / deportista / taxista…

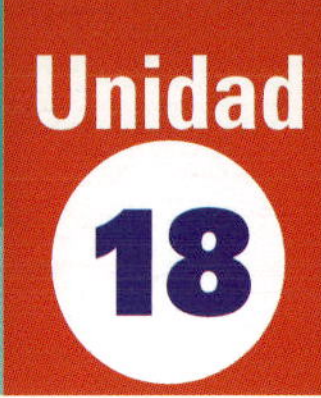

B: ¿Qué te gustaría ser?

Objectives: ■ Talk about what you want to do in the future: professional plans and projects

¿Qué sabes?

¿Qué quieres hacer en el futuro? Haz el siguiente cuestionario.

Escribe más cosas que quieres hacer.

	Quiero...	sí	no	no estoy seguro/a
1	trabajar con niños / jóvenes			
2	escribir			
3	viajar al extranjero			
4	trabajar en un laboratorio			
5	trabajar con máquinas			
6	trabajar con ordenadores			
7	trabajar con dinero			
8	curar animales			
9	usar diferentes idiomas			
10	tener un trabajo tranquilo y ordenado			

1 Piensa qué profesiones le corresponden a cada punto del cuestionario. Elige de la lista.

Ejemplo: trabajar con maquinas: ingeniero, obrero de fábrica ...

banquero/a científico/a contable financiero/a funcionario/a ingeniero/a mecánico/a periodista profesor(a) representante lingüista traductor(a) veterinario/a intérprete novelista programador(a)

2 Escucha. El padre de Manolo le da consejos sobre qué hacer en el futuro. ¿Qué asignaturas y profesiones menciona cada uno?

	Manolo	Padre
Asignaturas Profesiones		

Ayuda

Expressions of advice

Remember these ways of advising people to do things in Spanish:
tienes que *you have to*; **debes** *you should*; **¿Por qué no...?** *Why don't you...?*

 **3** **Haz diálogos cortos con tu compañero/a. Usa la lista de *¿Qué sabes?*.**

Ejemplo:

A: ¿Qué te gustaría ser en el futuro? / ¿Qué profesión te gustaría tener?

B: Me gustaría ser profesor(a) de Español.

A: ¿Por qué?

B: Porque me gusta trabajar con jóvenes y me gusta mucho el Español.

A: Entonces tienes que estudiar Español en la universidad.

Continúa con otras profesiones: programador, ingeniero, banquero, intérprete etc.

Piensa las asignaturas y/o carreras que hay que estudiar para hacer esas profesiones.

 **4** **Lee este artículo de una revista para jóvenes. Explica en inglés lo que debes hacer para tener éxito en tu vida profesional futura.**

CONSEJOS PARA ESTUDIANTES

En la actualidad es difícil obtener un buen trabajo al terminar la carrera en la universidad. Éstos son nuestros consejos:

1 Estudia Informática. Es muy importante en muchos trabajos.
2 Aprende idiomas. Es muy importante si quieres trabajar en diferentes países.
3 Aprende cómo llevar un pequeño negocio.
4 Aprende a trabajar en equipo.
5 Debes ser flexible. Tienes que continuar aprendiendo.
6 Haz lo que te gusta. No elijas una profesión que no te gusta.

Meta

Y a ti, ¿qué te interesa más? ¿Por qué? ¿Qué carrera te gustaría estudiar? ¿Qué asignaturas tienes que hacer? Encuentra información sobre el trabajo o profesión que quieres hacer y prepara una presentación para tus compañeros/as.

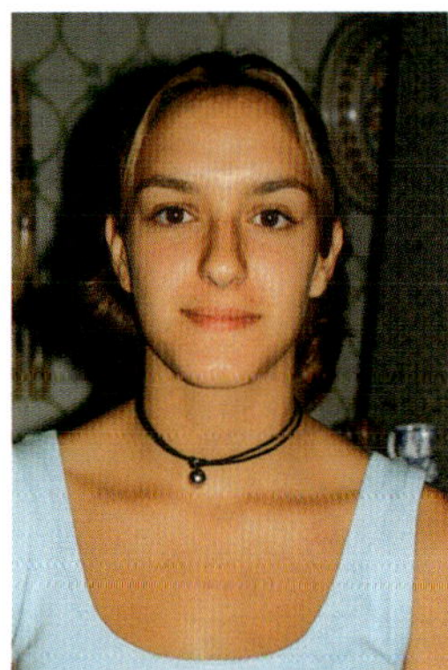

A mí me gustaría estudiar Matemáticas **porque quiero ser** ingeniera. **Quiero ser** ingeniera **porque** me gusta mucho trabajar con máquinas. **Es una profesión** muy interesante.

Para ser ingeniera **hay que** estudiar tres años en la universidad y hacer prácticas en alguna compañía...

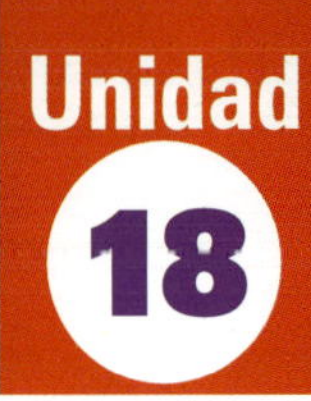

C: Quiero trabajar

Objectives:
- Prepare a CV and write a letter asking for work
- Understand job advertisements

¿Qué sabes?

Estudia las categorías de un currículum para pedir trabajo. ¿Qué significan?

Datos personales:
nombre
apellidos
dirección
fecha de nacimiento
lugar de nacimiento
Formación y estudios:
Experiencia laboral:
Otros detalles / datos de interés:
pasatiempos

1 **Escucha la conversación entre María y su profesor de español sobre el currículum de María. Completa el currículum de *¿Qué sabes?*.**

2 **Lee el anuncio de trabajo y haz una lista en inglés de lo que pide el anuncio.**

ANIMADOR(A) TURÍSTICO/A

Somos una empresa española de turismo.

Necesitamos jóvenes.

¿Hablas español perfectamente?

¿Hablas francés y/o alemán?

¿Quieres trabajar como guía turístico en hoteles de nuestras costas?

¿Has terminado el bachillerato superior?

¿Tienes un año de experiencia en un puesto turístico?

Si te gusta trabajar con gente y te gustan los deportes, este trabajo es para ti. Envía Currículum Vitae y foto a: Avenida Cádiz 18, Madrid, hasta el 22 de enero.

3 **Read Marta's letter of application and answer these questions.**

1. Where did she see the advertisement?
2. What experience does she have?
3. Why does she want the job?
4. What languages does she speak?
5. What does she send with the letter?

Marta Arenal
C/ Alfonso I nº 7
50001 Zaragoza

Animatur
Avenida Cádiz 18
28026 Madrid

Zaragoza a 12 de enero

Muy señor(es) mío(s):

Con relación a su anuncio aparecido en el periódico 'El País' el día 10 de enero, les escribo para solicitar el puesto de animadora turística.

Tengo dos años de experiencia en trabajos relacionados con el turismo y trabajé como guía turística durante cinco meses el año pasado. Soy bilingüe y hablo español e inglés perfectamente. También hablo francés, alemán y un poco de italiano. Practico deportes y me encanta trabajar con gente. Hace un año que vivo en este país y me gusta mucho. Sé que su empresa es líder en la industria turística y me gustaría mucho trabajar para ustedes.

Considero que tengo las cualidades que ustedes piden para el puesto, y tengo muchos deseos de aprender.

Les adjunto mi currículum.

En espera de sus noticias, le saluda atentamente,

Marta Arenal

 **4** **Escribe tú una carta similar pidiendo el trabajo del anuncio y hablando de tus estudios y experiencia. Puedes contestar al anuncio de la Actividad 2 o al siguiente. Usa las expresiones subrayadas de la carta.**

HOTEL PLAYA DORADA

Se necesita recepcionista en nuestro hotel.

Inglés y español esencial, más un año de experiencia.

Enviar carta con currículum a Hotel Playa Dorada, Tarragona.

¡Atención!

con relación al anuncio (en) ... = with regard to the advertisement (in) ...
les escribo para solicitar el puesto (de) = I am writing to you to apply for the position (of)
tengo dos años de experiencia = I have two years' experience
Sé que (su empresa es) ... = I know that (your company is) ...
Considero que ... = I consider that ...
trabajar como ... = to work as ...
les adjunto ... = I attach ...
en espera de sus noticias ... = I look forward to hearing from you.

 **Meta**

Quieres pedir un trabajo en España. Prepara tu propio currículum en español.

1 *Gustaría* (would like)

See page 178

To say what we would like to do or to be, we use the verb **gustar** in the conditional form: **gustaría:**

¿Qué te gustaría ser?	*What would you like to be?*
Me gustaría ser piloto.	*I would like to be a pilot.*
¿Te gustaría trabajar con niños?	*Would you like to work with children?*
Sí. Me gustaría mucho.	*Yes, I'd like to very much.*

2 Expressions used to give advice

Here are some ways of giving advice:

Tienes que estudiar mucho.	*You have to study a lot.*
Debes pedir el trabajo.	*You should apply for the job.*

Notice that **tener que** and **deber** are always followed by a verb in the infinitive.

You can also use **¿Por qué no...?**

¿Por qué no pides el trabajo?	*Why don't you apply for the job?*

Note that **¿Por que no...?** is followed by a verb in the present tense.

Ejercicios

1 Escribe las frases usando *Tienes que* o *Debes*.

1 ... ir al médico.
2 ... encontrar trabajo.
3 ... estudiar más.
4 ... comprar el libro.
5 ... hacer los deberes.
6 ... trabajar en casa.

2 Escribe diez frases con *me, te, le, nos, os* y *les gustaría*.

Las asignaturas	Subjects of Study
Artes	Arts
Biología	Biology
Ciencias Sociales	Social Sciences
Comercio	Commerce
Dibujo Técnico	Technical Drawing
Economía	Economics
Electrónica	Electronics
Filosofía	Philosophy
Historia del Arte	History of Art
Humanidades	Humanities
Informática	Computer Studies / Computer Science
Lengua extranjera	Foreign Languages
Lengua y Literatura	Language and Literature
Mecánica	Mechanics
Medicina	Medicine

La educación	Education
asignaturas comunes	core subjects
el bachillerato superior	baccalaureate (secondary education – post 16)
la carrera	university course
elegir	to choose
la Formación Profesional	vocational qualifications
obligatorio/a	compulsory

El trabajo	Work
el/la animador(a) turístico/a	holiday rep / tourist guide
el/la banquero/a	banker
buscar trabajo	to look for a job
la carrera	career, university course of study
el/la científico/a	scientist
el consejo	advice
el/la contable	accountant
curar animales	to cure animals
dedicarse	to devote oneself
el/la deportista	sportsperson
la destreza	skill
el/la doctor(a)	doctor
un empleo fijo	permanent employment
la entrevista	interview
el equipo	team
en equipo	in a team
el/la financiero/a	financier
la formación	training
el/la funcionario/a	office clerk
ganar dinero	to earn money
el/la guía turístico/a	tourist guide
el/la ingeniero/a	engineer
el/la intérprete	interpreter
investigar	to do research
llevar un negocio	to manage a business
el/la lingüista	linguist
el/la mecánico/a	mechanic
los negocios	business
el/la novelista	novelist
el/la obrero/a	manual worker, labourer
obtener	to get, to obtain
el/la peluquero/a	hairdresser
el/la periodista	journalist
el/la piloto	pilot
una profesión	a profession
el/la profesor(a)	teacher
el/la programador(a)	programmer
(un periodo de) prueba	(period of) probation
un puesto de trabajo	post / job
el/la representante	representative
el/la traductor(a)	translator
trasladarse	to move, to transfer
un trabajo fijo	permanent job
el/la veterinario/a	vet
volar	to fly

Pedir trabajo	Applying for a job
el anuncio	advertisement
con relación al anuncio	with regard to the advertisement
considero que …	I consider that …
en espera de sus noticias	I look forward to hearing from you (lit. waiting for your news)
experiencia laboral	work experience
la fecha de nacimiento	date of birth
les adjunto mi currículum	I attach my CV
les escribo para …	I am writing to you to
lugar de nacimiento	place of birth
el pasatiempo	hobby / pastime
solicitar un puesto	to apply for a position
sé que …	I know that …
tengo dos años de experiencia	I have two years' experience
trabajar como	to work as …

Unidad 19 A: Lo que te espera

Objectives: ■ Talk about your plans for the future and what you would like to do

 ## ¿Qué sabes?

Di o escribe seis deseos para el futuro.

Ejemplo: Me gustaría tener un coche muy grande.

 **1 Escucha a Manolo, María, Elisa y Javier que nos dicen qué planes tienen para el futuro.**

a Completa el cuadro. ¿Quién habla de qué tema? Marca con un ✓.

	Manolo	María	Elisa	Javier
Viajes				
Estudios y trabajo				
Amor y familia				
Lugar para vivir				

 **b Después escribe en inglés un resumen de lo que dicen.**

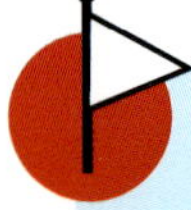

There are two ways of expressing the future. You have already learnt about the immediate future, **ir + a +** infinitive: **voy a estudiar mucho**. Here is the second way, the future tense.

To form this tense we take the infinitive of the verb and add the following:

-é, -ás, -á, -emos, -éis, -án:

(yo) estudiaré
(tú) estudiarás
(él / ella / usted) estudiará
(nosotros/as) estudiaremos
(vosotros/as) estudiaréis
(ellos/as / ustedes) estudiarán

You will also need to recognise and use some irregular verbs, such as **tener** and **hacer:**

(yo) tendré
(tú) tendrás
(él / ella / usted) tendrá
(nosotros/as) tendremos
(vosotros/as) tendréis
(ellos/as / ustedes) tendrán

(yo) haré
(tú) harás
(él / ella / usted) hará
(nosotros/as) haremos
(vosotros/as) haréis
(ellos/as / ustedes) harán

Ayuda

Use the future tense to talk about your plans: **yo me casaré** *I will get married*; **estudiaré** *I will study*; **tendré un trabajo muy bueno** *I will have a very good job*.

Remember that you can also use **voy a ...** when you talk about your plans: **Voy a viajar mucho.** *I am going to travel a lot.*

To say that you or someone else would like to do something use **me / te / le / nos / os / les gustaría** followed by the infinitive: **Me gustaría ir a la playa.** *I would like to go to the beach.*

 **2** **Ahora tú. Haz una encuesta en la clase y completa un cuadro como el de la Actividad 1.**

 **3** **Tu amigo Carlos te ha escrito una carta hablando de sus planes y preguntándote qué planes tienes tú para el futuro. Lee su carta. Indica si las frases son verdaderas (V) o falsas (F).**

1 Va a aprobar todo menos una asignatura.
2 Irá con sus abuelos a la playa.
3 No sabe qué hará el año próximo.
4 Estudiará mucho para entrar en la universidad.
5 No quiere ganar mucho dinero.
6 Le gustaría visitar muchos países.

Hola,

Ya casi estamos a finales de curso y vamos a hacer los exámenes muy pronto. Creo que voy a aprobar todo menos la Física. ¿Y tú? ¿Crees que aprobarás todo? ¿Qué notas crees que vas a sacar?

Después de los exámenes iré al pueblo de mis abuelos y después iré con mis padres y hermanos a la playa durante quince días. Y tú, ¿qué harás después de los exámenes? Yo, en otoño, volveré al instituto para hacer el bachillerato superior, y después no sé qué haré. Me gustaría estudiar más, pero para entrar en la universidad hay que hacer exámenes muy difíciles; tendré que estudiar mucho. Me gustaría estudiar economía porque quiero trabajar en un banco y ganar mucho dinero. También me gustaría viajar mucho. También quiero tener un coche. También me casaré y tendré hijos.

¿Y tú? ¿Qué harás el año próximo? ¿Qué planes tienes para el futuro? Escríbeme pronto, antes de las vacaciones.

Un abrazo: Carlos

 **4** **Contesta la carta de Carlos.**

  **5** **Une los dibujos con las frases y completa los espacios en blanco.**

1 _______ a la universidad.
2 _______ con una chica / un chico muy inteligente.
3 _______ una casa grande con piscina.
4 _______ todos los exámenes.
5 _______ mucho dinero.
6 _______ a muchos países.
7 _______ hijos.

a

b

c

d

e

f

g

Meta

Habla con tu compañero/a. Pregunta: ¿Qué deseos y planes tienes para el futuro?

Unidad 19 B: Todo es posible

Objectives:
- Talk about the future and your future dreams
- Talk about your dream holidays

¿Qué sabes?

Di o escribe cinco frases sobre qué te gustaría hacer en tus vacaciones ideales.

Ejemplo: Me gustaría visitar Cuba.

1 **Escucha a María que habla de sus vacaciones ideales y dice adónde le gustaría viajar si tiene mucho dinero en el futuro. Mira las fotos de varios lugares de Hispanoamérica y toma nota de toda la información que dice.**

a La Habana

b La Selva Amazónica

d Cartagena de Indias

c Machu Picchu

e Playa Dorada

f Iguazú

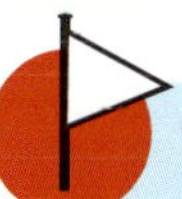

To express a possibility we can use **si** + present tense + future:

Si tengo mucho dinero iré / voy a ir a Cuba.
If I (ever) have lots of money I'll go to Cuba.

2 **Habla con tu compañero/a: ¿qué lugar prefieres de los de la Actividad 1? ¿A qué lugar te gustaría ir y por qué?**

3 **Vas a viajar a México con tu familia. Lee el reportaje de una revista sobre este país.**

a **Toma notas de todos los detalles que puedas y completa el cuadro.**

b **Explica en tu idioma a tu familia la información que has obtenido.**

Moneda **Clima y ropa** **Salud** **Gastronomía (comida)** **Compras**

México

Vacaciones en México, un maravilloso país.

La moneda en este país es el peso. El clima es variable; la capital, Ciudad de México, tiene un clima bastante más fresco que las zonas bajas y cálidas, como Cancún. La temperatura media de la capital es de 18 grados; hay que llevar ropa de abrigo, pero ligera, como un jersey o una chaqueta. En las zonas más bajas sólo necesitarás ropa cómoda en tejidos frescos y naturales.

Es muy importante protegerse del sol; usa gafas de sol y protectores solares. También debes beber siempre agua embotellada. La gastronomía es muy variada y se combinan comidas indígenas, europeas y americanas. Los ingredientes más populares son el maíz, el chile, el tomate, que allí se llama 'jitomate', y el aguacate. Platos típicos son las enchiladas, los tacos y las tortillas. La cerveza y el vino son de buena calidad, pero la bebida tradicional que se produce en México es el 'tequila', que se toma tradicionalmente con sal y limón.

Es una verdadera tentación ir de compras en México. Encontrarás tiendas de arte y artesanía de las culturas maya y azteca, también encontrarás mucha plata, cristal, artículos de piel, alfombras, arte religioso, y muchas otras cosas más. ¡Diviértete mucho!

4 **Escucha a Manolo y a María que dicen lo que harán si tienen mucho dinero. ¿Qué harán con el dinero? ¿Qué comprarán? ¿Adónde irán?**

Meta

Habla con tu compañero/a. ¿Qué harás durante las vacaciones? ¿Qué te gustaría hacer en tus vacaciones ideales? ¿Qué vas a hacer si tienes mucho dinero?

1 Use of the future tense for plans

See page 177

We have already seen one form of the the future: **ir + a +** infinitive.

We can also use another form, the future tense, to talk or to ask about plans:

Regular verbs	-ar estudiar	-er comer	-ir vivir
(yo)	estudiaré	comeré	viviré
(tú)	estudiarás	comerás	vivirás
(él/ella/Vd)	estudiará	comerá	vivirá
(nosotros/as)	estudiaremos	comeremos	viviremos
(vosotros/as)	estudiaréis	comeréis	viviréis
(ellos/as / Vds)	estudiarán	comerán	vivirán

Here are some common irregular verbs in the future form (note that the endings are the same as those of the regular verbs).

salir *to go out / to leave*: **saldré, saldrás, saldrá, saldremos, saldréis, saldrán**
hacer *to do*: **haré, harás, hará, haremos, haréis, harán**
tener *to have*: **tendré, tendrás, tendrá, tendremos, tendréis, tendrán**
poner *to put*: **pondré, pondrás, pondrá, pondremos, pondréis, pondrán**

Examples:
Yo me casaré. *I will get married.*
Estudiaré ... *I will study ...*
Tendré un trabajo muy bueno. *I will have a very good job.*
¿Qué harás durante las vacaciones? *What will you do during the holidays?*

2 Expressing a possibility

See page 177

We can use **si** + present tense + future to talk about possibilities:
Si tengo mucho dinero iré / voy a ir a Cuba. *If I have a lot of money I'll go to Cuba.*
Si vamos ahora llegaremos a tiempo. *If we go now we'll get there on time.*

Ejercicios

1 **Write ten plans for the future.**

2 **Write five sentences using *si* + present tense + future for each of the following.**

a Si me toca la lotería…

b Si voy de vacaciones a España...

Los deseos	Wishes
aprobar	to pass (exams)
en cuanto a la salud …	as far as health goes …
los estudios	study
ganar mucho dinero	to earn a lot of money
importar	to be important
el dinero no le importa	money is not important to him
(en todo) menos (Física)	(in everything) except (Physics)
un lugar para vivir	a place to live
menos	except
las notas	(exam) results
por lo demás	as far as the rest is concerned
sacar el carnet de conducir	to take out a driving licence
sacar notas altas	to get good results (exams)
la salud	health
seguir estudiando	to continue studying
el trabajo	work

Viaje a México	Journey to Mexico
el agua embotellada	bottled water
la alfombra	carpet
el arte	art
la artesanía	crafts
los artículos de piel	leather goods
el clima	climate
combinar	to mix together
cristal	glass (material)
la gastronomía	the cuisine
ligero/a	light
el maíz	maize
la plata	silver
la prenda	item of clothing
protectores solares	protection from the sun
ropa de abrigo	warm clothing
el tejido	fabric
la temperatura media	the average temperature
variable	variable
variado/a	varied
una verdadera tentación	a real temptation

Expresiones	Expressions
¡Diviértete mucho!	Have a great time!

Unidad 20 Lee y escribe

 **1 Lee los anuncios de este periódico de cosas que se han perdido. Contesta en inglés.**

a **How many things are advertised: found? lost? What was lost: in the streets? on public transport?**

b **To which advertisements do the following refer?**

- **a** a very expensive item with a reward
- **b** an item of clothing found in the park
- **c** lost on public transport in the morning
- **d** someone lost a phone
- **e** someone was on her way to the beach
- **f** a special item of jewellery given by an aunt
- **g** someone was expecting rain
- **h** something to keep money in
- **i** the person who lost this needs it for his work
- **j** a piece of plastic found on the underground

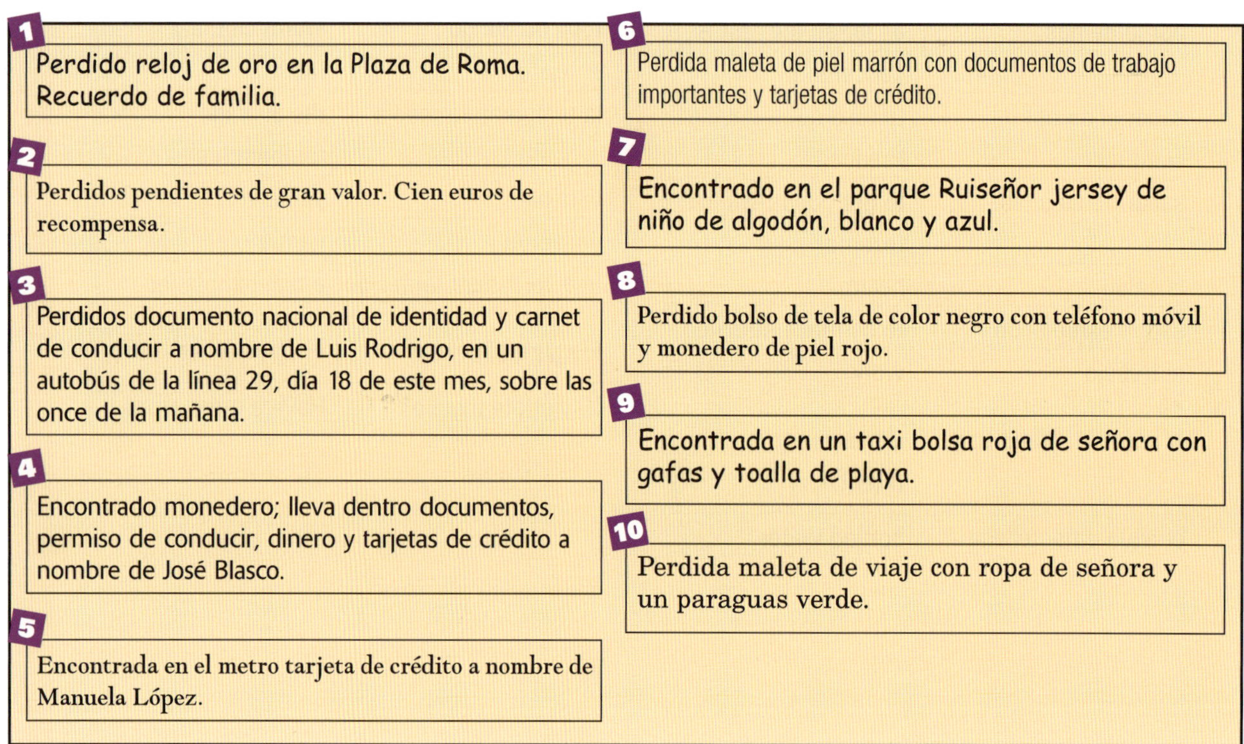

1 Perdido reloj de oro en la Plaza de Roma. Recuerdo de familia.

2 Perdidos pendientes de gran valor. Cien euros de recompensa.

3 Perdidos documento nacional de identidad y carnet de conducir a nombre de Luis Rodrigo, en un autobús de la línea 29, día 18 de este mes, sobre las once de la mañana.

4 Encontrado monedero; lleva dentro documentos, permiso de conducir, dinero y tarjetas de crédito a nombre de José Blasco.

5 Encontrada en el metro tarjeta de crédito a nombre de Manuela López.

6 Perdida maleta de piel marrón con documentos de trabajo importantes y tarjetas de crédito.

7 Encontrado en el parque Ruiseñor jersey de niño de algodón, blanco y azul.

8 Perdido bolso de tela de color negro con teléfono móvil y monedero de piel rojo.

9 Encontrada en un taxi bolsa roja de señora con gafas y toalla de playa.

10 Perdida maleta de viaje con ropa de señora y un paraguas verde.

 **2 Escribe anuncios para algunos objetos que has perdido: la mochila del instituto, un bolso, unas gafas de sol, un reloj de oro, el móvil, etc.**

 **3 Lee esta noticia que ha aparecido en un periódico y di si las frases son verdaderas (V) o falsas (F).**

DOS LADRONES ENTRAN EN LA CASA DE UNA FAMILIA EN MADRID

Una familia de Madrid permaneció retenida en su chalé durante una hora por dos ladrones. Los hombres robaron joyas y otros efectos valorados en veinticinco mil euros mientras otro hombre les esperaba en un coche robado.

El robo ocurrió durante la noche del día diecinueve. Dos hombres entraron por la ventana de la cocina mientras la familia veía la televisión en el salón.

Los delincuentes amenazaron a los cinco miembros de la familia y los encerraron en el salón, mientras robaban las joyas y otros objetos de valor. Después los miembros de la familia fueron obligados a dar el número secreto de sus tarjetas de crédito.

Antes de escapar de la casa, los ladrones cortaron el cable del teléfono y escaparon en el coche que les esperaba. Una hora después, la policía detuvo a tres personas que intentaban sacar dinero de un banco.

1 Tres ladrones entraron a la casa.
2 La familia vive en un piso de Madrid.
3 Los ladrones robaron cosas de mucho valor.
4 Los ladrones robaron el coche de la familia.
5 Entraron por una ventana.
6 Cuando entraron los ladrones la familia estaba en el salón.
7 Los ladrones sacaron dinero de un banco con las tarjetas.
8 La familia llamó a la policía por teléfono.
9 Los ladrones escaparon.

4 Lee lo que escribe María sobre su paga y cómo gana un poco de dinero extra.

a Contesta: ¿Cuándo le dan la paga sus padres y cuánto le dan? ¿Tiene tiempo para ganar un poco de dinero extra? ¿Por qué?

b Haz una lista en inglés de los trabajos que hace.

c Escribe un texto similar sobre ti.

Mis padres me dan paga cada mes, pero no me dan mucho dinero, por eso tengo que ganar dinero extra. Mi vecina es una señora mayor y muchas tardes la ayudo, voy a comprar y saco a pasear a su perro por el parque. Mi tío tiene una cafetería y le ayudo los fines de semana, trabajo como camarera y pongo y quito las mesas. Me gusta mucho trabajar en la cafetería porque hay mucha gente y hago muchos amigos. Mi abuela tiene una tienda de ropa y a veces la ayudo también, me encanta trabajar en la tienda porque me encanta la ropa. Soy bastante buena estudiante y tengo tiempo de estudiar y trabajar un poco.

5 Lee el email de Javier que habla sobre las relaciones con su familia.

a Contesta las preguntas en inglés.

1 How many of his brothers and sisters does Javier get on well with?
2 Why does he have a problem with his little sister?
3 What does he argue about with his parents?
4 Where does he go at the weekends?
5 What is his favourite topic of conversation?
6 Where is he allowed to go at night?

Tengo un hermano mayor y me llevo mal con él, discutimos mucho, pero con mi hermana mayor me llevo muy bien. También tengo una hermana menor, es cinco años más pequeña que yo y discutimos bastante, porque entra a mi cuarto y toca mis cosas. Pero me llevo bastante bien con ella; es muy pequeña.

Me llevo muy bien con mis padres, pero a veces tenemos alguna discusión por mis estudios. Con mi madrastra no discuto, sólo algunas veces, porque no ayudo mucho en casa. Voy a casa de mi madre todos los fines de semana y hablo mucho con ella de cosas de los jóvenes, de los estudios, de los amigos, y de otras cosas. También temas generales como la contaminación, los animales, a veces ... de historia que me gusta mucho ... Mi padre me deja salir a veces por la noche, si voy a casa de un amigo, o al cine, pero no puedo volver a casa muy tarde.

b Escribe un texto similar sobre ti.

6 Lee el artículo que ha aparecido en el periódico sobre los jóvenes y el empleo. Escribe en tu agenda, en inglés, lo que debes hacer.

7–8am	1–3pm
8–9am	4–5.30pm
9–10am	6–8pm
10–11am	8.30pm

¿ESTÁS SIN TRABAJO?

¿Has terminado tus estudios y no quieres continuar estudiando por ahora? ¿No encuentras trabajo? Es muy importante estar ocupado y organizado todos los días. Aquí te proponemos una agenda diaria para que te organices.

1 Levántate pronto, sobre las 7 o 7.30.
2 Después haz ejercicio hasta las ocho.
3 De 8 a 9 lee las ofertas de empleo en los periódicos y contesta las que te interesan. Escribe y envía una carta de presentación y un currículum a las empresas interesantes. Prepara una lista de empresas buscando en los anuncios.
4 De 9–10 visita las oficinas de empleo y otros centros oficiales para buscar ofertas de empleo.
5 De 10–11 haz alguna actividad de tipo profesional, relacionada con tu profesión. Por ejemplo, trabajar en el taller de un amigo, ayudar en una tienda u oficina que conoces.
6 A mediodía intenta salir a comer con algún amigo que trabaja y haz contactos.
7 Por la tarde, de 16 a 17.30 estudia en casa y prepárate para mejorar en tu profesión o estudia algo diferente. Prepara algún examen.
8 Después, más tarde, de 6 a 8 debes ir a alguna academia para estudiar idiomas, informática, algo útil para el trabajo.
9 Por la noche, a partir de las 8.30 debes estar con la familia y salir con amigos, hablar con ellos e intercambiar experiencias, es muy importante para mantenerte optimista.
10 El fin de semana tienes que hacer deporte, y salir al campo es una buena manera de mantenerse sano mental y físicamente.

 **7 Lee los problemas que tienen estos chicos y chicas y une cada problema con el consejo correspondiente.**

1 Tengo mucha tos y dolor de pecho.
2 Voy a ir a una fiesta en coche.
3 Creo que mi amigo toma drogas.
4 Me duele la cabeza y estoy mareada.
5 A veces me ofrecen pastillas en la discoteca.
6 Mis amigos dicen que si tomo alcohol seré menos tímida.
7 No soporto el humo del tabaco.

a Debes decírselo a tu profesor.
b No debes beber más vino o te pondrás peor.
c Tienes que dejar de fumar, así te sentirás mejor.
d No debes hacerles caso, eso no es verdad.
e Deben prohibir fumar en los sitios públicos.
f No debes beber si conduces.
g Debes decir que no quieres.

CONVERSACIÓN Y PRESENTACIÓN

Oral Skills Unidades 12–20

1 Las tareas diarias

¿Ayudas en casa? ¿Qué tareas / trabajos de la casa haces? ¿Cómo vas a ayudar en casa este fin de semana? ¿Compartís el trabajo entre todos?
¿Cuál es la tarea que más te gusta? ¿Y la que menos te gusta? ¿Por qué?
¿Qué has hecho esta mañana antes de venir al instituto / colegio?
¿Qué hiciste ayer para ayudar en casa?

¿Tienes paga? ¿Cuánto dinero te dan?
¿Cuánto dinero te gustaría tener?
¿Trabajas fuera de casa? ¿Haces algún trabajo por horas? ¿Cuántas horas trabajas a la semana? ¿Cuánto dinero ganas? ¿Te gusta el trabajo? ¿Por qué?
¿Has tenido experiencia de trabajo? ¿Qué trabajo hiciste? ¿Qué actividades hiciste?
¿Qué opinas de tu experiencia de trabajo?
¿Crees que es útil / inútil? ¿Por qué?

2 Tiempo libre

¿Qué haces en tu tiempo libre / tus ratos libres?
¿Qué diversiones hay para los jóvenes aquí / en tu ciudad / en tu pueblo?
¿Qué tipo de espectáculos te gustan? ¿Sales los fines de semana / por las tardes / por las noches? ¿Sales mucho o poco? ¿Vas con tus amigos/as? ¿Adónde vas?

3 Los medios de comunicación

¿Te gusta el cine / el teatro / bailar / patinar / ir al restaurante / ir a tomar algo (a una cafetería) / ir de excursión…?
¿Cuándo vas al cine? ¿Cuánto cuestan las entradas? ¿Hay descuentos especiales?
¿Qué tipo de películas te gustan? ¿Y qué películas no te gustan?
Cuenta una película que has visto recientemente. ¿De qué trata? ¿Quiénes son los protagonistas? ¿Qué opinas del argumento, de los actores, de la música, de la fotografía…?
Describe a una persona famosa: un(a) cantante, actor / actriz, deportista.
¿Qué medio(s) de comunicación prefieres? ¿Por qué?
¿Ves mucha televisión? ¿Escuchas mucho la radio? ¿Qué programas te gustan? ¿Qué programas no te gustan? ¿Cuál es tu programa favorito? ¿Te gustan las telenovelas? ¿Cuál es tu telenovela favorita? ¿De qué trata?
¿Lees periódicos / revistas / libros / cómics? ¿Qué te gusta leer? ¿Qué tipo de revistas lees / te gusta leer?

4 Las compras

¿En qué gastas tu dinero?
¿Te gusta ir de compras? ¿Qué te gusta comprar?
¿Cuándo vas de compras? ¿Qué compras?
¿Qué hiciste la última vez que fuiste de compras? ¿Qué compraste?
¿Cómo son las tiendas en tu ciudad / pueblo?
¿Qué tipo de tienda te gusta más? ¿Por qué?
¿Prefieres comprar en las tiendas pequeñas o en los grandes almacenes y centros comerciales?
¿Qué regalos te gustaría comprar para tus amigos y tu familia en las vacaciones?
¿Qué cosas típicas pueden comprar los turistas en tu pueblo / ciudad / región / país?
¿Qué ropa te gusta? ¿Qué ropa llevas?

5 Relaciones con los demás

Describe a tu mejor amigo/a. ¿Cuánto tiempo hace que sois amigos/as? ¿Tienes novio/a?
¿Cómo lo / la conociste?
¿De qué hablas con tus amigos/as, compañeros/as?
¿Qué tal te llevas con tu familia: tu madre / tu padre/ tu madrastra / tu hermanastro…?
¿Riñes / discutes con tu hermano/a?
¿De qué hablas con tus padres / hermanos…?

6 Problemas y temas de actualidad

Cuenta algo que te pasó: un robo, un accidente, o algo que leíste en el periódico o viste en la televisión.
¿Qué problemas te preocupan más? ¿Y a tus amigos/as?
¿Qué problemas tienes en casa / en el instituto?
¿Te preocupa el medio ambiente?
¿Hay problemas de contaminación en tu región / ciudad? ¿Por qué?

¿Qué cambios has visto en tu pueblo / ciudad en los últimos años?
¿Qué haces para cuidar el medio ambiente de tu ciudad / pueblo / región?

7 Educación y empleo

¿Qué estudias? ¿Cuántos deberes haces cada día / a la semana?
¿Qué vas a estudiar el año próximo? ¿Vas a estudiar en este instituto?
¿Qué carrera quieres estudiar? ¿Y tus amigos/as?
Si vas a la universidad, ¿te gustaría estudiar en otra ciudad o en la tuya? ¿Por qué?
¿Te gustaría viajar / tener un año libre / trabajar / antes de ir a la universidad?

8 El futuro

¿Qué te gustaría ser / hacer en el futuro? ¿Por qué? ¿Cuál sería tu trabajo ideal? ¿Por qué?
¿Quieres vivir en tu ciudad o ir a vivir a otra ciudad / otro país?
¿Te gustaría trabajar en el extranjero / en España? ¿Por qué?
¿Quieres casarte? ¿Quieres tener hijos? ¿Prefieres estar soltero/a?

Role plays

9 You have been invited to a birthday party and you don't know what present to buy. Ask your friend for advice.

Tú: Ask your friend.

Tu amiga: Depende, no sé, ¿qué le gusta?

Tú: Say he loves computers.

Tu amiga: Pues puedes comprarle un juego.

Tú: No. Expensive. You only have a few euros.

Tu amiga: Pues, ¿qué te gustaría comprarle con ese dinero?

Tú: You are not sure, choose two possible cheaper things.

Tu amiga: Sí, yo creo que tienes bastante.

10 You are in Spain doing work experience. Your friend phones you and asks you some questions:

Tu amigo: ¿Dónde trabajas y qué haces?

Tú: Choose a place and a job.

Tu amigo: ¿Qué tareas haces en el trabajo todos los días?

Tú: Say 4 things you have to do in the job.

Tu amigo: ¿Qué horario tienes?

Tú: 9am – 1.30pm y 4pm – 7.30pm.

Tu amigo: ¿Te gusta? ¿Por qué?

Tú: Say yes / no and 2 reasons.

Tu amigo: ¿Qué haces después del trabajo?

Tú: Mention 3 things.

Tu amigo: ¿Cómo es la ciudad donde estás?

Tú: Choose a town and describe it (say 4 things about it).

11 En la comisaría: you've lost your bag which had your wallet inside with all your money and cards. Go to the police and report it.

Policía: ¿En qué puedo ayudarle?

Tú: Di lo que perdiste y dónde.

Policía: ¿Cómo y cuándo ocurrió?

Tú: Explica cómo ocurrió todo.

Policía: ¿Puede describir su bolso, por favor?

Tú: Describe el bolso y lo que hay dentro.

Coursework Unidades 12–20

REDACCIÓN 5

Mis prácticas laborales

He terminado la primera semana de mis prácticas laborales en una escuela de danza y música que el instituto organiza para los estudiantes. Tengo que trabajar allí dos semanas.

Todos los días empiezo mi trabajo a las diez y termino a las seis. Voy a la escuela a pie, porque está bastante cerca. El trabajo es muy variado. Todas las mañanas trabajo en la oficina de la escuela haciendo trabajos administrativos. También atiendo a los clientes y preparo café para ellos. El primer día fui al supermercado a la una y compré la comida para mis compañeros y para mí. El martes y el miércoles ayudé en la oficina por la mañana y por la tarde ayudé a los profesores en las clases de baile. Enseñé bailes a los niños pequeños.

El jueves archivé documentos y también hice fotocopias. El viernes por la tarde cobré el dinero de las clases. También trabajé en la recepción y contesté el teléfono. La directora y sus compañeros me enseñaron mucho. Por eso aprendí a hacer muchas cosas nuevas que son muy útiles para mi futuro.

Pero estos días me acuesto muy pronto porque estoy muy cansada.

Me gustaría mucho trabajar en un lugar similar cuando termine el instituto.

ISABEL

1 **Lee el texto.** ¿Qué significan las palabras y frases de color rojo?

2 **¿Qué dice Isabel?** Completa el cuadro con la información que da.

Lugar de trabajo:	
Horario:	
Cosas que hace cada día:	
Otras cosas que hizo esta semana:	
Su opinión sobre esta experiencia:	
Sus proyectos para el futuro:	

3 **Escribe dos listas con los verbos del texto: Presente; Pretérito indefinido.**

4 **Escribe un texto sobre tus prácticas laborales.**
Usa el cuadro de la Actividad 2 como ayuda.

Coursework Unidades 12–20

REDACCIÓN 6

'Bicicletas: transporte ideal': Carta al alcalde de la ciudad

Sr. Alcalde:

Quiero pedirle carriles para bicicletas en Valladolid. Si ponen un carril, más personas utilizarán la bicicleta. Hace poco leí en un periódico local que el 42 % de las casas de Valladolid tienen una bicicleta. Supongo que sólo la utilizan cuando salen al campo o van de vacaciones al pueblo. Sin embargo, debemos usarlas en la ciudad, pero comprendo que estas personas tienen miedo. Yo la utilizo siempre y casi siempre es muy peligroso porque en las calles hay demasiado tráfico y los conductores no respetan a los ciclistas. También van a demasiada velocidad. Tampoco los peatones tienen respeto por los ciclistas y cruzan por todas partes sin mirar. Un día, un peatón cruzó cuando yo llegaba, entonces me caí de la bicicleta y me rompí el brazo. Yo voy siempre por la derecha, hago las señales correctas, me paro en los semáforos y aún así encuentro problemas todos los días.

La gente tiene que dejar el coche en casa y utilizar la bicicleta, porque el tráfico causa mucha contaminación y ruido. Además, todos estaremos más sanos y en forma, porque la bicicleta es un ejercicio excelente.

Nuestra ciudad es ideal para utilizar la bicicleta porque no es muy grande y las distancias no son largas. ¡Ayúdenos, señor alcalde, y ayudará a su ciudad! JUAN

1 Encuentra en el texto las palabras y expresiones españolas correspondientes a las del cuadro.

cycle lanes · local newspaper · it's very dangerous · we should use them · they cross everywhere · drivers · traffic lights · a pedestrian · even so · I stop · every day · countryside

2 ¿Qué significan las palabras y frases de color rojo?

3 Lee el texto y elige la respuesta correcta.

1 Juan escribe sobre los problemas que tienen
a los ciclistas. **b** los peatones. **c** los conductores.

2 Juan escribe que muchas personas utilizan sus bicicletas
a para ir a trabajar. **b** cuando están de vacaciones. **c** para ir de compras.

3 Juan cree que la gente no usa las bicicletas porque
a hay mucho tráfico. **b** no tiene bicicleta. **c** prefiere ir a pie.

4 Los conductores
a van muy rápidamente. **b** respetan a los ciclistas. **c** no paran en los semáforos.

5 Juan tuvo un accidente con
a un coche. **b** un ciclista. **c** un peatón.

6 Debemos usar la bicicleta porque los coches
a causan contaminación. **b** van muy lentos. **c** son muy caros.

7 La ciudad de Valladolid
a no es grande. **b** es pequeña. **c** es grande.

4 Escribe una carta al alcalde de tu ciudad sobre un problema similar.

NOMBRES SUSTANTIVOS Y ARTÍCULOS | NOUNS AND ARTICLES

Gender

Nouns are either masculine or feminine.
Most nouns which end in **-o** are masculine: **el libro**
Most nouns which end in **-a** are feminine: **la casa**

But there are some exceptions:
el día *day* la mano *hand*

Other noun endings do not follow a pattern and have to be learnt:
el coche *car* la calle *street*

Some nouns can be masculine or feminine.

Nouns ending in **-o** change to **-a** to make the feminine form:
el chic**o** *boy* la chic**a** *girl*

Nouns ending in a consonant add **-a** for the feminine:
el profesor / la profesor**a** *teacher*

Nouns ending in **-a** or **-e** are the same in masculine and feminine:
el / la estudiante *student*
el / la recepcionista *receptionist*

Nouns ending in **-or**, **-ón** or **-és** are always masculine:

el actor / el profesor *actor / teacher*
el ratón *mouse*
el inglés *English*

Nouns ending in **-dad**, **-tad** or **-ción** are always feminine:
la ciudad *city*
la lealtad *loyalty*
la educación *education*

Plurals

If a noun ends in a vowel add **-s** to form the plural:
el libro / los libro**s** *the book / the books*
la casa / las casa**s** *the house / the houses*

If a noun ends in a consonant other than **z** add **-es**:
el profesor / los profesor**es** *the teacher / the teachers*

If it ends in **z**, the plural is **-ces:**
la luz / las lu**ces** *the light / the lights*

The definite article

el and **la** mean *the* in English.

	masculino	femenino
singular **plural**	**el** libro *the book* **los** libros *the books*	**la** casa *the house* **las** casas *the houses*

el and **la** are sometimes used in Spanish where they wouldn't appear in English:
la sociedad española *Spanish society*
Me gustan los deportes. *I like sports.*

Feminine words which start with a stressed **a**, like **agua**, use **el** as the article even though they are feminine:
el agua *the water*

When talking about days of the week, use **el** and **los** to mean 'on':
Vuelvo **el** domingo. *I'm returning **on** Sunday.*
Juego al tenis **los** sábados. *I play tennis **on** Saturdays.*

Contractions:
a + el = al
Voy **al** centro. *I'm going to the centre.*
de + el = del
el padre **del** chico *the boy's father*

The indefinite article

un and **una** mean *a/an* in English; **unos** and **unas** mean 'some'.

	masculino	femenino
singular **plural**	**un** libro *a book* **unos** libros *some books*	**una** casa *a house* **unas** casas *some houses*

We don't use **un** or **una** in these cases:

a Professions:
Soy profesor. *I'm a teacher.*
Ana es arquitecta. *Ana is an architect.*

b Questions and negations:
¿Tienes hermanos? *Do you have any brothers?*
No. No tengo hermanos. *No. I don't have any brothers.*

c Plurals:
Quiero manzanas. *I'd like some apples.*

VERBOS | VERBS

Present tense of regular verbs

SEE PAGE 10

There are three types of regular verbs in Spanish: **-ar, -er,** and **-ir** verbs. Study the table.

	-ar	-er	-ir
	estudiar	**comer**	**escribir**
yo	estudi**o**	com**o**	escrib**o**
tú	estudi**as**	com**es**	escrib**es**
él / ella / Vd	estudi**a**	com**e**	escrib**e**
nosotros/as	estudi**amos**	com**emos**	escrib**imos**
vosotros/as	estudi**áis**	com**éis**	escrib**ís**
ellos / ellas / Vds	estudi**an**	com**en**	escrib**en**

Irregular verbs

There are several different types of irregular verbs.

Verbs that are irregular in the 1st person singular

SEE PAGES 25, 28

Examples:

verb	1st person singular (**yo**)	English
conocer	**conozco**	*to know (someone / a place)*
dar	**doy**	*to give*
hacer	**hago**	*to make / to do*
saber	**sé**	*to know (something / how to do something)*
salir	**salgo**	*to leave / to go out*

Verbs that are irregular in other persons

	ser *to be*	**estar** *to be*	**ir** *to go*
yo	soy	estoy	voy
tú	eres	estás	vas
él / ella / Vd	es	está	va
nosotros/as	somos	estamos	vamos
vosotros/as	sois	estáis	vais
ellos / ellas / Vds	son	están	van

Radical changing verbs: verbs that change their stem

SEE PAGES 25, 28

These verbs change their stem in the 1st and 2nd person singular and the 3rd person singular and plural. There are three kinds of these verbs:

from **e** to **ie**		from **e** to **i**		from **o** to **ue**	
querer *to want*		**pedir** *to ask for*		**dormir** *to sleep*	
qu**ie**ro	queremos	p**i**do	pedimos	d**ue**rmo	dormimos
qu**ie**res	queréis	p**i**des	pedís	d**ue**rmes	dormís
qu**ie**re	qu**ie**ren	p**i**de	p**i**den	d**ue**rme	d**ue**rmen

Examples:

from **e** to **ie**	from **e** to **i**	from **o** to **ue**
cerrar *to close* empezar *to begin* entender *to understand* perder *to lose* preferir *to prefer* recomendar *to recommend*	repetir *to repeat* servir *to serve* vestir(se) *to dress*	acostar(se) *to go to bed* costar *to cost* doler *to hurt, to ache* encontrar *to meet, to find* morir *to die* volver *to return*

Here are some examples:
La tienda c**ie**rra a las ocho. *The shop closes at eight.*
Te recom**ie**ndo la sopa. *I recommend the soup (to you).*
Me v**i**sto rápidamente. *I get dressed quickly.*
¿Cuánto c**ue**sta? *How much does it cost?*

Verbs that are a mixture of 1 and 3 (above)

tener	*to have*	venir	*to come*
tengo	tenemos	**vengo**	venimos
t**ie**nes	tenéis	v**ie**nes	venís
t**ie**ne	t**ie**nen	v**ie**ne	v**ie**nen

The verb *jugar* (to play), which has its own pattern

j**ue**go	jugamos
j**ue**gas	jugáis
j**ue**ga	j**ue**gan

Reflexive verbs

SEE PAGES 25, 28, 81

These are verbs like **levantarse**, which means literally *to get (oneself) up*. Others are **despertarse** (to wake up), **bañarse** (to bathe), etc. In the infinitive form, **se** appears on the end of the verb (**levantar<u>se</u>**) but when we conjugate the verb the reflexive pronoun appears at the beginning:

yo	**me** levanto
tú	**te** levantas
él / ella / Vd	**se** levanta
nosotros/as	**nos** levantamos
vosotros/as	**os** levantáis
ellos / ellas / Vds	**se** levantan

Impersonal constructions with *se*

SEE PAGES 70, 148

These are often used in formal situations or on notices and signs:

¿Se puede pagar con tarjeta?	*Is it possible to pay by card?*
Se habla español	*Spanish spoken*
Se alquilan bicicletas	*Bicycles for hire*

Ser and *estar* (to be)

SEE PAGES 4, 7, 10, 30, 36, 65, 68, 70

We use **ser** to say who we are, our jobs, our nationality, or for descriptions (colour, size, personality, etc.):

Soy María.	*I'm María.*
¿**Eres** profesora?	*Are you a teacher?*
Es española.	*She's Spanish.*
El coche **es** blanco.	*The car is white.*
Los hermanos **son** altos.	*The brothers are tall.*
María **es** simpática.	*Maria is nice.*

Estar is used in the following circumstances:

1. to describe where something or someone is:
   ¿Dónde **está**? **Está** en el sur.
   Where is it? It's in the south.
   ¿Dónde **estás**? **Estoy** en el tren.
   Where are you? I'm on the train.
2. to describe something that can change or has changed:
   La mesa **está** sucia. *The table is dirty.*
   El espejo **está** roto. *The mirror is broken.*

3 to describe someone's mood or health:
Estoy triste. *I'm sad.*
Mi madre **está** enferma. *My mother is ill.*
4 to describe marital status:
Estoy casado. *I'm married.*
Está divorciada. *She is divorced.*

The present continuous tense

SEE PAGES 27, 28

We use this tense to describe something that is happening at the moment. It is formed by the verb **estar** with the gerund of the main verb (the '-ing' ending of English verbs). For **-ar** verbs the gerund ending is **-ando** and for **-er** and **-ir** verbs it is **-iendo**.

-ar verbs: **-ando** **estoy** trabaj**ando** *I'm working*
-er verbs: **-iendo** **está** com**iendo** *he's having lunch*
-ir verbs: **-iendo** **están** viv**iendo** … *they're living …*

Some **-ir** verbs change the stem in the gerund form as well:

dormir **durmiendo** sleeping
pedir **pidiendo** asking

The preterite tense (simple past)

SEE PAGES 50, 52, 54, 106, 113, 114

We use this tense to describe actions in the past, such as 'I studied', 'I had a meal' or 'I wrote'.

	-ar	-er	-ir
yo	estudi**é**	com**í**	escrib**í**
tú	estudi**aste**	com**iste**	escrib**iste**
él / ella / Vd	estudi**ó**	com**ió**	escrib**ió**
nosotros/as	estudi**amos**	com**imos**	escrib**imos**
vosotros/as	estudi**asteis**	com**isteis**	escrib**isteis**
ellos / ellas / Vds	estudi**aron**	com**ieron**	escrib**ieron**

Some verbs are irregular in the 1st person singular:
sacar: Sa**qué** entradas. *I bought tickets.*
cruzar: Cru**cé** la calle. *I crossed the street.*
empezar: Empe**cé** la novela ayer. *I started the novel yesterday.*
jugar: Ju**gué** esta mañana. *I played this morning.*
llegar: Lle**gué** tarde. *I arrived late.*

These verbs add **y** in the 3rd person singular and plural:
leer: le**yó** / le**yeron** el libro *s/he / they read the book*
caer: ca**yó** / ca**yeron** *s/he / they fell*

Irregular forms in the simple past

Notice that the simple past forms of the verbs **ser** (to be) and **ir** (to go) are the same. So, for example, **fue** can mean 'it was' or 'he/she went':
La película **fue** interesante. *The film was interesting.*
María **fue** a Madrid. *María went to Madrid.*

	ser and **ir**	**hacer**	**venir**	**tener**	**dormir**
yo	fui	hice	vine	tuve	dormí
tú	fuiste	hiciste	viniste	tuviste	dormiste
él / ella / Vd	fue	hizo	vino	tuvo	d**u**rmió
nosotros/as	fuimos	hicimos	vinimos	tuvimos	dormimos
vosotros/as	fuisteis	hicisteis	vinisteis	tuvisteis	dormisteis
ellos / ellas / Vds	fueron	hicieron	vinieron	tuvieron	d**u**rmieron

The present perfect tense

SEE PAGES 73, 78, 81, 88

We use this tense to say what we have done or what has happened recently. It is formed with the verb **haber +** the past participle of the main verb.

	haber	Past participle		
		-ar = -ado	-er = ido	-ir = ido
yo tú él/ella/Vd nosotros/as vosotros/as ellos/ellas/Vds	**he** **has** **ha** **hemos** **habéis** **han**	estudi**ado**	com**ido**	viv**ido**

Examples:
He terminado mis deberes. *I've finished my homework.*
María **ha salido**. *María has gone out.*
Mis padres **han ido** al cine. *My parents have gone to the cinema.*

Some verbs have irregular past participles, which need to be learnt:
decir: **dicho** *said / told* escribir: **escrito** *written*
hacer: **hecho** *done / made* poner: **puesto** *put*
romper: **roto** *broken* ver: **visto** *seen*

The imperfect tense

SEE PAGES 104, 106, 113, 114, 146, 150

We use this tense in the following ways:

1 in the same way as we use 'used to do' in English:
Jugaba al tenis. *I used to play tennis.*
2 to describe what something was like:
La casa **era** grande. *The house was big.*
3 to describe things that happened again and again in the past:
Todos los días **íbamos** a la playa.
Every day we went to the beach.

Notice that the imperfect endings of **-er** and **-ir** verbs are the same.

	-ar	-er	-ir
yo	estudi**aba**	com**ía**	escrib**ía**
tú	estudi**abas**	com**ías**	escrib**ías**
él / ella / Vd	estudi**aba**	com**ía**	escrib**ía**
nosotros/as	estudi**ábamos**	com**íamos**	escrib**íamos**
vosotros/as	estudi**abais**	com**íais**	escrib**íais**
ellos / ellas / Vds	estudi**aban**	com**ían**	escrib**ían**

Note also **había** (there was/were) from the verb **haber** (**hay** in the present tense).

These verbs are irregular in the imperfect tense and need to be learnt:

	ser	ir	ver
yo	era	iba	veía
tú	eras	ibas	veías
él / ella / Vd	era	iba	veía
nosotros/as	éramos	íbamos	veíamos
vosotros/as	erais	ibais	veíais
ellos / ellas / Vds	eran	iban	veían

The future tense

There are two main ways of expressing the future in Spanish. We can also talk about the future by using the present tense.

1 The first way is sometimes called the 'immediate future' and is formed by using the verb **ir** + **a** + the infinitive of the main verb. We use it to say what is going to happen.

SEE PAGES 41, 44

yo	**voy a**		*I'm going*
tú	**vas a**		*you are going*
él/ella/Vd	**va a**	estudiar	*he / she is going to study*
nosotros/as	**vamos a**		*we're going*
vosotros/as	**vais a**		*you're going*
ellos/ellas/Vds	**van a**		*they're going*

2 We can also express the future by adding the following endings, **-é**, **-ás**, **-á**, **-emos**, **-éis**, **-án**, to the infinitive form of the verb. We sometimes use this tense to talk about plans or about what will happen.

SEE PAGES 160, 164

	-ar	-er	-ir
yo	estudiar**é**	comer**é**	escribir**é**
tú	estudiar**ás**	comer**ás**	escribir**ás**
él/ella/Vd	estudiar**á**	comer**á**	escribir**á**
nosotros/as	estudiar**emos**	comer**emos**	escribir**emos**
vosotros/as	estudiar**éis**	comer**éis**	escribir**éis**
ellos/as/ Vds	estudiar**án**	comer**án**	escribir**án**

Examples:

Estudiaré mañana. *I'll study tomorrow.*
Comerá un bocadillo. *He'll eat a sandwich.*
¿Me **escribirás**? *Will you write to me?*

Some verbs form the future in a different way. The endings are still the same but the stem changes:

decir *to say / tell* **diré** salir *to go out / to leave* **saldré**
hacer *to do* **haré** tener *to have* **tendré**
poner *to put* **pondré** venir *to come* **vendré**

3 We can also use the present tense to talk about future arrangements:

SEE PAGE 124

¿Qué **hacemos**? *What shall we do?*
¿A qué hora **quedamos**? *What time shall we meet?*

Conditional sentences

if... with the future

We use the present simple tense with **si** (if) and the future tense to talk about what we will do if something happens:

Si llueve iré al cine. *If it rains I'll go to the cinema.*

Passive voice

The passive is used less in Spanish than in English. It is formed with **ser** and the past participle of the main verb.

If we want to say 'The school was built last year' in Spanish we can use the reflexive form with **se**:
El instituto **se construyó** el año pasado.

or the passive:
El instituto **fue construido** el año pasado.

Imperative: informal and formal

SEE PAGES 56, 62, 141, 142, 150

Study the grid of the informal and formal imperative forms for regular verbs

	Informal		Formal	
	singular	plural	singular	plural
-ar verbs	**escucha**	**escuchad**	**escuche**	**escuchen**
-er verbs	**bebe**	**bebed**	**beba**	**beban**
-ir verbs	**escribe**	**escribid**	**escriba**	**escriban**

If we want to tell a friend or friends to listen, we use the informal imperative:
¡Escucha! for one person;
¡Escuchad! for more than one person.

Reflexive verbs in the imperative add the reflexive pronoun at the end. Note that the **d** of **levantad** and **sentad** disappears:

	singular		plural	
levantarse	**levántate**	*get up*	**levantaos**	*get up (all of you)*
sentarse	**siéntate**	*sit down*	**sentaos**	*sit down (all of you)*

A number of verbs have irregular imperatives:

	Informal (Formal) singular	plural		
hacer	**haz (haga)**	**haced (hagan)**	haz los deberes	*do your homework*
ir	**ve (vaya)**	**id (vayan)**	ve ahora	*go now*
salir	**sal (salga)**	**salid (salgan)**	sal de aquí	*go away from here*
tener	**ten (tenga)**	**tened (tengan)**	ten el dinero	*have the money*
venir	**ven (venga)**	**venid (vengan)**	ven aquí	*come here*

Some expressions use the formal form of imperatives:
Oiga, por favor. *Excuse me please.*
Dígame. *Hello.* (When answering the phone: lit. *talk to me*)

Negative imperatives use the present subjunctive. For regular verbs these are as follows:

	Informal singular	plural
-ar verbs	**no escuches**	**no escuchéis**
-er verbs	**no bebas**	**no bebáis**
-ir verbs	**no escribas**	**no escribáis**

Some common irregular negative imperatives:

	Informal singular	plural
decir	**no digas**	**no digáis**
salir	**no salgas**	**no salgáis**
venir	**no vengas**	**no vengáis**

The verb *gustar*

SEE PAGES 13, 14, 18, 28, 120, 124, 152, 158

We use **gustar** in the 3rd person singular and plural to say what we like. We use it with object pronouns (**me / te / le** etc.). **Gustar** literally means 'to please' so **me gusta el cine** (I like the cinema) is directly translated as 'the cinema pleases me'.

Me / te / le / nos / os / les gusta el cine.
I / you / he,she / we / you / they like the cinema.

Me / te / le / nos / os / les gustan las manzanas.
I / you /he,she / we / you / they like apples.

Look at these examples:

Me gusta el cine.	*I like the cinema.* (lit. *the cinema pleases me*)
Me gustan las manzanas.	*I like apples.* (lit. *apples please me*)
¿**Te** gusta la paella?	*Do you like paella?*
Le gusta el arte.	*She / He likes art.*
Le gustan los deportes.	*She / He likes sports.*

To say that we like *doing* something, we use **gustar** followed by a verb in the infinitive:
Me gusta **leer**. *I like reading.*

Explaining what you would like to do

SEE PAGES 36, 158

For this we use the verb **gustar** in the conditional form **(gustaría)**.

¿Dónde **te gustaría** vivir?	*Where would you like to live?*
Me gustaría vivir en un pueblo.	*I'd like to live in a village.*

Negatives

To form the negative, we simply start the sentence / question with **no**.

No juego al fútbol.	*I don't play football.*
¿**No** vienes conmigo?	*Aren't you coming with me?*

Here are some other negative expressions with **no**:

No voy **nunca** al cine.	*I never go to the cinema.*
No me gusta **nada** la televisión.	*I don't like television at all.*
No tengo **ni** leche **ni** pan.	*I have neither milk nor bread.*
No hay **nadie**.	*There isn't anybody.*

Alternatively, we can start the sentence with the negative word and omit **no**.

Nunca voy al cine. *I never go to the cinema.*

ADJETIVOS — ADJECTIVES

SEE PAGES 9, 10

Adjectives in Spanish agree with the noun they describe, so the endings change according to whether the noun is masculine, feminine, singular or plural. They also usually come after the noun.

	masculino	**femenino**
singular	un chico alt**o**	una chica alt**a**
plural	unos chicos alt**os**	unas chicas alt**as**

Adjectives that end in a consonant or in **-e** do not change in the singular form:

un coche gris	*a grey car*
una bicicleta gris	*a grey bike*
un coche verde	*a green car*
una bicicleta verde	*a green bike*

In the plural form, adjectives ending in a consonant add **-es** and those ending in **-e** simply add **-s**:
dos coches gris**es** dos bicicletas verde**s**

Some adjectives change their form when they occur before the noun:
El tiempo es **bueno**. / Hace **buen** tiempo.
The weather is good. / It's good weather.
El tiempo es **malo**. / Hace **mal** tiempo.
The weather is bad. / It's bad weather.

Possessive adjectives

SEE PAGES 10, 36

In Spanish the possessive adjective agrees with the person or object possessed and not with the possessor. So **mi hermano** means *my brother* and **mis hermanos** means *my brothers*.

1st and 2nd person plural possessive adjectives have a masculine and a feminine form:

	masculino		femenino	
singular	**mi** hermano	*my brother*	**mi** hermana	*my sister*
	tu libro	*your book*	**tu** casa	*your house*
	su cuaderno	*his / her / your exercise book*	**su** regla	*his / her / your ruler*
	nuestro coche	*our car*	**nuestra** clase	*our class*
	vuestro instituto	*your school*	**vuestra** universidad	*your university*
	su bolígrafo	*their / your pen*	**su** amiga	*their / your friend*
plural	**mis** hermanos	*my brothers*	**mis** hermanas	*my sisters*
	tus libros	*your books*	**tus** casas	*your houses*
	sus cuadernos	*his / her / your exercise books*	**sus** reglas	*his / her / your rulers*
	nuestros coches	*our cars*	**nuestras** clases	*our classes*
	vuestros institutos	*your schools*	**vuestras** universidades	*your universities*
	sus bolígrafos	*their / your pens*	**sus** amigas	*their / your friends*

We use **de** to express possession or family relation:

el padre **de** Isabel — *Isabel's father* (lit. *the father of Isabel*)
el coche **de** mi amigo — *my friend's car*

Comparatives and superlatives

SEE PAGES 60, 62

Comparatives

To say 'more … than' we use **más** + the adjective + **que**:
El Talgo es **más** rápido **que** el Intercity.
The Talgo is faster than the Intercity.
El tren es **más** cómodo **que** el autocar.
The train is more comfortable than the coach.

To say 'less … than' we use **menos** + the adjective + **que**:
El autocar es **menos** caro **que** el Talgo.
The coach is less expensive than the Talgo.
El autocar es **menos** cómodo **que** el tren.
The coach is less comfortable than the train.

To say something is *as … as* we use **tan** + adjective + **como**:
El libro es **tan** interesante **como** la película.
The book is as interesting as the film.

Some comparatives do not follow this pattern:

mejor	*better*	**mayor**	*older*
peor	*worse*	**menor**	*younger*

Superlatives

To say something is the best or biggest, we use **el** or **la** + **más** + adjective:
El Talgo es **el más** rápido. — *The Talgo is the fastest.*
La bicicleta es **la más** barata. — *The bicycle is the cheapest.*

To say something or somebody is the biggest, fastest, most beautiful, etc. we put the definite article (**el/la/los/las**) in front of the noun + **más** + the adjective:
el coche **más** rápido — *the fastest car*
la casa **más** grande — *the biggest house*

ADVERBIOS — ADVERBS

Many adverbs are formed by adding **-mente** to adjectives, like adding '-ly' to adjectives in English:

rápido — El coche va **rápidamente**.
The car goes quickly.
probable — **Probablemente** lloverá.
It will probably rain.

Adverbs of time

SEE PAGE 124

These are used to describe how often we do something:

Voy al cine **a menudo**.	*I **often** go to the cinema.*
Voy al teatro **a veces**.	***Sometimes** I go to the theatre.*
Voy a la piscina **muy poco**.	*I **rarely** go to the swimming pool.*
Juego al tenis **de vez en cuando**.	*I play tennis **from time to time**.*
Ahora estudio en la universidad.	***Now** I'm studying at university.*
Siempre desayuno cereales.	*I **always** have cereals for breakfast.*

Other adverbs:

Me gusta **mucho** el cine.	*I like the cinema **a lot**.*
Juega **bien**.	*He plays **well**.*
Juegan **mal**.	*They play **badly**.*
Vivo **aquí**.	*I live **here**.*
María vive **allí**.	*María lives **there**.*
He comido **bastante**.	*I've eaten **enough**.*

PRONOMBRES — PRONOUNS

Sujeto	**Subject**
Yo soy estudiante.	*I*
¿**Tú** eres española?	*you*
Él / Ella / Usted es de Madrid	*he / she / you* (formal)
Nosotros / Nosotras somos estudiantes.	*we* (masc / fem)
¿**Vosotros / Vosotras** sois estudiantes?	*you* (masc / fem)
Ellos / Ellas son de Argentina.	*they* (masc / fem)
¿**Ustedes** son de Perú?	*you* (formal plural)

In a normal conversation, subject personal pronouns are not used:

A: Hola Pedro. ¿Adónde vas?
B: Voy al gimnasio.

We include the subject pronouns when we need to emphasise something:

A: ¡Hola! ¿Quién eres?
B: **Yo** soy Ana. Trabajo aquí. ¿Y **tú**?
A: **Yo** soy Alfonso. **Yo** trabajo aquí también.

or when we want to distinguish between two people:

María y Manuel estudian en la universidad. **Él** estudia Historia y **ella** estudia Ciencias.

Tú and Usted

The **Usted** form is used in formal situations or when speaking to someone, usually older than you, whom you don't know, or to someone in authority. Mostly people of the same age use the **tú** form, and they also use it with older people they know well.

Note that **usted** and **ustedes** are sometimes written as **Vd** (or **Ud**) and **Vds** (**Uds**).

Object pronouns

SEE PAGES 59, 62, 70, 77, 78, 134

Object pronouns can be direct or indirect.

Direct:	**Lo** compró.	*He bought **it**.*
Indirect:	**Me** compró un libro.	*He bought **me** a book.* (a book **for me**)

In most cases both direct and indirect pronouns have the same form:

	Direct object pronouns		Indirect object pronouns	
	singular	plural	singular	plural
1st person	**me**	**nos**	**me**	**nos**
2nd person	**te**	**os**	**te**	**os**
3rd person	**lo/le, la**	**los/les, las**	**le (se)**	**les (se)**

Object pronouns usually go before the verb:
¿Qué **me** recomienda? *What do you recommend (to me)?*

Exceptions:
Object pronouns go on the end of the infinitive:
¿Puede pasar**me** la sal? *Could you pass me the salt please?*

Also on the end of requests in the form of commands:
Pása**me** la sal. *Pass me the salt.*
Páse**me** la sal. *Could you pass me the salt?* (formal)

They can also be attached to a gerund form:
Estoy comiéndo**lo**. *I'm eating it.*

SEE PAGE 88

Note that when we refer to parts of the body, we use a reflexive pronoun (**me** / **te** / **se** etc.) with the verb and the definite article (**el/la**) with the noun:

Me he cortado **la** mano. *I've cut **my** hand.* (not **mi** mano)

Personal pronouns with a preposition

These are usually used after a preposition. They are:

mí	Compró el libro para **mí.**	*He / She bought the book for **me**.*
ti	Confía en **ti**.	*He / She trusts **you.***
él	Trabaja con **él**.	*He / She works with **him**.*
ella	Estudia con **ella**.	*He / She studies with **her**.*
usted	¿Este libro es de **usted**?	*Is this book yours?* (lit. *of **you***).
nosotros/as	El dinero es para **nosotros**.	*The money is for **us**.*
vosotros/as	El regalo es para **vosotros**.	*The gift is for **you**.*
ellos/as	Juan vive con **ellos**.	*Juan lives with **them**.*
ustedes	¿Este señor está con **ustedes**?	*Is this gentleman with **you**?*

Note that **mí** and **ti** used with **con** have their own special form:

¿Vienes **conmigo**? *Are you coming with me?*
Voy al cine **contigo**. *I'm coming to the cinema with you.*

Possessive pronouns

SEE PAGES 36, 100, 106

Masculine singular:
el mío *mine* / **el tuyo** *yours* / **el suyo** *his, hers, yours* / **el nuestro** *ours* / **el vuestro** *yours* / **el suyo** *theirs, yours*

Femenine singular:
la mía / la tuya / la suya / la nuestra / la vuestra / la suya

Masculine plural:
los míos / los tuyos / los suyos / los nuestros / los vuestros / los suyos

Femenine plural:
las mías / las tuyas / las suyas / las nuestras / las vuestras / las suyas

Examples: ¿Es tu casa? Sí, es **la mía.**
¿Estos son los libros de Juan? Sí, son **los suyos.**

Indefinite pronouns

There are four main ones: **algo** (something), **alguien** (someone, anyone), **nada** (nothing), **nadie** (no-one).

Lleva **algo** en la mano.	*He's carrying **something** in his hand.*
Viene **alguien.**	***Someone** is coming.*
No lleva **nada**.	*He isn't carrying **anything**.*
No viene **nadie**.	***No-one** is coming.*

Interrogative pronouns (question words)

Notice that they all have an accent:

¿Qué?	*What?*	¿Quién(es)?	*Who?*
¿Cuál(es)?	*Which?*	¿Cómo?	*How?*
¿Dónde?	*Where?*	¿Adónde? (To)	*Where?*
¿Cuándo?	*When?*	¿Cuánto/a/os/as?	*How much?*
¿Por qué?	*Why?*		*How many?*

SEE PAGES 10, 13, 18

We use **¿Qué...?** when the question word is followed by a noun:
¿**Qué** bebida quieres?
What drink do you want?

And we use **¿Cuál...?** when the question word is followed by a verb:
¿**Cuál** es tu bebida favorita?
What is your favourite drink?

If we use a preposition with a question word, it goes before the question word:
¿**De qué** hablas con tus padres?
*What do you talk **about** with your parents?*

But note that when **a** is used with **dónde**, the two words become one:
¿**Adónde** vas? *Where are you going?*

Demonstrative pronouns

SEE PAGES 6, 10

éste / ésta *this* éstos / éstas *these*

They are used to present or introduce things or people. Each form agrees with the noun:

Éste es mi padre. ***This** is my father.*
Éstas son mis hermanas. ***These** are my sisters.*

They are also used to indicate something without saying its name:
Quiero **éste.** *I want **this one**.* (pointing at a sweater – **un jersey**)

LOS NÚMEROS — NUMBERS

Ordinal numbers

Ordinal numbers agree in gender with the noun.

primero/a	1st*	sexto/a	6th
segundo/a	2nd	séptimo/a	7th
tercero/a	3rd**	octavo/a	8th
cuarto/a	4th	noveno/a	9th
quinto/a	5th	décimo/a	10th

*el **primer** piso /la **primera** calle
el **tercer piso / la **tercera** calle

PREPOSICIONES — PREPOSITIONS

SEE PAGES 33, 109, 114, 138, 142

a	*to, at*	hacia	*towards*
con	*with*	hasta	*until*
de	*from, of*	para	*for* (see below)
desde	*from, since*	por	*for* (see below)
en	*in, on*	sin	*without*
entre	*between, amongst*	sobre	*on, about, above*

Prepositions of place

delante de	*in front of*
detrás de	*behind*
debajo de	*under*
dentro de	*in, inside*
encima de	*on top of*
enfrente de	*opposite*
cerca de	*near*
lejos de	*a long way from*

The personal *a*

Spanish always places **a** before a person:
Invitó **a** María al cine. *He invited María to the cinema.*

Uses of *por* and *para*

Trabajo **por** la mañana.	*I work **in** the morning.*
Voy a mi trabajo **por** el parque.	*I go to work **through** the park.*
Nos comunicamos **por** email.	*We communicate **by** e-mail.*
Cuesta veinte euros **por** hora.	*It costs twenty euros **per** hour.*
El regalo es **para** mi madre.	*The gift is **for** my mother.*
¿De dónde sale el tren **para** Madrid?	*Where does the train **for** Madrid leave from?*

CONJUNCIONES — CONJUNCTIONS

y	el chico **y** la chica	*the boy **and** the girl*
e (before **i** or **hi**)	padre **e** hijo	*father **and** son*
o	más **o** menos	*more **or** less*
u (before **o**)	uno **u** otro	*one **or** another*
pero	Tengo un hermano **pero** no tengo hermanas.	*I have a brother **but** I don't have sisters.*
porque	Fue **porque** le invitaron.	*He went **because** they invited him.*

Vocabulario español–inglés

A

abajo *below, downstairs*
el abanico *fan (hand)*
el / la abogado/a *lawyer, solicitor*
el abrazo *hug*
abril *(m)* *April*
el / la abuelo/a *grandfather / grandmother*
el accidente *accident*
acompañar *to accompany*
acordarse *to remember*
el actor *actor*
la actriz *actress*
actualmente *now, nowadays*
actuar *to act*
además *besides*
¿adónde? *(to) where?*
el agua *(f)* *water*
alemán / alemana *German*
el algodón *cotton*
alrededor *around, surrounding*
el ama de casa *(f)* *housewife*
amable *friendly, kind*
amarillo/a *yellow*
América del Sur *South America*
el / la amigo/a *friend*
el año *year*
anoche *last night*
aparte de *apart from*
el apellido *surname*
arriba *above, upstairs*
el asiento *seat*
la aspiradora *vacuum cleaner*
el atún *tuna*
el autobús *bus*
la ayuda *help, assistance*
el ayuntamiento *town hall*
el azúcar *sugar*
azul *blue*

B

el bacalao *cod*
bailar *to dance*
bajo/a *short*
el balcón *balcony*
el banco *bank*
bañarse *to bathe*
la barba *beard*
la basura *rubbish*
beber *to drink*
la bicicleta *bicycle*
el bigote *moustache*
la blusa *blouse*
la boca *mouth*
la bombilla *(light) bulb*
las botas *boots*

C

el caballo *horse*
cada *each, every*
la cafetería *cafeteria*
la caja *box, till*
caliente *hot*
el calor *heat*
el calvo/a *bald*
el / la camarero/a *waiter / waitress*
cansado/a *tired*
el / la cantante *singer*
cantar *to sing*
la cara *face*
el carácter *character*
caro/a *expensive*
la carta *letter / menu*
la casa *house*
casado/a *married*
(el pelo) castaño (claro / oscuro) *(light / dark) chestnut brown (hair)*
la catedral *cathedral*
la cebolla *onion*
los cereales *cereals*
cerrado/a *closed*
cerrar *to close*
la cerveza *beer*
el ciclismo *cycling*
el cine *cinema*
claro/a *light (colour)*
el coche *car*
cocinar *to cook*
el / la cocinero/a *cook*
coger *to get, to catch (a bus or train)*
la coleta *pony tail*
el color *colour*
el conejillo de indias *guinea pig*
contento/a *happy*
el correo *the post*
la cosa *thing*
la costa *coast*
costar *to cost*
creer *to believe*
¿cuándo? *when?*
cuarto/a *fourth*
el cumpleaños *birthday*

D

de acuerdo *OK, agreed*
de nuevo *again*
deber *must*
deber (¿cuánto le debo?) *to owe (how much do I owe you?)*
decir *to say, to tell*
el dedo *finger*
dejar de (+ infinitive) *to stop (doing)*
delante de *in front of*
delgado/a *thin, slim*
deme … *(Could you) give me …?*
el / la dentista *dentist*
el desastre *disaster*
desde hace (tres años) *for (three years)*
el desempleo *unemployment*
después (de) *after (afterwards)*
destruir *to destroy*
detrás (de) *behind*
dibujar *to draw*
el dibujo *drawing, picture*
diciembre *(m)* *December*
la diferencia *difference*
difícil *difficult*
la dirección *address / direction*
el director *director*
el disco *record (CD)*
la discoteca *disco*
divorciado/a *divorced*
el documental *documentary*
el dormitorio *bedroom*
ducharse *to have a shower*
durante *during, for*

E

echar / echan la película *to show / they are showing the film*
la edad *age*
el ejemplo *example*
el / la electricista *electrician*
elegante *smart, elegant*
empezar *to begin*
el / la empresario/a *company manager*
encantado/a *delighted to meet you*
encima de *on top of*
enero *(m)* *January*
enfadado/a *angry*
el / la enfermero/a *nurse*
enfermo/a *ill*
la ensalada *salad*
entender *to understand*
entonces *then, next*
entrar *to go in, to enter*
enviar *to send*
el equipo *team / equipment*
escocés / escocesa *Scottish*
escuchar *to listen*
la escuela *school*
la esquina *corner*
la estación *station*
el estadio *stadium*
la estatura (mediana) *(medium) height*
estropear *to break*
el euro *euro*
evitar *to avoid*
exactamente *exactly*
el examen *exam*
el éxito *success*
explicar *to explain*

F

la fábrica	*factory*
fácil	*easy, simple*
[illegible]	*[illegible]*
la familia	*family*
famoso/a	*famous*
la farmacia	*pharmacy*
febrero *(m)*	*February*
feliz	*happy*
la ficha	*(registration) form*
firmar	*to sign*
el / la fontanero/a	*plumber*
la foto	*photo*
francés / francesa	*French*
la frase	*sentence / phrase*
la fresa	*strawberry*
el frigorífico	*fridge*
frío/a	*cold*
la frutería	*fruiterer*
fuera	*outside*
funcionar	*to function, to work*
el fútbol	*football*
el futuro	*the future*

G

la galería	*gallery*
galés / galesa	*Welsh*
las gambas	*prawns*
ganar un premio	*to win a prize*
el gato	*cat*
generalmente	*generally*
la geografía	*Geography*
gordo/a	*fat, well-built*
grande	*big*
gratis	*free*
gris	*grey*
guapo/a	*good-looking*
guardar	*to keep*
el grupo	*group*

H

hablar	*to speak*
hace (tres meses)	*(three months) ago*
hace cinco años (que juego)	*I've been (playing) for five years*
¿hace cuánto tiempo?	*how long?*
hacerse socio	*to join, become a member*
hacia	*towards*
el hambre (f)	*hunger*
la hamburguesa	*hamburger*
(estar) harto (de)	*to be fed up (with)*
hasta	*until*
la herida	*injury*
el / la hermanastro/a	*half-brother / sister*
el / la hermano/a	*brother / sister*
el / la hijo/a	*son / daughter*
el hombre	*man*
la hora	*the time*
hoy	*today*
el humo	*smoke*

I

la iglesia	*church*
imposible	*impossible*
el / la ingeniero/a	*engineer*
inmediatamente	*immediately*
inteligente	*intelligent*
interesante	*interesting*
invitar	*to invite*

J

el jabón	*soap*
el jamón	*ham*
el jefe	*boss*
el jersey	*sweater*
joven	*young*
el joven	*young person*
jubilado/a	*retired*
el juego	*game*

L

el laboratorio	*laboratory*
el lado	*side*
el lavaplatos	*dishwasher*
lavarse	*to wash oneself*
la leche	*milk*
la lechuga	*lettuce*
la lectura	*reading material*
leer	*to read*
las lentes de contacto	*contact lenses*
levantarse	*to get up*
el libro	*book*
el limón	*lemon*
la limonada	*lemonade*
el litro	*litre*
la llamada	*(telephone) call*
llamarse	*to be named*
la llave	*key*
lleno/a	*full*
llevar	*to wear*
llorar	*to cry*
llover (llueve)	*to rain (it rains / it's raining)*
la lotería	*lottery*
luego	*then, later, after*

M

la madrastra	*stepmother*
la madre	*mother*
la maleta	*suitcase*
la manzana	*apple*
la máquina	*machine*
mareado/a	*faint, sick*
el marido	*husband*
el matrimonio	*married couple*
mayor	*older*
el médico	*doctor*
el medio ambiente	*the environment*
medir (¿cuánto mides?)	*to measure (how tall are you?)*
(a lo) mejor	*probably, (I) expect*
mejor	*better*
menor	*younger*
el mensaje	*message*
mentir	*to lie*
a menudo	*often*
el mercado	*market*
la mesa	*table*
el metro	*underground*
moderno/a	*modern*
moreno/a	*dark, brown (hair, eyes)*
morir	*to die*
el (teléfono) móvil	*mobile (phone)*
muerto/a (estar)	*(to be) dead*
la mujer	*woman, wife*
la música	*music*

N

nacer	*to be born*
nadar	*to swim*
la naranja	*orange (fruit)*
la nariz	*nose*
la natación	*swimming*
el / la nieto/a	*grandson / granddaughter*
el / la niño/a	*child*
la noche	*night*
la Nochebuena	*Christmas Eve*
la Nochevieja	*New Year's Eve*
normalmente	*normally*
la novela	*novel*
el / la novio/a	*fiancé/ée, boyfriend/ girlfriend*
la nube	*cloud*

O

odiar	*to hate*
el oído	*ear*
oír	*to hear, to listen*
el ojo	*eye*
el olor	*smell*
olvidar	*to forget*
ordenado/a	*tidy, organised*
el ordenador	*computer*
ordenar	*to tidy, to organise*
organizar	*to organise*

P

el padrastro	*stepfather*
el padre	*father*
el paisaje	*countryside*
el pájaro	*bird*
la panadería	*baker's*
la papelería	*stationer's*
parar	*to stop*
la pareja	*couple*
los parientes	*relatives*
el / la pasajero/a	*passenger*
pasear	*to walk, stroll*
la pasta de dientes	*toothpaste*
el pastel	*cake*
la pastelería	*cake shop*

pedir	*to ask for*
peinarse	*to comb one's hair*
peligroso/a	*dangerous*
pensar	*to think*
la pera	*pear*
perder	*to lose*
la pereza	*laziness*
el / la periodista	*journalist*
el perro	*dog*
pescar	*to fish*
el peso	*weight*
pintar	*to paint*
el piso	*flat (apartment)*
pobre	*poor*
poder	*to be able*
la policía	*police*
ponerse (ahora se pone)	*to come (to the phone) (he/she's just coming)*
por ahí	*around and about*
¿por qué?	*why*
porque	*because*
el primo (hermano) / la prima (hermana)	*cousin*
el problema	*problem*
el programa	*programme*
propio (mi propio libro)	*own (my own book)*
próximo/a	*next*

Q

quejarse	*to complain*
la quemadura	*burn*
el queso	*cheese*

R

el ratón	*mouse*
el / la recepcionista	*receptionist*
recordar	*to remind*
recto	*straight on*
redondo/a	*round*
el régimen	*diet*
reírse	*to laugh*
rellenar	*to fill in*
respetar	*to respect*
el retraso	*delay*
revelar	*to develop (film)*
ruidoso/a	*noisy*

S

saber	*to know*
el sabor	*taste*
la salida	*exit / departure*
salir	*to leave, to go out*
la salsa	*sauce*
sano/a	*healthy*
se escribe…	*it is spelt ...*
el / la secretario/a	*secretary*
la sed	*thirst*
el semáforo	*traffic light*
sentarse	*to sit down*
el Sida	*AIDS*
siempre	*always*
significar	*to mean*
la silla	*chair*
el sillón	*armchair*
el / la sobrino/a	*nephew / niece*
el / la socio/a	*member*
el / la soltero/a	*single (person)*
sonreír	*to smile*
subir	*to go up*
el sueldo	*salary*
la suerte (tener suerte)	*luck (to be lucky)*

T

el tabaco	*tobacco*
las tapas	*bar snacks*
la tarde	*the afternoon*
tarde	*late*
tener	*to have*
tener calor	*to be hot (person)*
tener frío	*to be cold (person)*
tener hambre	*to be hungry*
tener sed	*to be thirsty*
terminar	*to finish*
el tiempo	*weather*
a tiempo (de hacer algo)	*in time (to do something)*
tiempo libre	*free time*
el tío / la tía	*uncle / aunt*
tocar	*to touch*
tocar (un instrumento)	*to play (an instrument)*
todo el mundo	*everyone*
torcerse (me he torcido el tobillo)	*to twist/sprain (I've twisted my ankle)*
la tortilla	*omelette*
el / la turista	*tourist*

U

el / la último/a	*the last one*
la universidad	*university*
utilizar	*to use*

V

las vacaciones	*holidays*
vacío/a	*empty*
el / la vecino/a	*neighbour*
la velocidad	*speed*
la ventaja	*advantage*
el verano	*summer*
el vestido	*dress*
vestirse	*to get dressed*
viejo/a	*old*
visitar	*to visit*
el / la viudo/a	*widower / widow*
el vuelo	*flight*

W

el windsurf	*windsurfing*

Y

el yogur	*yogurt*

Z

la zanahoria	*carrot*
el zapato	*shoe*

Vocabulario inglés–español

A

abroad	*(en) el extranjero*
advertisement	*el anuncio*
airport	*el aeropuerto*
aeroplane	*el avión*
again	*otra vez*
ago (three months ago)	*hace (hace tres meses)*
AIDS	*el Sida*
air conditioning	*el aire acondicionado*
almost	*casi*
although	*aunque*
amusing	*divertido/a*
angry	*enfadado/a*
ankle	*el tobillo*
to annoy	*molestar*
to apply for a job	*pedir trabajo*
area (of a city)	*la zona*
to argue	*discutir*
argument	*la discusión*
arm	*el brazo*
to arrange to meet (we'll meet)	*quedar (quedamos)*
to arrive	*llegar*
assembly hall	*el salón de actos*
athletics	*el atletismo*
atmosphere	*el ambiente*
aunt	*la tía*

B

back (body)	*la espalda*
(to be) bad-tempered	*(tener) mal genio*
bag	*el bolso / la bolsa*
bald	*calvo/a*
ball	*la pelota*
basketball	*el baloncesto*
basketball court	*la cancha*
bath	*la bañera*
bathroom	*el baño / el cuarto de baño*
beach	*la playa*
beard	*la barba*
bedside table	*la mesilla, la mesita de noche*
besides	*además*
between	*entre*
bicycle	*la bicicleta*
bilingual	*bilingüe*
bill	*la cuenta*
blow, bump	*el golpe*
boat	*el barco*
book	*el libro*
bookshop	*la librería*
to get bored	*aburrirse*
to be bored	*estar aburrido/a*
to be boring	*ser aburrido/a*
boy	*el chico*
boyfriend	*el novio*
bracelet	*la pulsera*
to break	*romper*
breakdown	*la avería*
bridge	*el puente*
broken	*roto/a*
broken, damaged	*estropeado/a*
brother	*el hermano*
brother / sister-in-law	*el / la cuñado/a*
to build	*construir*
building	*el edificio*
bulb (light)	*la bombilla*
bump, blow	*el golpe*
to burn	*quemar*
to burn oneself	*quemarse*
bus stop	*la parada de autobús*
business	*el negocio / los negocios*
busy	*ocupado/a*
butcher's shop	*la carnicería*
butter	*la mantequilla*
to buy	*comprar*
to buy tickets	*sacar (entradas)*

C

calculator	*la calculadora*
calm	*tranquilo/a*
campsite	*la acampada / el camping*
can, tin	*la lata*
cap	*la gorra*
car hire	*el alquiler de coches*
(credit) card	*la tarjeta (de crédito)*
carpet	*la alfombra*
cartoon films	*los dibujos animados*
cashpoint	*el cajero automático*
champion	*el campeón / la campeona*
championship	*el campeonato*
to change	*cambiar*
to change (clothes)	*cambiarse*
changeable	*variable*
channel (television)	*la cadena / el canal*
character, personality	*el carácter*
to chat (chat online)	*charlar (chatear)*
cheap	*barato/a*
cheerful	*alegre*
chest (body)	*el pecho*
to choose	*elegir*
chore	*la tarea*
Christmas Day	*el día de Navidad*
city	*la ciudad*
classroom	*el aula*
clean	*limpio/a*
to clean	*limpiar*
climate	*el clima*
clock	*el reloj*
clothes	*la ropa*
cloud	*la nube*
cloudy	*nublado*
coach, bus	*el autocar*
coin	*la moneda*
to be cold (weather)	*hacer frío*
comfortable	*cómodo/a*
company	*la empresa*
to complain	*quejarse*
complaint	*la queja*
compulsory	*obligatorio/a*
computer	*el ordenador*
to construct	*construir*
contact lenses	*las lentes de contacto*
to be cool (weather)	*hacer fresco*
corridor	*el pasillo*
cough	*la tos*
course (education)	*el curso*
cousin	*el primo / la prima*
cow	*la vaca*
cup	*la taza*
curly (hair)	*(pelo) rizado*
currency	*la moneda*
to cut	*cortar*
to cut oneself	*cortarse*

D

damage	*el daño*
to damage	*dañar*
dark	*oscuro/a*
dead	*muerto/a*
department store	*los grandes almacenes*
dessert	*el postre*
to destroy	*destruir*
diary	*la agenda*
diet	*el régimen*
different	*distinto/a, diferente*
dining room	*el comedor*
dirty	*sucio/a*
discount	*el descuento*
divorced	*divorciado/a*
door	*la puerta*
dream	*el sueño*
drink	*la bebida*
to drink	*beber*
driving licence	*el carnet de conducir*
drug addict	*el / la drogadicto/a*
drugs	*las drogas*
dry	*seco/a*
to dust	*limpiar el polvo*
duty	*la tarea*

E

to earn money	*ganar dinero*
earrings	*los pendientes*

Easter	*la Semana Santa / la Pascua*
education	*la educación*
egg	*el huevo*
e-mail	*el correo electrónico (email)*
to employ	*emplear*
employee	*el / la empleado/a*
employment	*el empleo*
empty	*vacío/a*
engineer	*el / la ingeniero/a*
to enjoy oneself	*divertirse*
enjoyable	*divertido/a*
entrance	*la entrada*
environment	*el medio ambiente*
especially, above all	*sobre todo*
even though	*aunque*
every day	*todos los días*
exercise	*el ejercicio, la gimnasia*

F

fairground, attractions park	*el parque de atracciones*
fantastic	*fenomenal*
far away	*lejos*
fashion	*la moda*
father	*el padre*
favourite, preferred	*preferido/a*
(to be) fed up (with)	*(estar) harto (de)*
field	*el campo*
to fill in	*rellenar*
to find	*encontrar*
first course (meal)	*el primer plato*
(to be) fit	*(estar) en forma*
flat (land)	*plano/a*
flat (apartment)	*el piso*
floor (storey)	*el piso / la planta*
flu	*la gripe*
fog	*la niebla*
to be foggy	*hacer niebla*
food	*la comida*
foot	*el pie*
football ground	*el campo de fútbol*
for sale	*se vende*
fork	*el tenedor*
form	*la ficha*
fountain pen	*la pluma*
free (time)	*(tiempo) libre*
friendly, nice	*simpático/a*
from time to time	*de vez en cuando*
full	*lleno/a*
funny	*divertido/a*
furniture	*los muebles*

G

garden	*el jardín*
to get angry	*enfadarse*
to get on (a bus / train)	*subir (al autobús / tren)*
to get on (well / badly) with (someone)	*llevarse (bien / mal) con (alguien)*
to get up	*levantarse*
girl	*la chica*
girlfriend	*la novia*
to give	*dar*
glass (material)	*el cristal*
glass (for drinking)	*el vaso*
glass (wine)	*la copa*
glasses	*las gafas*
gloves	*los guantes*
to go to bed	*acostarse*
good-looking	*guapo/a*
grandfather	*el abuelo*
grandmother	*la abuela*
grape	*la uva*
gym	*el gimnasio*

H

hallway	*el pasillo*
hand	*la mano*
to hang up the telephone	*colgar el teléfono*
hardworking	*trabajador(a)*
hat	*la gorra*
to have	*tener*
to have (eat, drink)	*tomar*
head	*la cabeza*
headache	*el dolor de cabeza*
health	*la salud*
heart	*el corazón*
heating	*la calefacción*
to help	*ayudar*
hip	*la cadera*
hole	*el agujero*
holidays	*las vacaciones*
homework	*los deberes*
to be hot (weather)	*hacer calor*
house	*la casa*
housewife	*el ama de casa* (f)
how long?	*¿cuánto tiempo?*
how long ago?	*¿hacer cuánto tiempo?*

I

ice cream	*el helado*
illness	*la enfermedad*
immediately	*en seguida*
impatient	*impaciente*
to improve	*mejorar*
inhabitant	*el / la habitante*
injection	*la inyección*
interview	*la entrevista*
to interview	*entrevistar*
to introduce (someone)	*presentar*
iron	*la plancha*
to iron	*planchar*

J

jacket	*la chaqueta, la cazadora*
jealous	*envidioso/a*
jealousy	*la envidia*
jeans	*los (pantalones) vaqueros*
jewellery	*la joyería*
job	*el trabajo*
journalist	*el / la periodista*
journey	*el viaje*

K

to kill	*matar*
kiosk	*el quiosco*
kitchen	*la cocina*
knife	*el cuchillo*
to know (person or place)	*conocer*
to know (something / how to do something)	*saber*

L

lake	*el lago*
lamp	*la lámpara*
language	*la lengua, el idioma*
languages	*los idiomas*
laptop computer	*el ordenador portátil*
to last (time)	*durar*
last week	*la semana pasada*
lazy	*perezoso/a*
to learn (to do something)	*aprender (a hacer algo)*
to leave a message	*dejar un recado*
left	*la izquierda*
leg	*la pierna*
liar	*el / la mentiroso/a*
library	*la biblioteca*
to lie	*mentir*
lift / elevator	*el ascensor*
light (illumination), electricity supply	*la luz*
little	*poco, poquito*
to look after	*cuidar*
to look for	*buscar*
lounge	*el salón*
love	*el amor*
luck (to be lucky)	*la suerte (tener suerte)*

M

magazine	*la revista*
main course (of a meal)	*el plato fuerte, segundo plato*
map	*el mapa*
married	*casado/a*
match (football)	*el partido (de fútbol)*
maybe	*quizás*
medicine	*la medicina*
member	*el / la socio/a*
message	*el recado*
mirror	*el espejo*
mobile (phone)	*el (teléfono) móvil*
money	*el dinero*
month	*el mes*

more or less	*más o menos*
most	*la mayoría*
mother	*la madre*
motorbike	*la moto*
motorway	*la autopista*
mountain	*la montaña*
moustache	*el bigote*

N

narrow	*estrecho/a*
near	*cerca*
neck	*el cuello*
to need	*necesitar*
nephew	*el sobrino*
nervous	*nervioso/a*
never	*nunca*
news	*las noticias*
newspaper	*el periódico*
next to	*al lado de*
niece	*la sobrina*
noise	*el ruido*
noisy	*ruidoso/a*
now	*ahora*
nowadays	*en la actualidad*
number plate (car)	*la matrícula*
nurse	*el / la enfermero/a*

O

often	*a menudo*
oil	*el aceite*
ointment	*la pomada*
older	*mayor*
open	*abierto/a*
to open	*abrir*
opposite	*enfrente de*
organised	*ordenado/a*
outskirts	*los alrededores, las afueras*
overseas	*en el extranjero*
to owe (how much do I owe you?)	*deber (¿cuánto le debo?)*
owner	*el / la dueño/a*

P

packet	*el paquete*
parcel	*el paquete*
to pass (exams)	*aprobar*
passage	*el pasillo*
pastime	*el pasatiempo*
patient	*paciente*
peach	*el melocotón*
pencil	*el lápiz*
people	*la gente*
pepper	*la pimienta*
performance, showing (cinema)	*la sesión*
perhaps	*quizás*
personality	*la personalidad*
pill	*la pastilla*
pillow	*la almohada*
place	*el lugar*
plait	*la trenza*
to plan	*planificar*
playground	*el patio*
pleasant	*agradable*
pleased to meet you	*mucho gusto*
plumber	*el / la fontanero/a*
pocket money	*la paga*
pollution	*la contaminación*
pony tail	*la coleta*
post office	*(la oficina de) Correos*
postcard	*la (tarjeta) postal*
poverty	*la pobreza*
to prefer	*preferir*
price	*el precio*
probably	*a lo mejor*
procession	*la procesión*
profession	*la profesión*
purse	*el monedero*
to put	*poner*

Q

quality	*la cualidad*

R

rain	*la lluvia*
to rain (it rains / it's raining)	*llover (llueve / está lloviendo)*
receipt	*el recibo*
registration plate	*la matrícula*
to relax	*descansar*
remote control	*el mando a distancia*
to rent (flat for rent)	*alquilar (se alquila piso)*
to repair	*arreglar, reparar*
report (to police)	*la denuncia*
to report (to the police)	*denunciar*
results (school)	*las notas*
retired	*jubilado/a*
to return	*regresar, volver*
rice	*el arroz*
right (side)	*la derecha*
robbery	*el robo*
room	*el cuarto, la habitación*
rubber (eraser)	*la goma*
rucksack	*la mochila*
to run	*correr*

S

sad	*triste*
sales (reductions)	*las rebajas*
salt	*la sal*
salty	*salado/a*
sample	*la muestra*
sausage	*la salchicha*
to save (money)	*ahorrar*
scarf	*la bufanda*
school	
(primary)	*el colegio*
(secondary)	*el instituto*
school bag	*la cartera*
science fiction	*la ciencia ficción*
season	*la estación*
selfish	*egoísta*
to sell	*vender*
sensitive	*sensible*
separated	*separado/a*
series	*la serie*
serious	*serio/a*
to share	*compartir*
shelf	*la estantería*
shirt	*la camisa*
shoes	*los zapatos*
shop	*la tienda*
shop assistant	*el / la dependiente/a*
(to go) shopping	*(ir de) compras*
shopping centre	*el centro comercial*
shoulder	*el hombro*
show (theatre, tv)	*el espectáculo*
to show	*enseñar*
to show (they are showing a film)	*echar (echan una película)*
shower (in bathroom)	*la ducha*
to have a shower	*ducharse*
shower (rain)	*el chubasco*
to shrink	*encogerse*
shy	*tímido/a*
sincere	*sincero/a*
single (person)	*el / la soltero/a*
sister	*la hermana*
size (clothes)	*la talla*
to skate	*patinar*
skating	*el patinaje*
to ski	*esquiar*
skiing	*el esquí*
skirt	*la falda*
sky	*el cielo*
slow	*despacio*
to smoke	*fumar*
snow	*la nieve*
to snow (it snows / it's snowing)	*nevar (nieva / está nevando)*
socks	*los calcetines*
sometimes	*a veces*
(I'm) sorry	*lo siento*
to spend (money)	*gastar*
spoon	*la cuchara*
sport / sports	*deporte / los deportes*
sports centre	*el centro deportivo*
sports shoes	*las zapatillas (de deporte)*
sprain	*el esguince*
square	*la plaza*
staircase	*la escalera*
to stay (to stay at home)	*quedarse (me quedaré en casa)*
to steal / to rob	*robar*
stepfather	*el padrastro*
stepmother	*la madrastra*
to sting (from a burn)	*escocer*
stomach	*el estómago*
storm	*la tormenta*
straight (hair)	*(pelo) liso*

straight on	*todo recto*
stripes	*las rayas*
strong	*fuerte*
study	*el estudio*
to study	*estudiar*
subject (school)	*la asignatura*
suburb	*el barrio*
to sunbathe	*tomar el sol*
sunglasses	*las gafas de sol*
to be sunny	*hacer sol*
to sweep (the floor)	*barrer (el suelo)*
sweet	*dulce*
to swim	*nadar*
swimming	*la natación*

T

tablet	*la pastilla*
to take (time)	*tardar*
tap	*el grifo*
to teach	*enseñar*
team	*el equipo*
teaspoon	*la cucharilla*
to tell (a story)	*contar*
temperature, fever	*la fiebre*
tent	*la tienda (de camping)*
terrific! great!	*¡estupendo/a!*
theft	*el robo*
there	*allí*
thief	*el ladrón / la ladrona*
ticket (for the cinema) / to buy the tickets	*la entrada / sacar las entradas*
ticket (for travel)	*el billete*
tidy	*ordenado/a*
to tidy	*ordenar*
tie	*la corbata*
tights	*las medias*
timetable	*el horario*
tired	*tener sueño, (estar) cansado/a*
toast	*la tostada*
together	*junto/a, juntos/as*
toilets	*los servicios*
too much, too many	*demasiado/a/os/as*
tourism	*el turismo*
tourist office	*la oficina de turismo*
towel	*la toalla*
town	*la ciudad*
toy	*el juguete*
to train	*entrenar*
trainer	*el / la entrenador(a)*
training	*la formación*
to travel	*viajar*
tree	*el árbol*
trip	*la excursión / el viaje*
to trust (a person)	*confiar (en una persona)*
T-shirt	*la camiseta*
to twist / sprain (I've twisted my ankle)	*torcerse (me he torcido el tobillo)*

U

ugly	*feo/a*
umbrella	*el paraguas*
uncle	*el tío*
uncomfortable	*incómodo/a*
underneath, below	*debajo de*
unemployment	*el paro, el desempleo*
unfriendly	*antipático/a*
used to	*acostumbrado/a*
useful	*útil*

V

village	*el pueblo*

W

wallet	*la cartera*
wardrobe	*el armario*
to wash	*lavar*
to wash oneself	*lavarse*
washbasin	*el lavabo*
washing machine	*la lavadora*
watch	*el reloj*
to watch television	*ver la televisión*
to wear	*llevar*
weather forecast	*la predicción del tiempo*
to weigh (how much do you weigh?)	*pesar (¿cuánto pesas?)*
wide	*ancho/a*
widower / widow	*el / la viudo/a*
window	*la ventana*
to be windy	*hacer viento*
wood	*la madera*
wood (trees)	*el bosque*
work	*el trabajo*
to work	*trabajar*
worried	*preocupado/a*
to worry	*preocuparse*
wrist	*la muñeca*

Y

yesterday	*ayer*
younger	*menor*